Wolfgang Mitter (Hrsg.)

Kann die Schule erziehen?

Studien und Dokumentationen zur vergleichenden Bildungsforschung

Herausgegeben von Wolfgang Mitter

Deutsches Institut für
Internationale Pädagogische Forschung

Band 25

Kann die Schule erziehen?

Erfahrungen, Probleme und Tendenzen
im europäischen Vergleich

Herausgegeben von
Wolfgang Mitter

In Kommission bei

Böhlau Verlag Köln Wien 1983

> Ausgeschieden
> Institut für Erziehungswissenschaft
> Universität Bonn

CIP-Kurztitelaufnahme der Deutschen Bibliothek

Kann die Schule erziehen?: Erfahrungen, Probleme u. Tendenzen im europ. Vergleich / hrsg. von Wolfgang Mitter. – Köln ; Wien : Böhlau 1983. –

(Studien und Dokumentationen zur vergleichenden Bildungsforschung ; Bd. 25)
ISBN 3-412-01383-8

NE: Mitter, Wolfgang [Hrsg.] ; GT

Copyright © 1983 by Deutsches Institut für Internationale Pädagogische Forschung, Frankfurt a.M.

Ohne schriftliche Genehmigung des Verlages ist es nicht gestattet, das Werk unter Verwendung mechanischer, elektronischer und anderer Systeme in irgendeiner Weise zu verarbeiten und zu verbreiten. Insbesondere vorbehalten sind die Rechte der Vervielfältigung – auch von Teilen des Werkes – auf photomechanischem oder ähnlichem Wege, der tontechnischen Wiedergabe, des Vortrags, der Funk- und Fernsehsendung, der Speicherung in Datenverarbeitungsanlagen, der Übersetzung und der literarischen oder anderweitigen Bearbeitung.

Druck: Deutsches Institut für Internationale Pädagogische Forschung, Frankfurt a.M.
Buchbinderische Verarbeitung: Josefsheim Bigge, Olsberg
Printed in Germany
ISBN 3-412-01383-8

VORWORT DES HERAUSGEBERS

Gegenstand dieses Berichts ist ein Symposium, das vom 29. November bis 2. Dezember 1982 stattfand und dem Thema "Kann die Schule erziehen? Erfahrungen, Probleme und Tendenzen im europäischen Vergleich" gewidmet war. Teilnehmer waren 15 Erziehungswissenschaftler aus west- und osteuropäischen Ländern (Frankreich, Griechenland, Jugoslawien, Polen, Ungarn und Bundesrepublik Deutschland), die meiner Einladung nach Bad Homburg gefolgt waren. Ermöglicht wurde dieses Symposium durch die Werner-Reimers-Stiftung, deren Tagungshaus am Wingertsberg den gleichermaßen funktionsgerechten wie gastlichen Rahmen für das kollegiale Gespräch bot.

Die einzelnen Beiträge wurden von Hildegard Simon-Hohm sprachlich bearbeitet und im Hinblick auf die Anmerkungsteile und Bibliographien überprüft. Ich bin ihr für die große Mühe und Sorgfalt, mit der sie sich dieser Aufgabe unterzogen hat, zu besonderem Dank verpflichtet. Zugleich danke ich meinen Kollegen, die das Bad Homburger Symposium durch ihre Mitwirkung möglich gemacht haben, für die fruchtbaren Stunden des Gesprächs über ein aktuelles pädagogisches Thema.

Schließlich richtet sich mein Dank an die Werner-Reimers-Stiftung, insbesondere an ihren Vorstand Konrad von Krosigk, für die erwiesene Gastfreundschaft.

Frankfurt am Main, den 1. Juli   Wolfgang Mitter

VI

INHALTSVERZEICHNIS

Seite

Wolfgang Mitter (Frankfurt am Main)
Kann die Schule erziehen ? Erziehungswissenschaftler diskutieren Erfahrungen, Probleme und Tendenzen im europäischen Vergleich   1

Kulturphilosophie und Erziehungsgeschichte

Bogdan Suchodolski (Warszawa)
Erziehung ohne Hoffnung. Gegenwärtige Lage der Erziehung im Lichte der Philosophie Ernst Blochs "Das Prinzip Hoffnung"   11

Michel Soëtard (Lille)
Kann die Schule erziehen ? Pestalozzis Antwort   29

Winfried Böhm (Würzburg)
Schule und Erziehung. Historische und systematische Anmerkungen zu einem problematischen Verhältnis   47

Ludwig Liegle (Tübingen)
Kann die Schule erziehen ? Rückbesinnung auf Standpunkte und Erfahrungen in der Reformpädagogik zu Beginn dieses Jahrhunderts   63

Erziehungstheorie

Wincenty Okoń (Warszawa)
Bedingungen der erzieherischen Arbeit in der Schule   89

Heliodor Muszyński (Poznań)
Erziehende Schule - Möglichkeiten, Hoffnungen und Bedrohungen   113

Rita Süßmuth (Hannover)
Kinder werden erzogen, Schüler unterrichtet. Übereinstimmende und gegenläufige Erwartungen an Erziehung und Unterricht in Kindergärten und Schulen   133

VIII

Seite

Detlef Glowka (Münster)
Der Ausgriff auf die Zukunft als Verfahren zur
Begründung von erzieherischen Perspektiven für
angehende Lehrer   161

Länderbezogene Fallbeispiele zum Verhältnis von
Erziehungstheorie, Erziehungspolitik und
Erziehungspraxis

Vladimir Mužić (Zagreb)
Pädagogische Normen und Lebensrealität - Wege
und Hindernisse in Theorie und Praxis, darge-
stellt am Beispiel Jugoslawiens   183

Mieczysław Pęcherski (Warszawa)
Erziehung im Jugendalter in der Volksrepublik
Polen unter besonderer Berücksichtigung des
Übergangs vom Bildungssystem in das Beschäf-
tigungssystem   209

György Ágoston (Szeged)
Die Erziehungsfunktion der sozialistischen
Schule und die Bedingungen ihrer Verwirklichung   235

Panos Xochellis (Thessaloniki)
Die griechische Schule der Gegenwart in den
Einstellungen der Bezugsgruppen. Eine
empirische Untersuchung   257

Ernst Meyer (Heidelberg)
Erziehung durch Interaktionsförderung im
Unterricht - Konsequenzen für die Ausbildung
des Lehrers zum "Erzieher"   267

Verhältnis zwischen Erziehung und Schule unter
politischem und soziologischem Aspekt

Oskar Anweiler (Bochum)
Zwischen "Verschulung" und "Entschulung" -
Aspekte zum Problem der "erziehenden Schule"   291

Mikołaj Kozakiewicz (Warszawa)
"Monistische" Schule in der "pluralistischen"
Gesellschaft ?   307

Wolfgang Mitter

KANN DIE SCHULE ERZIEHEN ?

Erziehungswissenschaftler diskutieren Erfahrungen, Probleme und Tendenzen im europäischen Vergleich

Zweck dieses einleitenden Berichts ist die Information der Leser über das Zustandekommen und den Verlauf des Bad Homburger Symposiums. Er dient damit zugleich der Einordnung der Beiträge, die in diesem Band enthalten sind, in den Kontext des diskutierten Themas.

Motiviert war das Symposium durch das Interesse, das das Verhältnis von Erziehung und Schule heute in allen europäischen (und außereuropäischen) Ländern sowohl bei Erziehungstheoretikern als auch bei Erziehungspraktikern (im weitesten Wortsinn) erweckt. Dieses Interesse ist in doppelter Weise als Reaktion zu begreifen, nämlich

- auf das Unbehagen an der im vergangenen Jahrzehnt (und auch heute noch) vielfach verengten Funktionsbestimmung der Schule als Ort intellektuellen Lernens,
- auf die Angriffe "antipädagogischer Strömungen", die von dem Ruf nach "Entschulung" bis zur Verneinung des Erziehungsbegriffs reichen.

Auf dieser Grundlage ergab sich als Gegenstandsbestimmung des Symposiums die Diskussion allgemeiner und spezieller Fragen, die auf die Erhellung von Wirkungszusammenhängen zielten zwischen

- pädagogischen Zielsetzungen, die kultur- und gesellschaftsphilosophisch sowie gesellschafts- und bildungspolitisch begründet sind,
- Möglichkeiten erzieherischen Handelns in der Schule als

dem institutionalisierten Bereich des Erziehungsfeldes
(unter ausdrücklicher Mitberücksichtigung der Fragen,
welche das Verhältnis zwischen formal-institutionalisierter und informeller Eziehung betreffen),
- dem realen Verhalten und der Entwicklung des Wertbewußtseins von Kindern und Jugendlichen, die den Erziehungsprozeß durchlaufen.

Nach der vom Leiter des Symposiums vorgenommenen und in die Einladungen eingegangenen Themenbeschreibung wurden keine Einzelplanungen vorgenommen; vielmehr wurde den eingeladenen Wissenschaftlern freigestellt, aus ihrem jeweiligen Forschungsbereich zu der thematischen Frage Stellung zu nehmen. Voraussetzung für die Teilnahme war die Einreichung eines Arbeitspapiers von ca. 15 Maschinenseiten. Verständigungen über Detailfragen durch Korrespondenz oder persönliches Gespräch dienten nur der Ergänzung.

Das Ergebnis dieser offenen Planung kann in doppelter Hinsicht als positiv bewertet werden:

- Alle Eingeladenen griffen die thematische Frage explizit und auf vielfältige Weise implizit auf.
- Die Beiträge eröffneten in ihrer Gesamtheit mehrseitige Ansätze zur Diskussion. Sie enthielten Hinweise auf Primärerhebungen und Experimente, Präsentationen einer Theorie des Verhältnisses von Schule und Erziehung, hermeneutische Interpretationen historischer Texte und schließlich kulturphilosophische Analysen.

Der Ablauf der dreistündigen Vor- und Nachmittagssitzungen (insgesamt 6 Arbeitssitzungen) orientierte sich an der mündlichen Präsentation der schriftlichen Beiträge, die jeweils auf eine zwanzigminütige Präzisierung der speziellen Thematik und auf die Formulierung von Thesen begrenzt war. In jeder Sitzung wurden zwei bis drei Beiträge referiert. Die Diskussionen schlossen sich entweder unmittelbar an das gehaltene Referat oder en bloc an die Referate der jeweiligen Arbeitssitzung an.

Das Gesamtprogramm folgte den vier Themenfeldern, die sich aus den eingereichten Beiträgen herauskristallisiert hatten:

a) Kulturphilosophie und Erziehungsgeschichte:

BOGDAN SUCHODOLSKI (Warszawa): Erziehung ohne Hoffnung Gegenwärtige Lage der Erziehung im Lichte der Philosophie Ernst Blochs "Das Prinzip Hoffnung"

MICHEL SOËTARD (Lille): Kann die Schule erziehen? Pestalozzis Antwort

WINFRIED BÖHM (Würzburg): Schule und Erziehung. Historische und systematische Anmerkungen zu einem problematischen Verhältnis

LUDWIG LIEGLE (Tübingen): Kann die Schule erziehen? Rückbesinnung auf Standpunkte in der Reformpädagogik zu Beginn dieses Jahrhunderts

b) Erziehungstheorie:

WINCENTY OKOŃ (Warszawa): Bedingungen der erzieherischen Arbeit in der Schule

HELIODOR MUSZYŃSKI (Poznań): Erziehende Schule - Möglichkeiten, Hoffnungen und Bedrohungen

RITA SÜSSMUTH (Hannover): Kinder werden erzogen, Schüler unterrichtet. Übereinstimmende und gegenläufige Erwartungen an Erziehung und Unterricht in Kindergärten und Schulen

DETLEF GLOWKA (Münster): Der Ausgriff auf die Zukunft als Verfahren zur Begründung von erzieherischen Perspektiven für angehende Lehrer

c) Länderbezogene Fallbeispiele zum Verhältnis von Erziehungstheorie, Erziehungspolitik und Erziehungspraxis:

VLADIMIR MUŽIĆ (Zagreb): Pädagogische Normen und Lebensrealität - Wege und Hindernisse in Theorie und Praxis, dargestellt am Beispiel Jugoslawiens

MIECZYSŁAW PĘCHERSKI (Warszawa): Erziehung im Jugendalter in der Volksrepublik Polen unter besonderer Berücksichtigung des Übergangs vom Bildungssystem in das Beschäftigungssytem

GYÖRGY ÁGOSTON (Szeged): Die Erziehungsfunktion der sozialistischen Schule und die Bedingungen ihrer Verwirklichung

PANOS XOCHELLIS (Thessaloniki): Die griechische Schule der Gegenwart in den Einstellungen der Bezugsgruppen. Eine empirische Untersuchung

ERNST MEYER (Heidelberg): Erziehung durch Interaktionsförderung im Unterricht - Konsequenzen für die Ausbildung des Lehrers zum "Erzieher"

d) Verhältnis zwischen Erziehung und Schule unter politischem und soziologischem Aspekt:

OSKAR ANWEILER (Bochum): Zwischen "Verschulung" und "Entschulung" - Aspekte zum Problem der "erziehenden Schule"
MIKOŁAJ KOZAKIEWICZ (Warszawa): "Monistische" Schule in der "pluralistischen" Gesellschaft ?

Diese Anordnung ermöglichte sowohl eine inhaltliche Grobstrukturierung des Diskussionsablaufs als auch ein Ineinandergreifen der Fragestellungen und Argumentationen, die sich auf die Aufdeckung der erwähnten Wirkungszusammenhänge konzentrierten. Dabei verdichtete sich die Diskussion, der Sachlogik der Themenfelder und Einzelthemen sowie dem persönlichen Engagement der Teilnehmer folgend, zu zwei Problemkreisen.

Der "erste Kreis" war dadurch gekennzeichnet, daß Vorhandensein und Notwendigkeit einer "erziehenden Schule" vorausgesetzt wurden und sich mit dem Bedürfnis nach einer Zusammenführung des Bildungs- und Erziehungsprozesses im Unterricht und Schulleben verbanden. Im einzelnen stellten sich innerhalb dieses Problemkreises den Teilnehmern folgende Fragen:

- nach den Erziehungszielen, wobei die Diskutierenden den Erziehungsbegriff in seiner umfassenden Wortbedeutung interpretierten, nämlich Erziehung als Persönlichkeitsbildung;
- nach dem Lehrer-Schüler-Verhältnis unter besonderer Zuwendung zur Beziehung von Erziehung und Interaktion und zu den Funktionen der Lehrerausbildung;
- nach dem Beitrag der Erziehungsforschung zur Klärung der Gegenwartslage, insbesondere zur Einstellung von Schülern, Lehrern und Eltern, und den Möglichkeiten einer Verbesserung der "erziehenden Schule" durch Modellbildung und Experiment.

Die Diskussionen des "äußeren Kreises" waren demgegenüber durch Fragen bestimmt, in denen nicht nur der gegenwärtigen

Schule ein mehr oder weniger starkes Versagen in der Wahrnehmung ihrer Erziehungsfunktion angelastet, sondern darüber hinaus die thematische Frage des Symposiums problematisiert wurde. Dabei ging es nicht nur um die Fähigkeit oder Möglichkeit der Schule, sei es als Zentrum oder als mit anderen Erziehungsträgern konkurrierender Teil eines Prozesses, die Erziehungsfunktion auszuüben, sondern auch um die substantielle Position einer "erziehenden Schule" unter den gesellschaftlichen und politischen Rahmenbedingungen einer sich wandelnden und in ihrem Weiterleben bedrohten Welt.

Die von den Teilnehmern vorgelegten Beiträge nahmen auf die nationale oder regionale Dimension der Thematik expliziten oder impliziten Bezug. Dies betraf nicht nur die erwähnten länderspezifischen Fallstudien, sondern äußerte sich auch in den Argumentationen und beispielhaften Verdeutlichungen der Beiträge, welche sich mit den allgemeintheoretischen Fragen beschäftigten. Es dürfte nicht überraschen, daß in diesem Kontext - nicht zuletzt durch die Herkunft der Teilnehmer bedingt - der Gegenüberstellung der Problemlagen, die das Verhältnis von Erziehung, Schule und Gesellschaft in west- und osteuropäischen Ländern charakterisieren, große Bedeutung beigemessen wurde. Die offene Artikulation von prinzipiellen Unterschieden, welche diese Gegenüberstellung sichtbar werden ließ, wurde freilich in der Diskussion und Herausarbeitung von Perspektiven aufgehoben, die sich an dem universalen oder doch zumindest europäischen Anspruch einer Erziehung zu tätiger Menschlichkeit "zwischen Hoffnung und Sisyphus" orientierten. Die ideen- und realgeschichtliche Fundierung, welche den Beiträgen eigen war, gab die Möglichkeit, nicht nur der Spannung zwischen nationaler und ideologischer Begrenztheit einerseits und universaler Offenheit andererseits nachzuspüren, sondern auch die Probleme unserer Gegenwart zwischen Überlieferung und Zukunftserwartung zu untersuchen.

In der Abschlußsitzung des Symposiums wurden der Ablauf der Diskussionen und die feststellbaren Ergebnisse unter dem

Aspekt des gesetzten Zieles eingehend erörtert. Daß im Rahmen von 18 Arbeitsstunden weder die in den 15 Referaten präsentierten Einzelthemen noch erst recht die komplexe Gesamtthematik hinreichend geklärt werden konnten, war allen Teilnehmern bewußt.

Die aus der unmittelbaren Rückschau auf die gemeinsame Arbeit gewonnene Einschätzung des Ergebnisses läßt sich in folgenden Punkten wiedergeben:

- Unter methodischem Aspekt war zwar der unvermeidliche Abbruch der den einzelnen Referaten folgenden Diskussionen zu bedauern, doch bot der alternierende Ablauf von Referaten und Diskussionen allen Teilnehmern optimale Gelegenheit zur Beteiligung. Es gab in diesem Symposium nur Mitwirkende.

- Unter inhaltlichem Aspekt bewirkte die offene Planung zwar die Ausblendung von Einzelthemen, die zur präziseren Erfassung der thematischen Frage erforderlich wären, wie vor allem die Untersuchung des Zusammenhangs von Erziehung und Schule in den einzelnen Schulstufen und Schultypen sowie der Einfluß der Geschlechterspezifik auf dieses Verhältnis. Demgegenüber wurde dadurch, daß sich alle Referenten auf die thematische Frage bezogen, die Isolierung der einzelnen Präsentationen vermieden, die durch eine geschlossenere Planung möglicherweise erfolgt wäre.

- Das Symposium brachte einen bemerkenswerten Ansatz zur interdisziplinären Untersuchung der thematischen Frage, indem pädagogische, soziologische, politische und philosophische Aspekte aufeinander bezogen wurden. Bei einer Fortsetzung der Diskussion wäre die Erweiterung des interdisziplinären Ansatzes durch Einbeziehung anderer Disziplinen, insbesondere der Rechtswissenschaft, Psychologie und Biologie, zu bedenken.

- Wie in vielen gleichartigen Veranstaltungen waren die referierenden und diskutierenden Wissenschaftler in diesem Symposium "unter sich"; an manchen Stellen der Diskussion wurde die Abwesenheit von Lehrern, Erziehern und Schülern besonders vermißt. In gewisser Weise war aber der Kreis der Diskutierenden dadurch "erweitert", daß sich mehrere Teilnehmer nicht nur als Wissenschaftler, sondern auch als unmittelbar betroffene "Eltern" äußern konnten.

- Das Symposium kann als gelungener Beitrag zur Diskussion einer fundamentalen pädagogischen Frage bei bewußter und zugleich toleranter Artikulation unterschiedlicher Standpunkte philosophischer, politischer und pragmatischer Art bewertet werden. Während der Diskussion ergaben sich manche "knisternden" Momente der Offenlegung von fundamentalen Konflikten, wie insbesondere zur Bewertung des politischen und pädagogischen Orientierungsrahmens einer "Friedenserziehung" oder zum Verhältnis von Theorie und Praxis einer "sozialistischen Schule". Nicht geschwächt wurde durch diese ungeschminkte, sich jenseits ideologischer Dogmatik manifestierende Offenheit der allen Teilnehmern gemeinsame Wille zur Respektierung der anderen Position und zum Versuch, Lösungen mittlerer Reichweite zu diskutieren.

- Die Internationalität sowohl der Thematik als auch des Teilnehmerkreises wurde von allen Beteiligten als großer - und heutzutage als nicht selbstverständlich anzusehender - Gewinn des Symposiums gewertet. Bedauert wurde die eingeschränkte Repräsentativität des e u r o p ä i s c h e n Forums, doch herrschte Einmütigkeit darüber, daß auch unter dem Aspekt der Internationalität der Vorzug schwerer wog, nämlich das Vorhandensein einer gleichermaßen sachbezogenen wie kollegialen Atmosphäre, in der jeder Teilnehmer nicht als "Delegierter", sondern stets als ein seinem wissenschaftlichen und pädagogischen Ethos verpflichtetes Individuum sprach.

Es bleibt zu hoffen, daß der Leser diese Einschätzung des Symposiums und seiner Ergebnisse in den Analysen und Argumenten der einzelnen Beiträge bestätigt finden möge.

Kulturphilosophie
und
Erziehungsgeschichte

> Bilde mir nicht ein, ich könnte was lehren,
> Die Menschen zu bessern und zu bekehren.
>   Goethe: Faust Teil I

Bogdan Suchodolski

ERZIEHUNG OHNE HOFFNUNG

Gegenwärtige Lage der Erziehung im Lichte der Philosophie
Ernst Blochs "Das Prinzip Hoffnung"

1.

Die Frage: Kann die Schule erziehen?, setzt stillschweigend
die Überzeugung voraus, daß in den modernen Gesellschaften
die Erziehung ein bewußtes und wirksames Handeln ist, und
nur die Schule sich nicht genügend in dieses Handeln einbeziehen läßt. Es mehren sich jedoch die kritischen Stimmen,
die eine gewisse Krise der Schule als der Erziehungsinstitution signalisieren. Unsere Konferenz ist der sichere Beweis dieser Besorgnis. Meiner Meinung nach soll jedoch die
Frage, ob die Schule erziehen kann, auf die Gesamtheit der
menschlichen Erziehungsprozesse in unserer Epoche ausgedehnt
werden. Erst dann geht die Frage nach den Erziehungsmöglichkeiten der Schule in eine viel dramatischere Frage über,
nämlich, ob in unserer Zeit authentische Erziehung überhaupt
vorhanden ist, ob die Erzieher - wo immer sie sind, auch zu
Hause und außerhalb der Schule - überhaupt erziehen können,
ja, ob die moderne Gesellschaft eigentlich erziehen kann?
Und obwohl wir gern über "permanent education" oder "lifelong education" und auch über "learnend society" sprechen,
ist doch die Skepsis, ob das denn wirklich wahr ist, ob tatsächlich irgendwo die Erziehung als das auf bestimmte Ziele
und Werte gerichtete Handeln existiert oder aber, ob dies
nur Adaptationsprozesse sind, die heute lieber mit dem Begriff Sozialisierung bezeichnet werden, berechtigt.

Die Vermutung, daß wir trotz des durch die Bildungspolitik verschiedener Länder und Kontinente vermittelten Anscheins des Aufblühens der Erziehung in einer Epoche des sich vollziehenden Untergangs oder sogar der Liquidation der Erziehung leben, kann als intellektueller Trotz angesehen werden. Ich bin jedoch überzeugt, daß dieses Problem viel ernster ist, als gewöhnlich angenommen wird, und daß viele Hindernisse auf dem Wege der Verbesserung und Erneuerung der Erziehung - innerhalb und außerhalb der Schule - beseitigt sein könnten, wenn man verstünde, daß dies, was wir heute Erziehung nennen, nur die einfache Adaptation an die aktuelle moderne, von immer größeren Gefahren bedrohte Gesellschaft ist; daß dies die Konformität ist, die die entscheidenden Bemühungen um eine neue, von den Fehlern, der Ungerechtigkeit, den Niederlagen befreite Zukunft unmöglich macht. Die richtige Erziehung soll mit diesen Bemühungen verbunden sein, soll die Hoffnung verbreiten, daß dank der Bemühungen der Menschen - vielleicht dank der jungen Generationen - wir auf diesem Planeten ein glückliches und würdiges Leben für alle seine Bewohner schaffen können.

Ich habe den Begriff Hoffnung benutzt. Er tritt immer öfter in den heutigen Überlegungen über die Zukunft der Zivilisation auf. Ich möchte auf diese Reflexionen jedoch nicht näher eingehen und mich auf eine Exemplifikation, auf das bekannte Buch von Ernst Bloch "Das Prinzip Hoffnung", beschränken, nicht um die philosophischen und allgemein bekannten Ansichten Blochs darzustellen, sondern um die besondere Lage der zeitgenössischen Erziehung hervorzuheben.

Der große Philosoph widmet drei Bände seinen Erwägungen über die Hoffnung, die er als das grundsätzliche Element des menschlichen Daseins aber auch als die logische Hauptkategorie der Forschungen über die Zukunft und deren Gestaltung ansieht - und findet in diesem System der Hoffnung keinen Platz für die Erziehung. In dem großen Werk von Bloch ist alles vertreten: das antizipierende Bewußtsein, Wunschbilder im Spiegel, Grundrisse einer besseren Welt und Wunschbilder des erfüllten Augenblicks. Im Bereich dieser grundsätzlichen Kategorien gibt es Platz für Märchen, Reise, Film, Schaubühne, auch für Heilkunst, Gesellschaftssysteme, Technik, Architektur, Geographie, Perspektiven in Kunst und Weisheit, sogar für Moral, Musik, Todesbilder, Religion, Höchstes Gut - nur nicht für die Erziehung. In dieser großen Freske, die den ganzen Reichtum und die Vielfältigkeit der Formen, in denen die menschliche Hoffnung lebt und sich entwickelt, darstellt - fehlt nur die Erziehung, die wir doch gerade als das Programm der Hoffnung, das die künftigen Möglichkeiten des individuellen und gesellschaftlichen Lebens an den Tag bringt, anzuerkennen bereit wären.

Warum? In seinem großen Werk, das über tausendfünfhundert Seiten zählt, widmet Bloch zwei Seiten der bitteren und strengen Kritik der Erziehung, die - seiner Meinung nach - die Verbannung der Erziehung aus dem menschlichen Reich der Hoffnung rechtfertigt. "So aber" - stellt er fest - "bleibt Erziehung bis an's Ende das konformste aller Geschäfte, noch ist kein einziges ihrer Leitbilder eines von Morgen ... In Haus und Schule handelt es sich darum, ein Unwahrscheinliches wirklich zu erzielen: daß sich Menschen gefallen lassen, was man nachher mit ihnen anstellt... Diese Schule setzt auch bei Erwachsenen nicht aus, der Mensch, sagt ein römisches Sprichwort, das es wissen muß, ist immer Rekrut."

Gegenüber dieser Charakterisierung kann man einige Bedenken vorbringen. Nicht die ganze geschichtliche Entwicklung der Pädagogik verlief unter dem Zeichen der Konformität. Es gab große Erziehungstheoretiker, die - wie Comenius - die Erziehung mit der Verbesserung der ganzen menschlichen Welt verbanden oder die - wie Pestalozzi - verstanden, daß die echte Erziehung des Menschen sowohl die Grenzen der feudalen Gesellschaft wie auch die Perspektiven der bürgerlichen Gesellschaft überschreiten muß. Aber die erzieherische Handlung unterlag viel öfter der aktuellen gesellschaftlichen Realität als der pädagogischen Theorie. Recht selten findet man in der Geschichte der Erziehung Beispiele erzieherischer Wirkung, die keinen Adaptationscharakter haben, sondern

Hoffnung auf eine neue Zukunft des gesellschaftlichen Lebens ausdrücken.

2.

Es geht mir jedoch nicht um eine historische Auseinandersetzung mit Bloch, der die Erziehung aus dem menschlichen Reich der Hoffnung ausgestoßen hat; es geht mir um die beängstigende Richtigkeit dieser These unter den Bedingungen der gegenwärtigen Zivilisation. Denn es ist tatsächlich so, daß die pädagogische Theorie und noch mehr die pädagogische Praxis einen konformen Charakter zeigen. Es dominieren soziologische Theorien, in denen das Gewicht auf die Bedeutung der Umwelt bei der Gestaltung des Menschen, auf die gehorsame Erfüllung der von ihm erwarteten gesellschaftlichen Rollen, auf die Befolgung der zur Nachahmung gezeigten Vorbilder gelegt wird. Es dominieren psychologische Theorien, in denen - wie Behavioristen es tun - die Bedeutung des Systems der Strafen und Belohnungen als der das Verhalten und Handeln bildende Faktor hervorgehoben wird oder - wie es die humanistisch orientierten Psychologen tun - die Bedeutung der sog. Verinnerlichung der Normen und Werte, die von außen her der menschlichen Person aufgedrängt werden, betont wird. Verschiedenartige pädagogische Konzeptionen stimmen darin überein, daß der Prozeß der Erziehung im Grunde genommen auf der sog. Sozialisierung, die in das gesellschaftliche Milieu eingeordnet ist und auf der Gestaltung der Persönlichkeit auf Grund der historischen Entwicklung und der traditionellen Werte der Kultur beruht. Die Vorschläge, die Erziehung mit dem Prozeß der Innovation der Gesellschaft zu verbinden sowie die Versuche, die erzieherische Tätigkeit auf die Entwicklung der Bedürfnisse und des Schaffensdrangs - creativity - zu gründen, sind ohne Bedeutung geblieben. Die Verfasser des Berichts des "Club of Rome" haben dies richtig bemerkt - No limits to learning - und darauf hingewiesen, daß den herrschenden Lerntheorien das schwierige, aber auch erfolgreiche Innovationslernen entgegenzusetzen ist. Bis heute jedoch ist dies nur ein

Appell, dessen Zukunft keine glückliche Aussichten zu haben scheint.
Die Bildungsbehörden der einzelnen Länder sorgen sich vor allem um die Anpassung des Schulwesens an die aktuellen Bedürfnisse des Staates, eine große Anzahl Eltern erwartet von der Schule, daß sie die junge Generation auf Erfolge im Leben vorbereitet, und die Lehrer schenken ihr Vertrauen lieber der Routine als pädagogischen Neuerungen. Eine charakteristische Bestätigung dieses konformen Charakters der Pädagogik und der Erziehung findet man in der Tatsache, daß weder die Theoretiker noch die Praktiker der Erziehung Schlußfolgerungen aus den kontestablen Jugendbewegungen zogen. In diesem Protest offenbarte sich ja mit aller Schärfe, welch geringe Bedeutung die Schulerziehung bei der Gestaltung der Haltungen der jungen Generation hat; dies sollte zu einer Reflexion anregen über den Abgrund, der sich vor den Augen der Welt zwischen Erziehern und sog. Zöglingen auftat.
Gleichzeitig war die Kontestation der Jugend ein großer Versuch, die zeitgenössische Zivilisation zu kritisieren, die den Menschen und die menschliche Gemeinschaft den Programmen der gesellschaftlich wenig brauchbaren Produktionsentwicklung und den Programmen des Konsumlebens unterordnet; es war die Kritik der imperialistischen und neokolonialistischen Politik, der Protest gegen die "schmutzigen Kriege", gegen Ungleichheit und Ungerechtigkeit; es war auch der Versuch, einen neuen Lebensstil zu schaffen, ein Leben in der Gemeinschaft und in Freude, im Kontakt mit der Kunst und der Natur, mit dem Erwecken schöpferischer Bedürfnisse. Und obwohl heute die Jugendkontestation schon erloschen ist, blieb diese Kritik dennoch richtig, und obwohl die Hoffnung, die sie mit sich brachte, verloren ging, gehen doch alle Träume von der sog. erstrebenswerten Gesellschaft gerade in diese Richtung. In dieser Kritik der zeitgenössischen Zivilisation und in den Visionen eines neuen Lebensstils blieben und bleiben weiterhin die wesentlichsten pädagogischen Probleme enthalten. Warum sind sie von der offiziellen Theorie und Praxis nicht bemerkt worden? Warum traten die Erzieher auf

die Seite des Establishments? Warum waren sie nur an der
"Wiederherstellung der Ordnung" und an der Restitution der
erzieherischen Handlungen früheren Typs interessiert, obwohl
deutlich zu sehen war, daß sie wirklich keine Bedeutung im
Leben der Jugend haben.

3.

Eine Zeitlang schien es, daß infolge der Berücksichtigung der Kategorie Zukunft in den pädagogischen Erwartungen und insbesondere in der Bildungspolitik der konforme Charakter der Erziehung gemildert oder sogar überwunden werden konnte. Und tatsächlich gewann die Bildungsplanung, da die Erziehung von nahen und langfristigen gesellschaftlichen Bedürfnissen und nicht von aktuellen Forderungen beeinflußt sein sollte, immer größere Bedeutung. Dies bedeutete die Befreiung der Erziehung von der konformen Unterordnung unter die verschiedenen Druck ausübenden Gruppen der Gegenwart sowie das Einbeziehen der Erziehung in solche Handlungen, die die Zukunft erschaffen sollen. Es ergab sich hier tatsächlich die Chance, die erzieherischen Aktivitäten mit der Planung der weiteren gesellschaftlichen Entwicklung zu verbinden.
Die Steigerung des Interesses an der Gesellschafts- und Bildungsplanung ist tatsächlich eines der charakteristischen Zeichen der gegenwärtigen Situation im Erziehungsbereich. Es wird wahrscheinlich keine Übertreibung sein, wenn ich feststelle, daß das Gebiet der Bildungsplanung sich heute dynamischer entwickelt als die traditionelle Erziehungsproblematik. In den einzelnen Staaten und auch im internationalen Maßstab sind unterschiedliche wissenschaftliche Institutionen tätig, die sich mit der Bildungsplanung befassen. Besonders intensiv wirken sie in den Entwicklungsländern.
Auch Pädagogen schalten sich - leider in geringem Maße - in diese Forschungen und Vorhaben ein. Aus diesem Grund werden sie fast ausschließlich von Planern und Soziologen, Ökonomen und Juristen, Demographen und Statistikern, Politikern und Bildungsfunktionären durchgeführt. Diese Auswahl

des in Instituten der Bildungsplanung oder der Bildungspolitik arbeitenden Kaders von Spezialisten zeugt davon, daß die Pädagogen für Arbeiten dieser Art nicht geeignet zu sein scheinen. Dies bildet noch eine - recht unerwartete - Bestätigung des konservativen Charakters der Pädagogik. Diese Situation hat nicht selten zur Folge, daß die modern geplanten Organisationsformen des Schulsystems mit dem traditionellen, an die künftigen Bedürfnisse und Perspektiven keineswegs angepaßten Edukationsinhalt ausgefüllt werden.

In der jüngsten Zeit zeichnet sich möglicherweise eine gewisse Hinwendung zum Besseren ab. In einigen Kreisen maßgeblicher Pädagogen reift das Verständnis, daß die Planung des Bildungssystems nicht nur seine Organisationsstrukturen, sondern auch die Inhalte und die Bildungsmethoden umfassen muß. Wenn sich auch das Hauptinteresse für die Zukunft auf die Problematik der Computerisierung konzentriert, so überschreitet es doch allmählich diesen Horizont und richtet seine Aufmerksamkeit auf die Persönlichkeitsentwicklung in den Prozessen des Verstehens und der Umgestaltung der gesellschaftlichen Umwelt.

Verschiedenartige erzieherische Erfahrungen, insbesondere in den Ländern der Dritten Welt, verweisen auf die konkreten und wichtigen Aufgaben dieser auf die Zukunft orientierten Pädagogik. Sie lassen hoffen, daß sie in gewissem Maße die Fesseln des Konservatismus und der Konformität sprengen und auf einen Weg der Erziehung hinweisen, der mit dem Kampf für den gesellschaftlichen Fortschritt gekoppelt ist. In diesem Sinne charakterisierte Paolo Freire die Pädagogik, als er über "Pedagogy of the oppressed" schrieb.

4.

Die Hauptprobleme der Erziehung für die Zukunft liegen jedoch anderswo. Sie werden von der Frage bestimmt: Um welche Zukunft geht es? Geht es um die Zukunft, die eine Fortsetzung der gegenwärtigen Zivilisation sein wird, oder aber um die Zukunft, die ihre Erneuerung oder ihre Abwandlung sein wird? Geht es um die Bestätigung und Stärkung der bestehenden Realität und ihrer bisherigen Entwicklungstendenzen oder um die Verneinung der gegenwärtigen Situation und um das Schaffen einer neuen Richtung für die weitere Entwicklung? Dies ist die grundsätzliche Frage unserer Zeit. Von der Antwort hängt zweifellos das Schicksal unserer Zivilisation, der Fortbestand der Menschheit auf dieser Erde ab. Es ist unser großes Sein oder Nichtsein.

Befassen wir uns etwas näher mit dieser Problematik. Man kann nicht annehmen - wie es leichtgläubige Optimisten tun -, daß in der Zukunft unsere Zivilisation dieselbe sein wird, wie die, die heute existiert, nur in jeder Hinsicht reicher, größer, bequemer. Bei einer solchen Vision wird die Tatsache der wachsenden inneren Widersprüche unserer Zivilisation sowie der wachsenden Bedrohungen auf dem Wege ihrer weiteren Entwicklung außer Acht gelassen.

Rufen wir uns diese Widersprüche und Bedrohungen in die Erinnerung zurück. Zunächst einmal die bewaffneten Zusammenstöße, die nicht aufhören Brennpunkte zu sein; unser europäisches Gefühl, daß wir in der Epoche des Friedens leben, ist trügerisch: lokale Kriege dauern ohne Unterbrechung seit Beendigung des Weltkrieges an, und niemand kann heute sagen, ob sie künftig nicht zum Ausgangspunkt des globalen Konflikts werden. Der Rüstungswettlauf wird immer kostspieliger und macht es auch den reichsten Staaten unmöglich, ihre Bedürfnisse auf dem Gebiet der Bildung, des Gesundheitswesens, der sozialen Fürsorge, der Kultur zu finanzieren. Wissenschaft und Technik werden in immer größerem Maße in das Werk der Vernichtung einbezogen. Der demoralisierende Einfluß dieser Politik der totalen Rüstung wird immer größer.

Das zweite große Gefahrengebiet ist die Umweltverschmutzung. Gesellschaftlich nicht kontrollierte Entwicklung der Industrie, Mißbrauch von chemischen Mitteln, Raubbau an Boden und Wald, die durch große Agglomerationen verursachten Verschmutzungen, das ungelöste Problem der Aufbewahrung oder der Vernichtung der gefährlichen Abfälle, insbesondere der Kerntechnik - dies alles zerstört die Umwelt in einem weltweiten Ausmaß. In immer größerem Maße werden Wasser, Böden und Luft vergiftet. Ein umfassender Bericht über den Umweltschutz, der für den Präsidenten der Vereinigten Staaten vorbereitet worden ist, schildert dramatisch den aktuellen Stand und, sollten die ungemein schwierigen, kostspieligen und wichtigen Vorbeugungsmaßnahmen nicht unternommen werden, die bevorstehenden Katastrophen.

Das dritte Gefahrengebiet ist der Konflikt zwischen den Entwicklungsländern und den entwickelten Ländern, zwischen den armen und reichen Ländern, zwischen dem Süden und dem Norden. Der Abstand zwischen Elend und Wohlstand wird immer größer, das Gefühl der Ungerechtigkeit wächst und dies nicht nur hinsichtlich der Verteilung der Konsumgüter, sondern auch der elementaren Existenzbedingungen. Milliarden Bewohner dieser Erde leiden Hunger, haben kein Dach über dem Kopf, keine ärztliche Hilfe. Niemand kann sagen, wieviel hunderttausend Kinder vor Hunger sterben.

Das vierte Gefahrengebiet beinhaltet die gesellschaftlichen Spannungen in verschiedenen Ländern der Welt, den Kampf der unterdrückten Klassen gegen das System der Ausbeutung und der Exploitation, die Verteidigung der durch unterschiedliche Diktaturen bekämpften Demokratie, die Kämpfe um die nationale Befreiung und Glaubensfreiheit und gleichzeitig die Konflikte im Kreis der politischen Leitungskader, die diesen Kampf führen, die Gegensätze zwischen einem liberalen Programm und politischem oder religiösem Fanatismus, die Bedrohung der gesellschaftlichen Ordnung durch organisierte Terroristengruppen und die anarchistischen Visionen von der Zukunft, die die Gewalttaten rechtfertigen sollen.

Das fünfte Gebiet umfaßt Widersprüche der globalen Zivilisation, in der sich das Lebensmodell der reichen Länder und ihre auf Konsum ausgerichteten Zivilisationen ausbreiten und die traditionellen und lokalen Kulturen zerstört werden. Oberflächliche Anzeichen einer vereinigten Welt - Verkehrsnetz und Handelsaustausch - sichern keine echte Vereinigung, und die großen und alten Zivilisationen der Welt stehen sich feindlich und gleichgültig gegenüber, unfähig den Dialog anzuknüpfen.

Das am schwersten zu beherrschende sechste Gefahrengebiet
umfaßt die Probleme, die mit der Situation und dem Schicksal
des Menschen, mit seiner Lebenskonzeption verbunden sind.
Eine Geisteskrise breitet sich in der ganzen Welt aus. In
den reichen Ländern zerstören die Ideale eines auf Konsum
ausgerichteten Lebens die Werte, für die es sich lohnt zu
leben, und führen zu Langeweile und Erschöpfung. In den Ländern der Dritten Welt verschwindet die traditionelle volkstümliche Kultur, und es entwickelt sich die oberflächliche
Nachahmung eines falschen kosmopolitischen Glanzes. Gibt es
universelle und dauerhafte Werte?, fragen mit Besorgnis die
Moralisten, während sie zusehen, wie der historische, soziologische und psychologische Relativismus die Werte angreift,
um diese auf pragmatische und utilitaristische Spielregeln
um Profit, um Macht und Erfolg zu reduzieren.
Zynismus, sogar Nihilismus verbinden sich mit dem Pathos
großer Worte, die das Herrschen der Menschen über die Menschen und der Nationen über die Nationen rechtfertigen sollen. Ihr Eifer artet in einen aggressiven, intoleranten Fanatismus aus. Die großen Weltreligionen bringen einen schwachen und traurigen Trost und ihre Appelle für Gerechtigkeit,
Würde und Liebe verhallen ungehört.
Wie soll man in diesem schwierigen und feindlichen Leben
Schutz, eine Einsiedelei finden, wie soll man sich vor dem
Übertreten der immer fließender werdenden Grenze zwischen
Normalität und Wahnsinn schützen? Oder vielleicht sollte
man den - welch mutigen - Versuch wagen, in aufopfernden
und gewaltfreien Aktivitäten ein Mikroklima und ein Mikroleben zu schaffen, wie dies Gandhi, Dolci, Schweitzer taten?

Dieser kurze Überblick über die Konflikte und Bedrohungen der gegenwärtigen Zivilisation weist darauf hin, daß
sie sich am Scheideweg befindet. Sollte ihre weitere Entwicklung auf den bisherigen Wegen verlaufen, so wird die Zukunft eine Reihe von Katastrophen oder sogar die totale Katastrophe dieses Planeten bedeuten. Nur eine Änderung des
bisherigen Kurses, nur eine grundsätzliche Reorientierung
und Erneuerung können die Konflikte mildern und Bedrohungen

beheben. Die Kräfte, die derartige Aktionen unternehmen, beginnen sich heute langsam zu mobilisieren. In den Vereinten Nationen, in großen internationalen Organisationen, in den Instituten und wissenschaftlichen Forschungszentren werden die Visionen einer neuen Weltordnung und die Strategie erarbeitet, die die neue sozio-ökonomische Ordnung aufbauen, die Wissenschaft und Technik für Entwicklungszwecke nutzen, die Rüstung einschränken, die Konflikte liquidieren, die Bedingungen des relativen Wohlstands für alle schaffen, den medizinischen Dienst und die Sozialfürsorge organisieren, die Bildung entwickeln, die volkstümliche Kultur schützen und inspirieren sollen. Neben diesen internationalen Organisationen und Institutionen wirken zahlreiche Gruppen von Wissenschaftlern mit, die die großen Probleme einer künftigen, von den Bedrohungen befreiten Zivilisation aufgreifen. Der Tätigkeit solcher Gruppen wie der des "Club of Rome" oder der von Pugwash kommt besondere Bedeutung zu.

Niemand kann heute garantieren, daß diese Bemühungen wünschenswerte Ergebnisse erzielen. Niemand weiß, ob unsere Welt nicht durch den Wahnsinn der Mächtigen, durch den allumfassenden Wahn des Rüstungswettlaufs, durch den Egoismus der Reichen, durch den Haß der Verstoßenen, durch Verschwendung und Leichtsinn, die schon unseren Kindern und mit Sicherheit unseren Enkeln eine verwüstete und vergiftete Erde zurücklassen, zugrunde geht. Niemand weiß, ob das große Werk der Verbesserung unserer Zivilisation, die Vereinigung der Menschen in gemeinsamen Bemühungen um das Wohl aller, die Anknüpfung eines toleranten Dialogs zwischen den Zivilisationen gelingen wird. Und doch, gerade in diese Richtung wollen wir alle unsere Kräfte mobilisieren, in der Hoffnung, daß wir das, was richtig und wertvoll ist, vollbringen können. Und diese Hoffnung - und nicht irgendeine Gewißheit - fordert vernünftige und edle Menschen zum Handeln auf und gebietet, dies alles zu unternehmen, auch wenn sie diese oder jene Niederlage erleiden sollten.

5.

Welche Bedeutung hat für die Erziehung die Tatsache, daß sich die gegenwärtige Zivilisation am Scheideweg befindet? Nun, vor allem, daß es notwendig ist, die Richtigkeit der Erziehung zur Anpassung, der konformen Erziehung, die nicht der Verbesserung, sondern der Erhaltung der heute bestehenden Zivilisation dienen, anzuzweifeln. Das ist keine leichte Aufgabe, denn gewaltige Kräfte festigen und verteidigen - auch heute - die Erziehung zur Anpassung. Die Eltern möchten, daß ihre Kinder einen Weg finden, der unter den gegebenen Umständen Erfolg im Leben verspricht, und daß aus ihnen keine "angry young men" werden; viele Lehrer sind überzeugt, daß sie am besten ihre Aufgabe erfüllen, wenn sie die Jugend lehren, sich in bestehende Wertsysteme und festgelegte Grundsätze gesellschaftlicher Organisation und Macht folgsam einzufügen; die Schulverwaltung bemüht sich vor allem darum, daß das Schulsystem den aktuellen Bedürfnissen und den Interessen des Staates dient. Dies alles festigt die Konformität.

Aber gerade in unserer Epoche wird eine solche Erziehung zum Verbündeten derjenigen, die die Zivilisation der Zukunft optimistisch als einfache Fortsetzung der gegenwärtigen Zivilisation sehen und sich nicht bewußt sind, daß dieser in die Zukunft führende Weg einen Weg zunehmender Bedrohungen und Niederlagen bedeutet. Eben darum müssen in der heutigen Epoche der Erziehung, die einer Verbesserung der bestehenden Zivilisation dienen könnte, der Erziehung, die an einer anderen Form der Zivilisation der Zukunft orientiert wäre, der echt menschlichen, frei von Konflikten, Widersprüchen und Bedrohungen orientierten Zivilisation große Bedeutung zukommen. Eine solche Erziehung wäre der Verbündete aller Kräfte, die in unseren Zeiten den organisierten oder spontanen Kampf um eine andere Zukunft der Welt aufnehmen. Sicher, es sind noch immer geringe Kräfte. In ihrem Kreise befindet sich jedoch die Jugend. Erinnern wir uns daran, daß etwa 60 % der Weltbevölkerung noch nicht 30 Jahre alt ist. Natürlich steht nicht die ganze Jugend auf der Seite der

Zivilisation des Lebens im Gegensatz zur Zivilisation des Todes, aber ihre zahlreichen Gruppen sind überzeugt, daß die von den Erwachsenen organisierte Welt, so wie wir sie sehen, nicht mehr lange existieren kann - sie erfordert Verbesserung und Erneuerung; sie erfordert ein neues Bewußtsein der Menschen und eine neue Moral; neue Prinzipien und neue Institutionen.

Jetzt können wir auf den Anfang unserer Erwägungen über die Erziehung und das Prinzip der Hoffnung zurückkommen. Die heute dominierende Erziehung zur Anpassung ist die Erziehung ohne Hoffnung. Sie braucht sie nicht, denn sie schöpft alle ihre Grundsätze und die ganze Gewißheit aus der Realität, die sie akzeptiert, und der sie dient. In dieser Pädagogik der Gewißheit bleibt das traditionelle System der autoritären Erziehung bestehen und festigt sich.

Sie konzentriert sich auf Probleme der Einbeziehung der jungen Generation in das herrschende Organisationssystem des Gemeinschaftslebens sowie auf die Fragen der Verinnerlichung der geltenden Verhaltenswerte und -regeln. Diese Pädagogik ist die Pädagogik der beschränkten Horizonte und empfiehlt eine Erziehung, die eine große Wiederholung ist. Die ab und zu formulierte Zukunftsorientierung verändert nichts an dieser Denk- und Handlungsweise. Die Zukunft als die Fortsetzung der Gegenwart ist nämlich keine Innovation. Diese Pädagogik der Gewißheit und die durch sie gelenkte Erziehung befassen sich nicht damit, was beunruhigend, neu, unsicher, erst geboren wird; sie brauchen also keine Hoffnung. Und E. Bloch nahm völlig richtig keine Erziehung in seine große Freske der Hoffnung auf, Hoffnung, die die Menschen in verschiedensten Formen von den Mythen und der Religion bis zu der Kunst und der Utopie hegen.

Aber die Pädagogik der Hoffnung existiert doch. Wenn die Erziehung es wagt, die bestehende Realität in Frage zu stellen, wenn sie neue, andere Horizonte auftut als die, die die Menschen in der Gegenwart versperren, so hört sie auf, eine Wiederholung zu sein, in der alles ihren Halt hat und alles sicher ist. Die Zukunft, auf die sie hinweist, bedeutet keine Fortsetzung der Gegenwart, sondern ihre Verbesserung oder Erneuerung, sie ist nicht schon in der Gegenwart fix und fertig, sondern neu. Sie wird jedoch erst dann bekannt, wenn wir sie schaffen, und wenn wir sie schaffen. Alles ist eine Sache der Möglichkeit, aber nicht der Gewißheit. Alles eine Sache der Hoffnung. Von diesem Gesichtspunkt aus besteht die Realität nicht nur aus dem, was existiert, sondern auch aus den in ihr steckenden Möglichkeiten. Der Realität gehorsam zu sein bedeutet nicht, ihren scheinbaren und sich jetzt aufdrängenden Formen nachzugeben, sondern unter den in ihr enthaltenen Möglichkeiten zu wählen. Die Kategorie der Möglichkeit wird zu der wichtigen Kategorie der wissenschaftlichen Erkenntnis, zu der Kategorie einer neuen Logik der sozialen Untersuchungen und zugleich zu einer neuen Direktive auf dem Gebiet der Handlungsstrategie. Dies ist für eine Erziehung, die das Prinzip vertritt, daß der Mensch in der Wirklichkeit nicht so ist, wie er eben ist, sondern so ist, wie er sein kann oder könnte, von besonderer Bedeutung. In diesem Sinne ist die Erziehung die spezifische Form der Hoffnung.

Diese Pädagogik der Hoffnung ist also für alles, was neu entsteht, besonders sensibel. Es geht ihr auch nicht um die unmittelbare und erforderliche Einbeziehung der jungen Generation, nicht um die Verinnerlichung der Werte und Prinzipien. Es geht ihr vor allem um die Inspiration, um das Aufwecken, um den Schöpfergeist. Auf diesen Wegen soll sich die gesellschaftliche Gemeinschaft und kulturelle Kontinuität aufbauen; auf diesen Wegen soll sich das authentische Akzeptieren der Werte vollziehen. Die Kultur soll nämlich nicht übernommen werden, zu der Kultur sollte man kommen.

In dieser Pädagogik der Hoffnung verbindet sich das exakte und nachprüfbare Wissen über Auswege aus den Krisen und Bedrohungen mit dem persönlichen Engagement für diese Verbesserung. Dieses Engagement hat eine existentielle Gestalt, d.h. es ist mein bestimmter, neuer Lebensstil hier und jetzt. Dies entspricht dem modernen Begriff der Utopie als einer Vision der erstrebenswerten Gesellschaft, die nicht auf fernen Inseln und in unbestimmter Zukunft, sondern dank unserer konkreten Handlungen unter den Bedingungen der alten Welt, die dieser Vision fremd ist, geschaffen wird. Hier in dieser Welt zu leben, aber nicht nach ihr und für sie - dies erfordert Mut und Kraft. Georg Picht gab seinem Buch, das der in der Gegenwart aufgebauten Zukunft gewidmet ist, den Titel "Mut zur Utopie". Dieser Mut durchdringt die Pädagogik der Hoffnung.

Heute existieren also zwei Arten der Erziehung, zwei verschiedene Arten der Pädagogik. Es existiert die Pädagogik der Gewißheit, ohne Hoffnung, und es existiert die Pädagogik der Hoffnung. Eben darum soll die Frage, ob die Schule erziehen kann, an diesen beiden verschiedenen Richtungen orientiert sein.

Welche praktischen Konsequenzen, welche Antwort auf die Frage: Kann die Schule erziehen?, gehen aus diesen Erwägungen hervor? Unsere Schlußfolgerungen sind beunruhigend pessimistisch, denn alles weist darauf hin, daß wir in der Beziehung alles tun und tun wollen, was fruchtlos, vielleicht sogar schädlich ist, was wir nicht tun sollen und wir tun nichts, was wirklich erforderlich und wertvoll wäre.

Die dominierende, der heute bestehenden Realität untergeordnete Erziehungsposition, also eine Erziehung, die ihre Sicherheit gerade aus der Realität schöpft und keine Hoffnung auf die Zukunft hat, bewirkt, daß wir in diesem engen Horizont alle unsere Aufgaben unterbringen. Wir machen also verschiedene und detaillierte Versuche, dieses Erziehungssystem zu vervollkommnen, obwohl es eben als Ganzes in Frage gestellt sein sollte. Wir sind uns bewußt, daß wir keine guten Ergebnisse erzielen, und daß die Jugend unseren Händen entrinnt - wenn es anders wäre, würden wir uns hier unter der Losung der skeptischen Frage, ob die Schule erziehen kann, nicht versammeln - und suchen fieberhaft nach irgendeiner besseren Arbeitsorganisation, wirksameren Tätigkeitsformen. Aber dies ist wahrhaftig eine Sisyphusarbeit. Dieser Stein unserer erzieherischen Pflichten fällt unvermeidlich und ständig zurück, nach unten. Denn die Erziehung ohne Hoffnung ist naturgemäß fremd und unwirksam in unserer Epoche, die gerade aus Krisen und Bedrohungen, aus der Wirrnis der Sinnlosigkeit des unterdrückten Lebens den Ausweg sucht. Man kann sogar einen Schritt weiter gehen und fragen, ob die Erziehung ohne Hoffnung heute tatsächlich noch die authentische Erziehung ist oder aber eine oberflächliche Dressur, die die Daseinshorizonte verschließt und die junge Generation auf das Leben vorbereitet, indem sie sie verschiedenartigen Manipulationen unterwirft. Die Vervollkommnung eines solchen Erziehungssystems wird - obwohl dies widersinnig klingt - im Grunde genommen zu einer antierzieherischen Tätigkeit. Gerade dies geschieht heute. Wir sind zwar keine Gesellschaft ohne Schulen - was einmal I. Illich voraussagte - aber wir sind schon eine Gesellschaft ohne erziehende Schulen und vielleicht sogar eine Gesellschaft ohne eine authentische Erziehung.

Wir könnten dem Sisyphusschicksal entgehen, wenn wir mutig die Erziehung mit der Hoffnung wählen, die Erziehung, die allen Unruhen des gegenwärtigen Menschen und seinem Willen nach konstruktiver Tätigkeit, seinen Bedürfnissen einen neuen Lebensstil zu suchen, auf den Grund geht. Wer glaubt jedoch daran, daß wir - entgegen allem Druck und allen Warnungen - fähig sind, so eine Wahl zu treffen? Vielleicht wären die ersten Schritte auf diesem Wege gar nicht so schwer. Wir beginnen doch schon jetzt daran zu denken, das Wissen über den Umweltschutz in die Schulen einzuführen. Die unter der Schirmherrschaft der UNESCO organisierten Konferenzen formulierten doch für dieses Gebiet ein sinnvolles Tätigkeitsprogramm. Warum sollten wir nicht noch weiter in diese Richtung gehen? Warum sollten einige wichtige Dokumente der Vereinten Nationen über die neue Weltwirtschaftsordnung nicht in die Schule kommen? Oder Dokumente solcher Organisationen wie FAO und WHO? Sollte man die Publikationen von Pugwash oder des "Club of Rome" nicht durchdiskutieren? Das jüngste Buch von Aurelio Peccei "Zukunft in unserer Hand" ist ja gerade an die Jugend gerichtet.

Aber dies alles wäre nur der erste, informative, intel-

lektuelle Schritt. Er würde den Zugang zu der schwierigsten
Problematik eröffnen - zu dem Sinn und dem Stil des Lebens
unter den dramatischen Bedingungen der Gegenwart, zu der
Mitarbeit an der Vision der erstrebenswerten Gesellschaft,
zu der Handlungsstrategie "hier und jetzt" und ihrer Verwirklichung. Dies würde bedeuten, daß es notwendig ist, viele, immer noch geltende Voraussetzungen und Einschätzungen
hinsichtlich der gesellschaftlichen Entwicklung und des Fortschritts einer kritischen Revision zu unterziehen, viele Vorurteile, die zum Fanatismus führen, zu beseitigen, weltweit
eine Atmosphäre des Dialogs zwischen den Zivilisationen zu
schaffen, ein neues Modell des individuellen und des gemeinschaftlichen Lebens zu erarbeiten und zu realisieren.

Es ist schwer zu glauben, daß die Erzieher generell und
entschieden diesen neuen, mit den Bemühungen um die Verbesserung der menschlichen Welt, wie es einmal Comenius bezeichnete, verbundenen Weg beschreiten. Und doch wäre dies die
authentische Erziehung, die die Menschen und insbesondere die
Jugend wirklich brauchen. Und eine solche Schule könnte tatsächlich erziehen. Und obwohl es schwer ist, daran zu glauben, bleibt uns nichts anderes als zu hoffen, daß diese Pädagogik der Hoffnung, deren Wahrheiten in dem Chaos und Wahnsinn der gegenwärtigen Welt zu leuchten beginnen, nicht verloren geht und der wirksamen Erziehung dienen wird.

Michel Soëtard

KANN DIE SCHULE ERZIEHEN? PESTALOZZIS ANTWORT

Kann die Schule erziehen? Die Frage klingt modern: wir denken sofort an die in den siebziger Jahren von Reimer und Illich angehäuften Vorwürfe gegen die Institution Schule und an deren Ruf nach Abschaffung dieses Domestikationsinstruments. Die Schule blieb bestehen, ihres Sinns aber immer noch unsicher: die moralische Erschütterung wirkt weiter.

Zu unserer Beruhigung sollte man daran erinnern, daß die Frage alt ist, so alt wie der Vorsatz, ein paar Jungen zu sammeln, um ihnen einige nützliche Dinge beizubringen. Die Haltung eines Sokrates war schon eine ständige Herausforderung an die erzieherische Potenz der griechischen Politeia, und Kyniker, Kyrenaïker, ferner Epikureer und Stoïker lehnten die "enkyklios paideia" ab, in der Überzeugung, daß die echte Wahrheit und die menschliche "Tugend" nicht durch Unterricht in Wissenschaften zu erlangen seien. Das Christentum, in seiner ursprünglichen Phase sowie in seinen historischen Erscheinungen, hegte ebenfalls in seinem Busen einen ständigen Zweifel an der institutionalisierten Schule, als einer "mundanen Erscheinung", die voraussetzen ließe, daß das Reich Gottes durch Anhäufen von Wissen zu erreichen wäre (Ballauf 1969-73, S. 172 ff., S. 284 ff.). Als Lieblingsthema wird, auch bei Rousseau, die Diskrepanz zwischen dem durch die Gesellschaft vermittelten Wissen und dem in der unbefleckten Natur verankerten Kindwesen immer wieder vorgetragen: "Keiner von uns ist Philosoph genug", so heißt es im Emile, "um sich in die Lage eines Kindes hineindenken zu können".

Was uns bei Pestalozzi auffällt, ist das Auftauchen des Schulbegriffs in einer Weltanschauung, die ihn zunächst radikal abgelehnt hatte. Interessant sind dabei die Gedanken

und Überlegungen, die Umstände und Erfahrungen, die die
Schule als eine Notwendigkeit am Eingang des Industriezeitalters erscheinen ließen, die Art und Weise, wie der Sozialpädagoge diesen modernen Begriff verarbeitete und dem
modernen Lehrer neue Wege bahnte. Es wäre kaum übertrieben
zu sagen, daß die Schule zum Bewußtsein ihrer selbst im
Werke Pestalozzis gelangt, daß sie sich endlich, nach langem Kampfe zwischen Tatsache und Sinn, als sinnvolle Tatsache rechtfertigt[1].

Wie stellt sich das Problem bei Pestalozzi?

Pestalozzis Anliegen kreist um die Beherrschung eines
zur Zeit seiner Jugend überall durchbrechenden Phänomens:
die Kinderarbeit. Zwar drängen sich die Kinder noch nicht
in stickige Fabriken, jedoch erfaßt die neue Lohnquelle
schon in den siebziger Jahren die Wohnstube des Bauern,
die zu einer kleinen Industriezelle wird, wo Eltern und
Kinder tag und nacht am Spinnrad und am Webstuhl sitzen
(die sog. "Heimindustrie"). Aber die Umwälzung der menschlichen Lebensweise durch den Einbruch der Industriearbeit
in die Häuser der Bauern ist nicht zu übersehen: das uralte
Verhängnis, das die arme Landbevölkerung im Bann der Natur
hielt, wird auf einmal aufgehoben, der Bauer und seine Familie dürfen jetzt auf ihre eigene Kraft hoffen, um die
ökonomische Grundlage ihrer Existenz zu sichern.

Dieser Übergang von der Naturalwirtschaft zur Geldwirtschaft wird im Grunde von Pestalozzi positiv bewertet. Der
junge Patriot, der die beste Zeit seiner Züricher Jugend
dem Kampf um die Gleichberechtigung zwischen Stadt und Land
gewidmet hatte, sieht in der sich verbreitenden Industriearbeit die unentbehrliche materielle Basis zur Befreiung
des Volkes, das die primären Rechte entbehrt. Die Wirkung
der neuen ökonomischen Erscheinung geht sogar über den sozialen Bereich hinaus: erst durch den "künstlichen Broterwerb" gelangt der Mensch überhaupt zum Bewußtsein, daß er
jetzt imstande ist, seine Humanität aus eigener Kraft zu

gestalten. Schon keimt in der neuen Arbeitsform der berühmte Spruch der Nachforschungen: "Die Natur hat ihr Werk ganz getan, also tue auch du das deine!"

Das Kind gewinnt dabei an neuem Wesen. Durch die Lohnarbeit befreit es sich prinzipiell aus der ökonomischen Unterlegenheit, die sein Verhältnis zu den Eltern kennzeichnete, und faßt Fuß im sozialen Gefüge. Das Wohl der ganzen Familie hängt auch von ihm ab, der Junge weiß es, die Eltern wissen es ebenfalls: es entstehen zwischen beiden neue Beziehungen, die das patriarchalische Familienmodell tief erschüttern (unzufriedene Kinder entlaufen nicht selten dem Elternhaus und bieten einem fremden "Unternehmer" ihre Dienste an). Natürliche Liebe genügt nicht mehr, um das zerrissene Band wiederherzustellen: es wäre eine Kunst nötig, die mit dem im Herzen des arbeitenden Kindes sich entwickelnden Keim der Selbständigkeit umzugehen wüsste...

Das Hauptproblem besteht jedoch darin, daß der kostbare Keim im unbereiteten Boden verfault. Was zur entscheidenden Verstärkung der menschlichen Natur dienen sollte, wird zum Mittel ihrer Verwahrlosung. Es zeigte sich nämlich, daß die Bauernfamilien die neue Verdienstquelle überhaupt nicht beherrschen: das neugewonnene Geld wird im Wirtshaus vergeudet, viele stecken bis über die Ohren in Schulden und fallen listigen Menschen zum Raub, die die Kunst beherrschen, Leute auszubeuten. Man sollte also dem Landvolk helfen, mit dem Fabrikverdienst, der "wie Messer und Schere" in seiner Hand liegt, umzugehen. Am Schluß seines tiefgreifenden Aufsatzes im Schweizerblatt über die Umwälzung des Bauernstandes durch den relativ plötzlichen Einbruch der Industrie in die agrarische Struktur stellt Pestalozzi folgenden Grundsatz auf: "Der künstlichere Broderwerb fordere höhere Kultur der Menschheit, und ein Land werde durch erhöhten Verdienst und durch ausgedehntere Lebensgenießungen nur in dem Maß glücklicher, als er vorher weiser gebildet worden" (P.S.W., Bd. VIII, S. 56).

Von der bestehenden, selbst durch die Aufklärung und die philanthropischen Bestrebungen neu belebten Schule ist

nichts zu hoffen. Ihre Wortbildung greift nicht auf die
Realerfahrungen zurück und verhindert, daß sie eine für die
soziale Lage revelante Funktion gewinnt. Noch schlimmer:
indem sie ein "sekundäres System" neben dem Leben bildet,
gefährdet sie die Grundlage der Gesellschaft und verdirbt
die wahre Kraft der Kinder. So wird die Schule selbst zum
verstärkenden Faktor der Verwahrlosung. Damit lehnt Pestalozzi nicht nur die Institution Schule ab, sondern auch das
Prinzip einer Bildung, die sich über die realen Verhältnisse hinwegsetzt, als wäre das Leben in ein künstliches System rationaler Begriffe auflösbar.

Das Neuhofexperiment (1773-1780) möchte das Modell einer
Schulung im Leben und durch das Leben veranschaulichen. Die
dort versammelten, meist verwahrlosten Kinder sollten die
vorbildliche Stimmung einer Wohnstube erleben, die darauf
zielt, "die höchste Kraft des Broterwerbs auch in den niedersten Ständen mit hoher Kraft des Geistes und des Herzens
zu vereinigen". Es handelt sich grundsätzlich darum, die
Industriearbeit unmittelbar zu vergeistigen, die Quellen
der Verdienstfähigkeit zur sittlichen Vollendung des Menschen zu nutzen. Die von den jungen Arbeitskräften benötigten Kenntnisse, Fertigkeiten und Haltungen werden im Prozeß
des Lebens selbst, also funktional erworben. Intellektuelle,
moralische und religiöse Bildung wird nur in dem Maße vermittelt, als sie an die reale Lage der Kinder anknüpft und
in ihrer Praxis wieder einsetzt. Der gesamte Bildungsprozeß
fußt auf dem Prinzip: "Man muß alles nur wissen um des Tuns
willen". Und Jost erklärt weiter in Lienhard und Gertrud:

> "Es ist mit dem Wissen und Tun wie mit einem Handwerk.
> Ein Schuhmacher z.E. muß arbeiten, das ist seine Hauptsache; er muß aber auch das Leder kennen und seinen Einkauf verstehen, das ist das Mittel, durch welches er in
> seinem Handwerk wohl fährt, und so ist's in allem. Ausüben und Tun ist für alle Menschen die Hauptsache. Wissen und Verstehen ist das Mittel, durch welches sie in
> ihrer Hauptsache wohl fahren. Aber darum muß sich auch

alles Wissen des Menschen bei einem jeden nach dem
richten, was er auszuüben und zu tun hat, oder was für
ihn die Hauptsache ist" (P.S.W. Bd. II, S. 128).

Das Neuhofexperiment scheitert auf katastrophale Weise
an unüberwindlichen Widersprüchen, die seine grundsätzliche
Inkoherenz offensichtlich werden lassen. Höchst interessant
ist dabei die Analyse der Hindernisse, die dem Versuch ein
Ende machten: Pestalozzi selbst verweist in seinen Neuhof-
schriften auf einige sich vermehrende Schwierigkeiten, aber
er wird von da an ständig über seinen ersten Mißerfolg
nachdenken und sich der Widersprüche seines damaligen Vor-
satzes immer klarer bewußt werden. Seine nachfolgende Entwicklung darf sogar als eine langjährige Bemühung interpretiert werden, mit den Widersprüchen seines Grundexperiments
fertig zu werden[2]. Es seien hier drei Hauptprobleme hervorgehoben:
1. Pestalozzi erfährt bald, daß es unmöglich ist, beide
Ziele, nämlich das ökonomische und das erzieherische,
gleichzeitig zu verfolgen. Die realistische Sorge um den
industriellen Erfolg seines Unternehmens wird immer be-
lastender und verdrängt jeden Tag mehr die pädagogisch-
philanthrophische Absicht: der Kaufmann, dem schlecht ge-
wobenes Tuch geliefert wird, will von Erziehungszwecken
überhaupt nichts wissen. So verlangt Pestalozzi immer höhere
Produktivität von den Kindern, und das sittliche Gerede
über Tugend und Gottesverehrung wird vom "Neuhofvater" immer offener benutzt, um den Eifer seiner Arbeitskräfte zu
verdoppeln.
2. Allmählich wird Pestalozzi der Gefahr inne, daß die Kinder durch die Übung eines einzigen bestimmten Berufs frühzeitig angekettet werden. Er ahnt nämlich voraus, daß Mobilität ein Grundzug der eintretenden Industriewelt ist, daß
also der Industriearbeiter vorbereitet werden muß, sich auf
wechselnde, von vielseitigen Umständen abhängige Situationen
anzupassen. Der unmittelbare Bezug des Bildungsprozesses zu
den realen Verhältnissen des Industriekindes soll nicht zu

eng verstanden werden, wenn man seinem wirklichen Interesse dienen will.

3. Pestalozzis Traum, das kleine Volk des Neuhofs zu einer vorbildlichen Gemeinschaft zusammenzuschmelzen, geht ebenfalls zugrunde. Diese Erfahrung bringt ihn wiederum zu der Feststellung, daß der "künstliche Broterwerb", indem er das Gefühl der Selbständigkeit festigt, einen Keim der Selbstsucht entstehen läßt, der das gemeinsame Leben im Neuhof täglich gefährdet. Berufsfähige Kinder verlassen nach Belieben das Haus der Eltern, die aus der Arbeit ihres Nachwuchses gern ihren eignen Vorteil ziehen möchten. Da Pestalozzi über keine offiziellen Zwangsmittel verfügt, um die Kinder bei sich zurückzuhalten, muß er machtlos dem Weglaufen seiner Arbeitskräfte zusehen.

Aus alledem ergibt sich, daß die Bildung für die Industriearbeit kein rein natürlicher Prozeß ist, dessen Vermittlung man dem Zufall des Lebens überlassen könnte.

Schule und Industrialisierung

Man braucht folglich eine spezifische Kunst, die Kinder in die neu entstehende Wirtschafts- und Sozialordnung einzuführen, und eine entsprechende Institution, die diese Kunst ins Werk setzt: eine Schule.
Der neue Begriff taucht 1785 nach einem langen Ablehnen der Schule am Anfang des 3. Teils von Lienhard und Gertrud auf. Er wird explizit als eine Folge der Industrialisierung eingeführt, und Pestalozzi gibt jetzt unumwunden zu, daß der noch im Neuhof waltende Standpunkt der "Lebensschule", die sich nach der "Bahn der Natur" zu richten hätte, durch die weitere Entwicklung der Industrie als überholt gelte. So erklärt der Baumwollenmeister Meyer im Roman:
"Vor altem war alles gar einfältiger, und es mußte niemand bei etwas anderm als beim Feldbau sein Brot suchen. Bei diesem Leben brauchten die Menschen gar viel weniger geschult zu sein: der Bauer hat im Stall, im Tenn, im Holz und Feld, seine eigentliche Schule, und findet wo

er geht und steht, so viel zu tun und zu lernen, daß er
so zu reden ohne alle Schule das recht werden kann, was
er werden muß. Aber mit den Baumwollenspinner-Kindern,
und mit allen Leuten, die ihr Brot bei sitzender oder
einförmiger Arbeit verdienen müssen, ist es ganz anders.
Sie sind, wie ich es einmal finde, völlig in den gleichen Umständen wo die gemeinen Stadtleute, die ihr Brot
auch mit Handverdienst suchen müssen, und wenn sie nicht
wie solche wohlerzogene Stadtleute auch zu einem be-
dächtlichen überlegten Wesen, und zum Ausspitzen und Ab-
teilen eines jeden Kreuzers, der ihnen durch die Hand
geht, angeführt werden, so werden die armen Baumwollen-
leute, mit allem Verdienst und mit aller Hilfe die sie
sonst hätten, in Ewigkeit nichts davon tragen, als einen
verderbten Leib und ein elendes Alter. Und Junker! da
man nicht daran sinnen kann daß die verderbten Spinner-
Eltern ihre Kinder zu so einem ordentlichen und be-
dächtlichen Leben anhalten und auferziehen werden, so
bleibt nichts übrig, als daß das Elend dieser Haushal-
tungen fortdauert, so lange das Baumwollenspinnen fortdauert und ein Bein von ihnen lebt; oder daß man in der
Schule Einrichtungen mache, die ihnen das ersetzen, was
sie von ihren Eltern nicht bekommen, und doch so unumgänglich nötig haben" (P.S.W., Bd. III, S. 14f.).

In diesem Texte sieht Pestalozzi bestimmte Entwicklungstendenzen genau voraus und stellt seine Erziehungskonzeption
darauf ein. Darüber hinaus weist er aber auch auf das Erscheinen eines neuen Menschentyps hin: "Hier hat Pestalozzi", so schreibt W. Flitner, "einen tiefen Blick in pädagogische Notwendigkeiten eröffnet. Er hat richtig gesehen,
daß durch die Industrie und alles, was mit ihr zusammenhängt, ein anderer Typus des einfachen Menschen entsteht,
ein rationaler. Diese Leute müssen rechnerisch haushalten,
technischer denken, anpassungsfähiger sein als Menschen der
altväterlichen Verhältnisse, aber sie müssen nicht nur auf-
geklärter sein, sondern auch den Gefahren bewußter begegnen

können, die mit der Industrie entstehen: der Vermassung und geistigen Entwurzelung" (Flitner, 1963, S. 62). Es handelt sich also nicht nur darum, neue ökonomische Bedingungen zu beherrschen, sondern zu einer allgemein rationalen Lebensbewältigung zu gelangen.

Diese gesteigerte Bedeutung der Rationalität im Industrialisierungsprozeß macht den Aufbau eines besonderen Systems notwendig, das bewußt in eigener pädagogischer Gesetzmäßigkeit lehrend in die veränderten Bedingungen einführen soll. Bildung durch Umweltprägung genügt nicht mehr: spezielle Mittel sind zu erfinden, eine zweckmässige Kunst ist zu erarbeiten, eine eigene Einrichtung zu schaffen, die auf die Vermittlung der neuen, im Zuge der industriellen Entwicklung notwendig gewordenen Denk- und Lebensweise explizit zielen. Glüphi tritt als tatkräftiger Lehrer im Dorfe Bonnal auf.

Die Bedeutung, die er von Anfang an dem Rechenunterricht beimißt, legt das beste Zeugnis ab, daß Pestalozzi darauf aufmerksam geworden ist, die menschlichen Potentialitäten jedes Erziehungsprozesses zu ergründen. Der Wert des Rechnens überschreitet jetzt die pragmatische Vermittlung einiger für den Umgang mit Geld notwendiger Kenntnisse: "Recht sehen und hören ist der erste Schritt zur Weisheit des Lebens; und Rechnen ist das Band der Natur, das uns im Forschen nach Wahrheit von Irrtum bewahrt, und die Grundsäule der Ruhe und des Wohlstands, den nur ein bedächtliches und sorgfältiges Berufsleben den Kindern der Menschen beschert" (P.S.W., Bd. III, S. 175). Das Rechnen hat für den neuen Lehrer eine formal bildende Kraft, es entwickelt eine "kaltblütige Aufmerksamkeit", die sich auf anderen Gebieten bewähren soll, insofern sind Zählen und Rechnen, so erklärt Gertrud, "der Grund aller Ordnung im Kopf" (P.S.W., Bd. II, S. 278). Dem Rechnen wird auch eine sittliche Funktion zuerkannt, denn die Ausbildung der rechnerischen Fertigkeiten trägt dazu bei, daß die Menschen Ordnung in ihrer Lebensführung bewahren, sich als Teile der großen Gesellschaftskette betrachten und Liebe zur Wahrheit entwickeln: "Wer

Rechnungsgeist und Wahrheitssinn trennt, der trennt was Gott zusammengefügt" (P.S.W., Bd. III, S. 175).

Die neue Kunst bleibt jedoch eng mit dem Leben verbunden. Pestalozzi will mit dem alten Schulmodell nichts mehr zu tun haben: die von Glüphi neu eingerichtete Schule ist wegen der Anforderungen des Berufslebens entstanden und zielt wiederum darauf hin. Die Kinder werden so früh wie möglich mit verschiedenen Handwerken bekannt gemacht, und die Schulstube verwandelt sich bisweilen in eine Werkstatt voll von Handwerksgeschirren: "Nichts, das früh oder spät ihnen nützlich sein konnte, hielt er (Glüphi) außer dem Kreis seiner Schularbeit" (P.S.W., Bd. III, S. 224). Der Hauptunterschied zum Neuhof besteht aber darin, daß das "Leben" sich auf das unmittelbar Berufliche nicht mehr beschränkt, sondern die Selbstorientierung des Kindes nach einem für ihn am besten geeigneten Beruf (seine "Berufung") miteinbezieht. So gewinnt der Lernprozeß dem rein ökonomischen gegenüber eine gewisse Autonomie. Sein ständiger Bezug zu den realen Lebensverhältnissen der Kinder darf also nicht als ein schutzloses Ausliefern an die Ansprüche der trügerischen Wirklichkeit gesehen werden, sie dient im Gegenteil als Grundlage zu einer pädagogischen Beherrschung derselben.

Daß die konkrete Ausrichtung der Schulerziehung auf das unmittelbar im Leben Erforderliche nicht utilitaristisch als Bildung zum "industriösen Menschen" mißverstanden werden soll, bezeugt Glüphis vorherrschende Sorge um die sittliche Bildung seiner Kinder: "Die Erziehung zu den Sitten war also ein Hauptstück seiner Schuleinrichtungen" (P.S.W., Bd. III, S. 168). Pestalozzi ist sich jetzt bewußt, mit der Sittlichkeit die gesellschaftliche Revelanz des Berufs in der Hand zu halten. Daraus erklärt sich, daß das Primat des Erzieherischen gegenüber den heterogenen Ansprüchen der Gesellschaft hier am deutlichsten erscheint: es ist nun aber nicht so, daß Glüphi die bestehenden Ordnungen der Erwachsenenwelt in seine Schule ganz einfach übernimmt, er läßt vielmehr in den Lebensbereich der Schule elementare Formen der Gesellschaftsordnung einfließen, die das Verhalten der Kinder prägen sollen (P.S.W., Bd. III, S. 168ff.). Die Lehre von Gott wird sogar von jeder menschlichen Vorstellung gereinigt, damit sie als formales Erziehungsmittel benutzt werden kann, "das Fleisch und Blut durch Anhänglichkeit an den Urheber unsers Wesens in der Ordnung zu erhalten" (P.S.W., Bd. III, S. 232).

Da die Einführung der neuen Denk- und Lebensweise auf "natürlichem" Weg, im "freien Hörsaal der ganzen Natur" nicht geschehen kann, soll sie durch den Einsatz des menschlichen Willens, folglich eines gewissen Zwanges vermittelt werden. Die Gründung der neuen Schule geschieht tatsächlich durch eine politische Entscheidung des Junkers Arner, der damit "das ganze Dorf in ein ander Modell zu gießen" unternimmt, und Glüphi bekommt von ihm vielseitige Unterstützung, die ihn hauptsächlich vor den selbstsüchtigen Ränken der Eltern bewahrt. Er weiß auch in seinem pädagogischen Vorgehen um die Nützlichkeit der Furcht neben der Liebe, da die Übernahme der neuen gesellschaftlichen Pflichten keinem spontanen Bedürfnis entspricht, sondern im Erlebnis eines zweckmäßigen Erziehungs- und Lernprozesses geschieht.

Der Mensch braucht also Erziehung und Schule, weil er letzten Endes nicht "gut" ist. Die Institutionalisierung der Erziehung in der Schule findet ihre letzte Legitimation in den neuen anthropologischen Überlegungen Pestalozzis, denen Glüphis "Philosophie" Ausdruck gibt. Da der Mensch von Natur aus als ein träges, furchtsames, gieriges und gesellschaftswidriges Wesen beschrieben wird, beruht sein ganzer bürgerlicher Wert mit all seinen für die Gesellschaft brauchbaren Kräften "auf Einrichtungen, Sitten, Erziehungsarten und Gesetzen, die ihn in seinem Innersten verändern und umstimmen, um ihn ins Gleis einer Ordnung hineinzubringen, die wider die ersten Triebe seiner Natur streitet, und ihn für Verhältnisse brauchbar zu machen, für welche ihn die Natur nicht bestimmt und nicht brauchbar gemacht, sondern vielmehr selber die größten Hindernisse dagegen in ihn hineingelegt hat" (P.S.W., Bd. III, S. 329ff.). Mit der Einführung eines "Bösen", das das natürliche Verhältnis des einzelnen Menschen zu seiner gesellschaftlichen Vollendung in Frage stellt, legt Pestalozzi insofern die anthropologische Grundlage zur Einrichtung der Institution Schule, als sie beauftragt wird, die "böse" Lücke in der jedoch grundsätzlich "guten" Menschennatur zu ergänzen. So bildet die Schule ein wichtiges Korrelat zur Natur des Menschen.

Schule und menschliche Selbstveredelung

Man könnte also glauben, daß die Schule als notwendige Konsequenz und zentrale Voraussetzung der neu entstehenden Wirtschafts- und Sozialordnung ihre vollständige Berechtigung im Denken Pestalozzis gewonnen hätte. Man würde dabei jedoch übersehen, daß das ursprüngliche Anliegen des Rousseauanhängers die Freiheit ist, und daß der Verfasser von Lienhard und Gertrud nicht darauf verzichtet hat, die grundsätzliche Bedeutung der industriellen Umwälzung und der Verbreitung des "künstlichen Broterwerbs" in immer weitere Volksschichten als prinzipiellen Zugang des Menschen zur Selbständigkeit zu sehen. Es sei hier an die Brandrede des Pfarrers im 4. Teil des Romans erinnert:

"Es sei, sagte er, wie wenn es nicht sein müsse, daß Menschen durch ihre Mitmenschen versorgt werden. Die ganze Natur und die ganze Geschichte rufe dem Menschengeschlecht zu, es soll ein jeder sich selbst versorgen, es versorge ihn niemand, und könne ihn niemand versorgen; und das Beste, das man zu dem Menschen tun könne, sei, daß man ihn lehre, es selber zu tun...
Nach einer Weile sagte er wieder, es liege in Gottes Namen in der Natur, daß der Mensch auf niemand auf Erden zähle; selbst Eltern, die für den Säugling in Feuer und Wasser springen, den letzten Bissen im hungrigen Mund kauen und nicht hinunterschlucken, sein Leben zu erret-

ten, springen für ihn nicht mehr in Feuer und Wasser, teilen nicht mehr mit ihm den letzten Bissen, wenn er erwachsen ist, und sagen ihm vielmehr: "Hilf dir jetzt selber, du bist erzogen!" (P.S.W., Bd. III, S. 312f.).

Wenn der Zweck der Erziehung die Sorge der Menschen für sich selbst ist, wird ihr Tun sinnvoll, indem sie sich selbst überflüssig macht. Daraus entsteht ein Widerspruch im Begriff der Schule zwischen ihrem notwendigen Bestehen als Anpassungsmittel an die neue ökonomische Ordnung und ihrer grundsätzlichen Zielsetzung, nämlich daß sie den Menschen lehre, sich selbst zu helfen. So steht Glüphis Schule im Zentrum des Widerspruchs zwischen Staatsrationalität und Autonomie. Pestalozzi ist sich übrigens dieser Schwierigkeit bewußt, indem er der neuen Schule im ganzen Aufbau des Romans eine bloße Ersatzfunktion zuschreibt: hätte jeder Untertan von Bonnal eine gute Wohnstube, hätte das Bonnaler Volk überhaupt einen guten Vater gehabt, so wäre die Schule überflüssig gewesen; das ist so wahr, daß der tatkräftige Lehrer und sein Werk verschwinden, sobald das Dorf mit der Wiederherstellung der Wohnstube sowie des Staats die "gute Bahn der Natur" wiedergefunden hat. Glüphis Schule wirkt letzten Endes als das Heilmittel einer vorläufigen Krankheit der Gesellschaft.

Pestalozzi bleibt aber nicht dabei stehen. Seine weitere Entwicklung wird durch lebenswichtige Erfahrungen und Überlegungen vorangetrieben:
1. Er bezweifelt immer mehr die Möglichkeit, die ganze Gesellschaft durch das bloße Wohlwollen - den "reinen Aristokratismus" - der Machthaber sowie der Untertanen zu regenerieren. Er wird immer mehr davon überzeugt, daß die Selbstsucht die entscheidende Rolle im menschlichen Herzen spielt, und folglich immer als drohender Keim der Zerstörung der gesellschaftlichen Verfassung bestehen bleiben wird. So schreibt er 1787 lapidar: "Der Mensch ist weder der Sittlichkeit noch der Wahrheit unabhangend von seinem Interesse fähig" (P.S.W., Bd. XII, S. 105ff.).

2. Die Beobachtung der politischen Ereignisse im revolutionären Frankreich (das Pestalozzi am 26. August 1792 das Ehrenbürgerrecht verliehen hat) läßt ihn die Hoffnung aufgeben, das Heil der Menschheit von irgendeiner Staatsform zu erwarten: "Das Hinstreben zur Despotie", so heißt es in Ja oder Nein? (1792/3), "liegt also in allen möglichen Formen des Gouvernements" (P.S.W., Bd. X, S. 157). So geht für Pestalozzi die Idee des Erziehungsstaates, der den Gebrauch der Macht mit der Vollendung der menschlichen Natur zu vereinigen beanspruchte, völlig zugrunde. Er versteht jetzt den Staat als eine bloß gesellschaftliche Einrichtung, die ihrer eigenen "materialistischen" Gesetzlichkeit gehorcht und überhaupt nicht imstande ist, das Glück der Menschen unmittelbar zu verwirklichen.
3. Die weitere Verbreitung der Industrialisierung hat für ihn die Konsequenz, daß alle Kinder jetzt die Schule brauchen. Hatte er lange Zeit geglaubt, daß die Umwelt der Bauernkinder so reich an Bildungsmöglichkeiten war, daß sie "viel weniger geschult zu sein" brauchten, so lassen die Fortschritte der Agrarwirtschaft den alten Standpunkt der "Lebensschule" als unzulänglich und beschränkt erscheinen. Die Erfordernisse der neuen ökonomischen Rationalität dringen bis in die Wohnstube des Bauern, der auch einer Art systematischer Berufsgrundbildung bedarf (Lienhard und Gertrud, 2. Fassung, 1790/2).

So befreit sich der Mensch vom letzten Band, das ihn im Schoße der guten Natur sowie der patriarchalischen Gesellschaft gefangen hielt. Weder vom "Naturzustand" noch vom gesellschaftlichen Recht darf er die letzte Befriedigung seines Wesens erwarten. Das menschliche Leben hat also seine ursprüngliche Grundlage verloren und gerät in ein endloses Schwanken zwischen dem "Tierisch-Natürlichen" und dem "Gesellschaftlich-Politischen". Die menschliche Existenz bleibt folglich in einer grundsätzlichen Widersprüchlichkeit stecken, die nur durch eine jedem Menschen anerkannte Kraft, sich selbst zu einem Werke seiner selbst zu machen, aufgehoben werden kann. So taucht im Zentrum der von Grund auf veränderten Weltanschauung Pestalozzis die Idee der sittlichen Autonomie auf: "Sie entspringt aus dem mir wesentlich einwohnenden Gefühl: ich vervollkomme mich selbst, wenn ich mir das, was ich soll, zum Gesetz dessen mache, was ich will". Das ist die grundlegende Erkenntnis der Nachforschungen: als "Werk seiner selbst im sittlichen Zustand besitzt der Mensch a priori die Kraft der Selbstbestimmung (P.S.W., XII, S. 105ff.).

Aus alledem gewinnt der Erziehungsgedanke einen entscheidenden Impuls. Da weder die Natur noch die Gesellschaft allein den Menschen vollenden können, obgleich beide widersprüchlich an der Produktion seiner Autonomie teilnehmen, braucht man eine zweckmässige Handlung, um aus dem Zusammenstoß tierischer Instinkte und gesellschaftlicher Ordnung die verborgene Selbstkraft entstehen zu lassen. Da das Kind die besten Voraussetzungen zeigt, diesen Integrationsprozeß zustande zu bringen, muß man dafür sorgen, daß er sich aus autonomer Kraft selbst bildet. Von der Erziehung erwartet Pestalozzi eine grundsätzliche Erneuerung der Gesellschaft, und der Staatsmann findet in ihr seine letzte Legitimität, indem er über die Grenzen der Gesellschaftsordnung und der Legalität hinwegsieht und seine Regierungskunst denjenigen Grundsätzen unterordnet, die der sittlichen Veredelung der Menschen im Sinne seiner Autonomisierung am meisten förderlich sind.

Die Erziehung kann ihrer Institutionalisierung durch die Schule nicht mehr entgehen. Die utilitaristische Rechtfertigung der Glüphischen Schule (als Vorbereitungsort auf die künftigen Lebensverhältnissen der Kinder) wird durch eine anthropologische vertieft: die Kinder brauchen explizit einen Zwischenort, wo ihre Naturtriebe weiterleben können und die Gesellschaft ihre ersten Forderungen sichtbar macht, damit sie aus diesen beiden Quellen ihre Selbstkraft entwickeln können. Weder die Wohnstube, die an die selbstsüchtigen Neigungen gebunden bleibt, noch die Gesellschaft, die wiederum auf einem willkürlichen Gleichgewicht der selbstsüchtigen Interessen beruht, können selbst diese

sittliche Überwindung leisten[3]. So wird die Schule zum unentbehrlichen Mittel der Autonomie des Menschen, sie bewährt sich als historische Institution im endlosen Versittlichungsprozeß der Menschheit:
"Es ist für den sittlich, geistig und bürgerlich gesunkenen Weltteil keine Rettung möglich als durch die Erziehung, als durch die Bildung zur Menschlichkeit, als durch Menschenbildung" (P.S.W., Bd. XXIV A, S. 49ff.).

Die Schule wird ihrer Idee treu bleiben, wenn sie ihre Handlung als Hilfe zur Selbsthilfe versteht. Sie hat das Kind zu behandeln, als ob es der Freiheit fähig sei und den Willen besitze, sie zu gebrauchen. Am Anfang aller Erziehung steht der Glaube an den Menschen, freilich nicht an einen Zustand, der ihm eigen wäre, sondern an eine Tat, deren er fähig ist. Es bleibt die ewige Aufgabe der Pädagogik, durch sinnliche Einwirkungsmittel die Selbstbestimmungskraft des Kindes zu unterstützen und ihr zur Verwirklichung zu verhelfen, indem sie ihre Umwelt so organisiert, daß von ihr Reize ausgehen, die die angeborene Selbstkraft in Bewegung setzen. Das ist eine Kunst, aus heteronomen Elementen die Autonomie entstehen zu lassen, eine Kunst, die vom Lehrer zweckmäßig beherrscht werden soll, und wozu er speziell ausgebildet werden muß. Die Mutter entgeht ihrer Erziehungspflicht nicht: sie darf sich nicht mehr damit begnügen, eine "gute" Mutter zu sein, sondern sie hat das Leben in der Wohnstube und ihr Verhältnis zu ihren Kindern so einzurichten, daß diese danach streben, ihre Hilfe zu entbehren (P.S.W., Bd. XIII, S. 344f.).

Die autonomiefördernde Funktion der Schule bleibt jedoch mit dem Dasein der Gesellschaft eng verbunden. Von der Gesellschaft bekommt das Kind durch Zwang und Gewalt den nomos, der als Grundlage für seinen Verselbständigungsprozeß dienen soll. Erziehung ist also eine Hauptpflicht der Gesellschaft. Der Erzieher und der Staatsmann sollen sich aber der schwierigen Position ihrer Gegenüberstellung bewußt sein. So fassen wir hier den Widerspruch, der im modernen Begriff der Schule am Werke ist: 1) Als Mittel der gesellschaftlichen Weiterexistenz muß die Schule ohne Rücksicht auf persönliche Neigungen und Entwicklungsmöglichkeiten zu erreichen suchen, daß das Kind "ohne Maß mehr wisse und verstehe" als bisher, wo die Arbeits- und Sozialwelt noch unkompliziert und übersichtlich war. 2) Das erzieherische Ziel der harmonischen Kräftebildung verlangt umgekehrt, daß die Forderungen der Gesellschaft zurückzustellen sind und die Ausbildung auf den "göttlich und ewig gegebenen Grundlagen der naturgemäßen Entfaltung unserer Kräfte" gründen müsse.

Wir finden die grundsätzliche Spannung wieder, die das erste Neuhofexperiment zersprengt hatte. Es gelingt nunmehr Pestalozzi, diese Spannung durch die Vermittlung eines zweckmäßigen Prozesses in einem darauf angepaßten Sonderraum aufzuheben. So gewinnt die Schule ihre feste, jedoch stets im Widerspruch der gesellschaftlichen Situation des Menschen ruhende Grundlage. Als Versittlichungsinstitution darf sie auf eine autonome Stellung gegenüber den politisch-gesellschaftlichen Verhältnissen Anspruch erheben. Die Verbindung mit dem "Leben" besteht in der Schule der dritten Fassung von Lienhard und Gertrud (1819/20): Glüphi läßt Hobelbänke, Drehstühle, Schmiedegeräte, Spinnräder und anderes mehr in seine Schule hineinbringen. Es handelt sich aber nicht nur darum, gewisse berufliche Fertigkeiten durch die Arbeit zu vermitteln, sondern eine umfassende Bildung des Menschen anzustreben. Arbeit und Fleiß gelten explizit als Mittel, die körperlichen Fähigkeiten, wie "Augenmaß", "Sicherheit der Hand", überhaupt "die Kräfte unserer fünf Sinne", aber auch den "Kopf" und das sittliche Verhalten umfassend zu bilden. So kann Pestalozzi schließlich zusammenfassen: "Diese höhern Ansichten über die menschliche Ausbildung waren es, warum er Drehstuhl, Hobelbank, Spitzrucken, Nähkissen usw. in seine Schule aufnahm" (P.S.W., Bd. VI, S. 446).

Und der dritten Figur des Schulmeisters im Werke Pestalozzis ist es letzten Endes klar geworden, daß die Bildung selbst in ihrer polaren Spannung nicht durch ein System, und sei es ein Freiheitssystem, gewährleistet werden kann, sondern nur durch einen Lehrer, der fähig ist, die Notwendigkeit der gesellschaftlichen Situation sowie die Bedürfnisse der menschlichen Natur in ihrer eigenen Gegensätzlichkeit zu erfassen, auszuhalten und in der eigenen Person durch polare Einstellung zur Einheit zu bringen. Vom Erzieher allein, vom Lehrer in den Schulen muß Gelingen oder Mißlingen der Volksbildung abhängen. Glüphi betritt nunmehr die neue Schule als jemand, der um Verantwortung weiß und diese skeptische Distanzierung zu seinem Werke unterhält, der die Entstehung der Selbstkraft bei den Kindern erleichtert. Er weiß schließlich um die "Erbsünde der Erziehung": "jeder Unterricht und jede Erziehungsbestrebung, die von unserer Sünde ausgeht und ein Werk unserer Sünde und unserer Selbstsucht ist, ist wie verflucht" (P.S.W., Bd. VI, S. 305f.).

ANMERKUNGEN

1) Die Grundbedeutung Pestalozzis wird meistens mehr geahnt als deutlich ausgelegt. S. H. Blankertz in seiner neuerschienenen Geschichte der Pädagogik (1982, S. 105): "In der von ihm vertretenen Position hat die pädagogische Fragestellung gleichsam sich selbst erreicht...", und dazu S. 314: "Die Pestalozzi-Literatur ist fast unübersehbar, aber den Pestalozzi-Interpreten gibt es nicht". - Dieser Aufsatz weist auf mein Werk hin: Pestalozzi ou la naissance de l'éducateur. Etude sur l'évolution de la pensée et de l'action de l'éducateur suisse (1981), dessen Analyse auf dem gescheiterten Neuhofexperiment fußt und die ganze nachfolgende Entwicklung von Pestalozzis Denken und Tun als ein anhaltendes Bemühen erklärt, seine ursprünglichen Widersprüche aufzuheben. Für weitere Belege über das hier behandelte Thema siehe meinen Aufsatz: Wie sich der Sinn der Schule im Werke Pestalozzis allmählich herausbildet. In: Pädagogische Rundschau, 36(1982), S. 479-501.

2) "Die Widersprüche, die in der menschlichen Natur zu liegen scheinen, wirkten vielleicht auf wenige Sterbliche

so gewaltsam, als auf einen Menschen, dessen Lage und Umstände auf eine seltene Art zusammentrafen, die Gefühle eines zwanglosen und ungebogenen Naturlebens mitten durch eine nicht anspruchslose, aber äußerst gehemmte und in einem hohen Grad unbefriedigende Tätigkeit bis an sein nahendes Alter lebhaft zu erhalten..." (Pestalozzis Nachforschungen, Anfang, PSW, Bd. XII, S. 6).

3) Wenn Pestalozzi den Hauptakzent auf die Wohnstube als prinzipielle Trägerin der Erziehung legt, sollte man sich der Entwicklung seiner Gedanken zu diesem Thema bewußt sein: spielte die Wohnstube selbst die zentrale Rolle in der 1. Fassung des Romans, so verweist Pestalozzi nunmehr auf die Erziehungspflicht beider Eltern und auf deren menschliche Kunst und Qualitäten, die das Auftauchen und Weiterleben der Selbstkraft bei den Kindern begünstigen. Der Gertrud genügt es nicht mehr, eine gutmütige, bzw. gläubige Frau zu sein: sie hat ihre Kinder, teilweise gegen ihre eigene Natur, zu lehren. Diese Relativierung der naturgemäßen Stellung der Mutter (und des damit verbundenen mütterlich-patriarchalischen Modells) trägt hauptsächlich dazu bei, den Sinn der Schule als autonomiefördernde Institution zu begreifen. Vergleiche dazu meinen oben zitierten Artikel in der Pädagogischen Rundschau.

LITERATUR

Ballauf, Th.: Pädagogik. Eine Geschichte der Bildung und Erziehung. Freiburg, München: Alber 1969 - 1973

Blankertz, H.: Die Geschichte der Pädagogik. Wetzlar: Büchse der Pandora 1982

Buchenau, A. u.a. (Hrsg.): Pestalozzi Sämtliche Werke (PSW). Kritische Ausgabe der Werke Pestalozzis. Berlin-Zürich: W. de Gruyter u. Orell Füssli 1927

Flitner, W.: Die vier Quellen des Volksschulgedankens. 5. Aufl. Stuttgart: Klett 1963

Soëtard, M.: Pestalozzi ou la naissance de l'éducateur. Etude sur l'évolution de la pensée et de l'action de l'éducateur suisse. Bern: P. Lang 1981 - Publications Universitaires Européenes. Bd. 105

Soëtard, M.: Wie sich der Sinn der Schule im Werke Pestalozzis allmählich herausbildet. In: Pädagogische Rundschau, 36(1982)5, S. 479 - 501

Winfried Böhm

SCHULE UND ERZIEHUNG
HISTORISCH-SYSTEMATISCHE ANMERKUNGEN ZU EINEM
PROBLEMATISCHEN VERHÄLTNIS

Die Formulierung des Themas muß stutzig machen, und man mag sich die Frage stellen, ob eine Erörterung des Zusammenhangs von Schule und Erziehung überhaupt der Rede wert sei, denn daß die Schule eine erzieherische Einrichtung ist, mithin einen erzieherischen Auftrag zu erfüllen hat, das erscheint doch wohl allzu offenkundig und selbstverständlich, als daß man es ernsthaft in Zweifel ziehen möchte. Bei genauerer Prüfung indes stellen sich Bedenken ein: Da wird emphatisch ein neuer Mut zur Erziehung proklamiert, da geht das Schlagwort von der Wiedergewinnung des Erzieherischen um, da ist eine Auseinandersetzung um die Grundwerte im Gange, da schlägt das Problem der Werterziehung pädagogische Wogen; wie, wenn es sich bei alldem nicht um mit monotoner Regelmäßigkeit wiederkehrende pädagogische Grundthemen und Grundprobleme handelte, sondern um Indizien für eine tiefliegende Krise just dieses Verhältnisses von Schule und Erziehung?

Es soll hier nicht in erster Linie historisch untersucht werden, zu welchem geschichtlichen Zeitpunkt Erziehung und Lernen ihren gemeinsamen Sinnhorizont verloren haben, wann Wissen und Gewissen auseinandergebrochen sind und im Raume der Schule das Problem ihres Erziehungsauftrages damit notwendig auftreten mußte. Vermutlich würden wir bei einer solchen Untersuchung auf einen Prozeß stoßen, der in der Aufklärung in Bewegung gesetzt wurde und beim Entstehen einer wissenschaftlichen Pädagogik bereits einen ersten Höhepunkt erreicht hatte, denn nicht zufällig war es einer der Stammväter der modernen Erziehungswissenschaft, nämlich Johann Friedrich Herbart, der die Verbindung von Lernen und

Erziehung in seiner Theorie des erziehenden Unterrichts mit besonderer Intensität erörtert hat (s. dazu Geißler 1970).

Die folgenden Überlegungen bemühen sich, wie gesagt, nicht primär um eine solche historische Analyse, so aufschlußreich und lehrreich sie auch sein könnte[1], vielmehr wollen wir uns mehr systematisch fragen, welches die Faktoren sind, die zu einem Auseinanderdriften von Erziehung und Lernen führen, jene Separierung und Verabsolutierung unterschiedlicher bzw. vereinzelter Funktionen der Schule begünstigen und schließlich trivial-akzidentelle statt konstitutiv-substantieller Momente von Schule in das grelle Licht des Betrachters und des Akteurs treten lassen[2], oder anhand eines konkreten Problems: wir wollen nach Gründen fragen, warum etwa heute Selektion, Allokation, Qualifikation, Legitimation und Sozialisation als Funktionen der Schule über ihre eigentlich erzieherische Funktion dominieren können[3]. Wenn wir uns diesen systematischen Überlegungen zuwenden, so erscheint es zunächst nützlich und hilfreich, sich auf eine uralte philosophische Unterscheidung zurückzubesinnen und das ihr innewohnende philosophische Grundproblem in das Gedächtnis zurückzurufen. Dabei sind wir uns freilich voll bewußt, daß eine solche Besinnung angesichts des hier verfügbaren Raumes nur mit wenigen knappen Strichen angedeutet werden kann.

In der Tradition der abendländischen Philosophie wird zwischen drei Aktivitäten des Menschen unterschieden, denen drei unterschiedliche Lebensformen entsprechen: die theoretische interessenlose Schau, das sittlich verantwortliche Handeln und das kunstfertige handwerkliche Herstellen. Die Griechen gebrauchten dafür bekanntlich die Worte theoria, praxis und poiesis, und sie sahen diese Aktivitäten exemplarisch verkörpert im Leben des Philosophen, im Handeln des Politikers und in der Schaffenskraft des Handwerkers. Diese drei Lebensformen lassen sich nicht umstandslos harmonisieren, vielmehr verlangen sie nach einer Entscheidung für eine von ihnen. In dem Maße aber, in dem sie eine

eindeutige Prioritätensetzung notwendig machen, geht es
darum, diese Rangentscheidung zu begründen. Die drei möglichen Entscheidungen spiegeln dabei je eines von drei Lösungsmustern eines philosophischen Grundproblems wider, die
sich im Laufe der abendländischen Denkentwicklung idealtypisch herausgeprägt haben: das Verhältnis von Mensch, Welt
und Gott.

a) Die griechische Antike hatte - vergröbert gesprochen -
das philosophische Nachdenken mit dem staunenden Betrachten
des ewig und unveränderlich erscheinenden Kosmos begonnen,
wie er sich vornehmlich im dem Sternenhimmel zu unseren
Häupten darstellt. Diesen Gedanken ließ Sophokles Antigone
deutlich aussprechen: Die unwandelbaren ungeschriebenen Gesetze des Himmels, sie werden nicht heute, nicht gestern
geboren; sie vergehen nicht, und niemand kennt ihren Ursprung.

Den Griechen war die Idee eines Schöpfergottes fremd, und
angesichts jenes Kosmos erschien die Haltung des staunenden
Wahrnehmens als die höchste menschliche Aktivität und entsprechend das theoretische Leben des Philosophen als am
meisten göttlich (vgl. dazu u.a. Blacker/Loewe 1977). Vorzüglicher Gegenstand der theoria war ihnen das Ewige, Unwandelbare, Unvergängliche, die ersten Prinzipien. Im Hinblick auf diese theoretische Erkenntnis konnte nur das zum
Gegenstand werden, was nicht anders sein kann als es ist,
also mit Notwendigkeit so und nicht anders ist. Da der "Gegenstand" der Erziehung - der Mensch - nicht mit Notwendigkeit ist, was er ist, da er ebensowenig unwandelbar wie unveränderlich ist, Erziehung im Gegenteil doch gerade seine
Veränderung meint, kann ein wissenschaftliches Wissen über
Erziehung nicht den Charakter strenger Erkenntnis gewinnen
und nicht Theorie in diesem Sinne werden. Konsequenterweise
gehörte für die Griechen das pädagogische Wissen in den Bereich der praxis, und sie fügten ihre pädagogischen Überlegungen jenem Feld zu, in dem sich das sittlich verantwort-

liche Handeln des Menschen in hervorragender Weise konkretisiert: der Politik.

b) Eine andere Prioritätensetzung in der Rangfolge der menschlichen Aktivitäten bringt das Christentum mit sich. Das Verhältnis Mensch-Welt-Gott erfährt eine neue Interpretation durch den christlichen Begriff eines personalen Schöpfergottes: Gott ist der Schöpfer von Welt und Mensch, und gemäß dem Zeugnis der Bibel hat er den Menschen nach seinem eigenen Bilde geschaffen. Das aber heißt, daß der Mensch nicht länger nur staunender Betrachter eines ewig unabänderlichen Kosmos sein kann, von dem er weder Anfang noch Ende kennt, sondern aktiver Mitschöpfer an einer Welt, die einen Anfang genommen und der ein Ende vorgezeichnet ist. Praxis im Sinne verantwortlicher christlicher Weltgestaltung wird zur höchsten menschlichen Aktivität, und diese steht unlöslich in einem eschatologischen Sinnhorizont (vgl. Löwith 1979); Erziehung und das pädagogische Wissen können nur aus diesem Sinnzusammenhang heraus und selbst als Praxis verstanden werden.

Dieser christlichen Weltsicht tritt in der neuzeitlichen Wissenschaft eine dritte Interpretation jenes Grundproblems und eine andere Prioritätensetzung gegenüber. In einem langen Prozeß der Säkularisierung treten Gott und überhaupt eine transzendente Welterklärung weithin aus dem Umkreis der Wissenschaft. Der Mensch versteht und erfährt sich selbst als Hervorbringer und Hersteller von Welt, und die Wissenschaft wird zum Werkzeug und Mittel schlechthin für dieses herstellende Machen. Das neuzeitliche wissenschaftliche Forschen richtet sich nicht mehr auf die betrachtende Erkenntnis des Ewigen und Unwandelbaren, sondern zielt auf eine technische Kunstfertigkeit, die die natürlichen Vorgänge selbst so herzustellen und zu machen vermag, wie die Natur sie hervorbringt. Wissenschaft wird nicht mehr der Vergewisserung des Lebenssinns wegen gesucht, sondern um ihrer nützlichen "Früchte und Werke" willen betrieben. Zur

höchsten menschlichen Aktivität wird die poiesis (s. dazu
u.a. Randall 1940; Trinklein 1971).

Dieser Säkularisierungsprozeß vollzog sich auf den verschiedensten Gebieten. Hatte man vorher die Frage nach dem Wesen eines guten Gesetzes mit dem Hinweis auf seine Übereinstimmung mit den göttlichen Geboten beantwortet, so stellte Jeremy Bentham als neues Kriterium das größte Glück der möglichst größten Zahl auf. Hatte man vorher den Ursprung des Menschen mit der göttlichen Schöpfung verbunden, so lehrte Charles Darwin seine Evolution aus niederen Lebensstufen. Hatte man Krankheit vorher als Einfluß guter oder böser Geister gesehen oder als Schicksal und Strafe, so führten sie Ärzte wie Virchow oder Koch auf die Einwirkung von Bakterien und anderen Mikroorganismen zurück. Hatte man Erziehung vorher als Beeinflussung von kindlichem Wachstum und menschlicher Entwicklung verstanden, so setzte John Dewey Erziehung mit Wachstum und Entwicklung selber gleich. Hatte man das Handeln des Menschen vorher in Zusammenhang mit seiner Seele gesehen, so erklärte John Watson das menschliche Verhalten als Reaktion auf äußere Umweltreize. August Comte verkündigte das wissenschaftliche Zeitalter, das die religiöse und metaphysische Vorstufe überwunden habe. Religion wurde für Marx zu einer ökonomisch bedingten Fiktion und Erfindung der herrschenden Klasse, für Freud zu einer neurotischen Illusion der Kultur. Die Humanistischen Manifeste in den USA erklärten sie schlichtweg für "out-moded" und überholt. Die traditionelle Moral verwarf Friedrich Nietzsche als eine bloße Herdenmoral, der gegenüber der freie Geist sich seine eigene (Herren-)Moral schaffe.

Was war nun der gemeinsame Grundzug dieser epochalen Veränderungen, und welche Konsequenzen zogen sie für Erziehung und Erziehungswissenschaft, für Schule und Lernen nach sich?

Zum einen brachte dieser Prozeß eine beträchtliche Umformung des "klassischen" Verhältnisses von Theorie, Praxis

und Poiesis: an die Stelle des antiken Theoriebegriffs im
Sinne einer Betrachtung transzendenter Ideen trat ein rein
technisches Verständnis von Theorie im Sinne eines durch
menschliche Erkenntnisleistung gewonnenen immanenten Ge-
setzeszusammenhangs; der traditionelle Begriff von Praxis
verkehrte sich in angewandte Theorie bzw. in technisches
Herstellen (= poiesis); die überkommene Verbindung von
Praxis und Ethik zerriß. Das bedeutete zum anderen ein
neues Verständnis von Wissen: Wissen als Macht, als anwend-
bares und an seiner (technischen) Effektivität meßbares
"know-how", und es führte zu einer strikten Scheidung von
Wissen und Gewissen, wie überhaupt der Bereich der praktischen Verantwortung und der sittlichen Rechtfertigung aus
dem wissenschaftlichen Umkreis ausgeschlossen wurde - ein
Vorgang, der uns erst heute angesichts brennender Welt-,
Umwelt- und Menschheitsprobleme voll deutlich wird und
einige - wohl etwas vorschnell - das Ende des wissenschaftlichen Zeitalters vorhersagen läßt.

Für das sich auf dieser Folie entfaltende Verständnis von
Erziehung, für die sich (in der Folgezeit) herausprägenden
Auffassungen von Schule und Lernen, vor allem aber für die
entstehende Erziehungswissenschaft schien sich (fortan) die
Alternative aufzuzwingen, entweder dem traditionellen Verständnis von Praxis anzuhängen, damit freilich zu riskie-
ren, in das Abseits der wissenschaftlichen Entwicklung zu
geraten, oder aber bedingungslos dem wissenschaftlichen
Fortschritt nachzueifern, dabei Erziehung, Lernen und Schule dem Diktat des herstellenden Machens unterwerfend. Vor
dieser Alternative stehen wir im Grund heute noch, und sie
erweist sich als nicht bloß historisches Entweder-Oder,
sondern als eine systematische Grundentscheidung, und genau
an dieser Grundentscheidung entzündet sich das Problem des
Verhältnisses von Schule und Erziehung.

Die "neue" Sicht (im Sinne der neuen Wissenschaft) von Er-
ziehung und Lernen zeigt die gleiche Grundstruktur von
Thomas Hobbes' Anthropologie und John Lockes Grundriß einer
Wissenschaft der Erziehung bis zu Skinners vollkommen

geplantem Menschen und zu Robert Magers Taxonomie der Lernziele. Wenn Erziehung und Lernen nicht mehr als Praxis verstanden werden, mithin als eine Tätigkeit, die ihren Zweck und ihren Sinn in sich selbst trägt - genauso wie das Tun des Guten, das rechte Handeln in sich selbst sinnvoll und zweckhaft sind, ungeachtet ihres tatsächlichen "Ergebnisses" -, sondern als poiesis, d.h. als ein Geschehen, dessen Ergebnis außerhalb der Handlung liegt und dessen Gewicht sich allein aus dem Erfolg, sprich: dem hergestellten Resultat, ergibt, dann wird ganz folgerichtig das generelle Ziel der menschlichen Praxis, nämlich die Geglücktheit des menschlichen Daseins in der Vereinigung von Menschen ersetzt durch den machbaren, wenngleich endlosen Prozeß der Glücksbefriedigung (möglichst aller). An die Stelle der Klugheit, d.h. der Geschicklichkeit, "in jeder Situation in die beste Lösung zu fallen" (- so hatte bekanntlich Isokrates Bildung bestimmt -), tritt als Ziel des Lernens ein wünschenswertes Endverhalten, und es wird Aufgabe der Erziehungswissenschaft, die Ursache-Wirkungs-Zusammenhänge aufzuhellen, die es ermöglichen, dieses Endverhalten durch Einwirkungen von außen zu bewirken bzw. herzustellen. Lernprozesse werden dann evaluiert, d.h. gemessen an dem Erfolg des Herstellens, Machens, Bewirkens und Hervorbringens.

Hatte Hobbes sich dieses Lernen so gedacht, daß von außen "pressures" auf das Individuum einwirken, auf die es, um sich von diesem Druck zu befreien, mit "counter-pressures" reagiert, wobei sich im Laufe dieser Druck- und Spannungsverhältnisse Gedächtnis und Erfahrung herausstellen, so sieht Skinner den Lernvorgang ganz ähnlich als einen Konditionierungsprozeß, der ein bestimmtes "wünschenswertes" Verhaltensrepertoire hervorruft und ständig verändert; das Verhalten des Individuums läßt sich erklären und entsprechend modifizieren, wenn man über Kenntnis seiner genetischen Ausstattung und der Umwelten verfügt, in denen es lebt bzw. gelebt hat.

Würde man den der Curriculumforschung allgemein zugrunde liegenden Gedanken auf seinen eigentlichen Kern zurückführen, dann stieße man auf die nämliche Vorstellung: ausgehend von "Analysen von spezifischen gesellschaftlichen, also auch beruflichen Verwendungssituationen und Bedürfnissen" werden bestimmte "Funktionen" ermittelt, "die dann wiederum mit den durch bestimmte Gegenstände zu erwerbenden Qualifikationen zu verbinden sind."[4] Würde man den Wandel der pädagogischen Sprache sorgfältig analysieren, dann träten diese Vorstellungen von Lernen und Schule unverhohlen zutage, und zwar sowohl in dem Vorherrschen technomorpher Analogien als auch in zahllosen ökonomisch-merkantilen Formulierungen des Pädagogischen (z.B. Bildungsangebot, Besitzstand an Kenntnissen und Fertigkeiten, Ausstattung mit Lernvoraussetzungen, Bearbeitung des Stoffes, Gebrauch des Erlernten etc.); oft scheint die modellhafte Darstellung des Lernens als Aufnehmen, Aneignen, Speichern, Anwenden (qua Wieder-von-sich-geben) die darunter verborgene anthropologische Auffassung zu enthüllen: der Mensch als Träger eines Schaltwerks der Gedanken oder als Silo eingefüllter Kenntnisse und Fertigkeiten (vgl. dazu Ballauff 1975, S. 20 - 29).

Wir wollen diesen Lernbegriff hier nicht näher betrachten, sondern statt dessen eine andere Frage verfolgen. Wenn die wissenschaftliche Sicht von Erziehung und Lernen auf der Analyse von Ursache-Wirkungs-Verbindungen beruht, somit also vom Vorhandensein kausaler Gesetzlichkeiten ausgeht, dann muß ein prüfender Blick auf die Art dieser Kausalität und die Weise ihrer Erklärung geworfen werden. Bisher war die Rede von dem Hobbes- bis Skinnerschen Lernbegriff, der auf dem Modell von Druck - Gegendruck, Stimulus - Response, Reiz - Reaktion beruht, mithin eine mechanistische Vorstellung zum Grunde hat. In einem sehr weiten Verständnis bedienen sich dieser Vorstellung alle Erziehungs- und Schultheorien, die von dem anthropologischen Bild des Menschen als einer tabula rasa ausgehen, auf welche Erziehung und Schule alles das einzuritzen hätten, was im Buch der

Gesellschaft (bzw. in den den gesellschaftlichen Subsystemen entsprechenden einzelnen Kapiteln dieses Buches) steht und "internalisiert" haben muß, wer im Kreise dieser Gesellschaft als soziabel gelten will. Es ist das eine Auffassung von Erziehung und Lernen, die sich in einer weitgefaßten Bedeutung des Wortes als Sozialisation bezeichnen läßt und heute in der Tat unter dieser Bezeichnung zusammengefaßt wird. Aufgabe von Erziehung und Schule ist in diesem Horizont die Vergesellschaftung des Subjekts, d.h. die "Vermittlung" der gesellschaftlichen Normen, Regeln, Vereinbarungen, Traditionen, Erwartungen, Bedürfnisse etc., und fast unvermerkt werden dabei Erziehung und Sozialisation ineinsgesetzt, so daß Erziehung - theoretisch wie de facto - mit jener Vergesellschaftung eingeebnet wird und eine von Sozialisation abgehobene spezifische Erziehungsaufgabe kaum noch zum Vorschein kommt. Aus der Kritik an dieser begrifflichen wie faktischen Nivellierung bricht dann die Forderung nach und die Betonung von einem eigenen Erziehungsauftrag der Schule hervor.

Neben dieser soziologistischen und im weitesten Sinne sozialistischen (das Wort hier keineswegs auf seine politisch-ideologische Bedeutung eingeschränkt!) Auffassung fügt sich dem wissenschaftlichen Verständnis ein Begriff von Erziehung und Lernen ein, der eher als psychologistisch und individualistisch zu kennzeichnen ist, und beide Positionen treten nicht selten in ebenso enge Verbindung, wie sie sich andererseits auch heftig befehden. Ausgehend von der eigentlich naturalistischen, weil in Analogie zur untermenschlichen belebten Natur geformten These, daß der Mensch bei seiner Geburt alles im Keime in sich trage und unter geeigneten Umweltbedingungen entfalte, wird der Prozeß der Menschwerdung als ein Entfaltungs- und Reifungsvorgang verstanden, und Erziehung verflüchtigt sich zur körperlich-geistig-seelischen Entwicklung. Diese Einebnung von Erziehung und Entwicklung läßt als Aufgabe von Erziehung eigentlich nur die Beseitigung hinderlicher, die Vorbereitung und Bereitstellung förderlicher Umweltbedingungen sowie die unterstützende Hilfe bei einem an sich selbstgesteuerten Entwicklungsgang zu. In den Fällen, wo die als normal definierte Entwicklung gestört und in Devianzen umgeleitet erscheint, tritt dann an die Stelle des psychologischen Entwicklungshelfers der Psychotherapeut. Die inflationäre Ausbreitung immer mehr und immer neuerer Therapien und die häufig anzutreffende Umschrift genuin schulpädagogischer Probleme in therapeutische Fragestellungen bzw. Maßnahmen, machen die Aktualität dieses Ansatzes nur allzu deutlich.

Wichtig für unser Thema ist auch hier die Tatsache, daß die weitgehende Gleichschaltung von Erziehung, Entwicklung und Therapie eine von letzteren abgehobene spezifische Erziehungsaufgabe kaum noch zum Vorschein kommen läßt. Aus der Kritik an dieser begrifflichen wie faktischen Nivellierung bricht dann die Forderung nach und die Betonung von einem eigenen Erziehungsauftrag der Schule geradezu zwangsläufig hervor. Die Proklamation eines neuen Mutes zur Erziehung macht dann Furore, das Schlagwort von der Wiedergewinnung des Erzieherischen geht dann um, eine Auseinandersetzung um die Grundwerte kommt dann in Gang, und das Problem der Werterziehung schlägt dann pädagogische Wogen.

Wo aber ist dieser genuine Erziehungsauftrag der Schule anzusetzen, und wie läßt er sich konkretisieren? Ganz offenbar kann er nicht auf der modischen Ineinssetzung von Erziehung und Sozialisation, ganz offenbar auch nicht bei der gängigen Identifizierung von Erziehung und Entwicklung bzw. Therapie begründet, ebenso offensichtlich weder in einer sozialistischen (wieder nicht im eingeengt politischen Wortsinne gemeint) noch in einer naturalistischen Anthropologie verankert werden. Wessen es bedarf, ist offenbar ein personalistisches Bild vom Menschen und ein auf die menschliche Gemeinschaft und auf ein humanes Miteinanderleben abzielender Lernbegriff.

Wenn wir vom Menschen als Person reden und ihm die Attribute der Freiheit, der Autonomie, der Verantwortung und der

Mündigkeit zusprechen, dann meinen wir damit, daß der
Mensch zwar durch psychologische und soziologische Faktoren
(seien es Triebe, Neigungen, Interessen, Bedürfnisse, Verhältnisse etc.) beeinflußt, aber nicht determiniert wird,
vielmehr aufgrund von in Situationen jeweils zu treffender
Entscheidungen (von kurz-, mittel- oder langfristiger Tragweite) die Geschichte seines Lebens selbst gestaltet und
"schreibt". Der Mensch als Autor seiner eigenen Geschichte
meint dabei nicht, leugnen zu wollen, daß wir de facto in
Zwängen leben und Notwendigkeiten unterworfen sind; dieser
Begriff will als pädagogische Aussage zum Ausdruck bringen,
was - in der Terminologie von Schillers Briefen über die
ästhetische Erziehung des Menschen - den Gebildeten kennzeichnet: nicht zum Sklaven der Gefühle und damit zum "Wilden", ebensowenig zum Sklaven seiner Grundsätze und damit
zum "Barbaren" zu werden, sondern als "Gebildeter" Herr
über die Natur und mündig gegenüber der Gesellschaft sein
eigenes Leben frei zu gestalten - und sei dies gleich nur
der Idee nach (vgl. dazu Böhm 1982, S. 142 - 151). Von
einer personalen Anthropologie her erscheint das menschliche Leben als endlose Kette von Situationen, in denen der
Mensch Entscheidungen zu fällen, Wahlen zu treffen und Entwürfe seines Lebens in die (stets ungewisse und grundsätzlich weder planbare noch durch das wissenschaftliche Kalkül vorwegzunehmende) Zukunft hinein zu projektieren und zu
realisieren hat. Diese Entscheidungen obliegen seiner Verantwortung und setzen daher grundsätzlich seine Freiheit
voraus. Sie sind nicht der subjektiven Willkür und der belanglosen Beliebigkeit ausgeliefert, sondern bedürfen der
Rechtfertigung durch Gründe und des Bezugs auf Werte. Diese
Entscheidungen, die die Einmaligkeit, Unaustauschbarkeit
und Unwiederholbarkeit der Person bestimmen, werden nicht
nach der Logik von "richtig" oder "falsch" gefällt, sondern
nach Wertgesichtspunkten und Wertmaßstäben, die sich jeder
logischen Herleitung ebenso wie jeder induktiven Beweisführung entziehen, vielmehr nach dialogischer Rechtfertigung
verlangen und Zustimmung erheischen. Diese Wertungskriterien

gehen nicht aus wissenschaftlicher Anstrengung hervor und sind genauso wenig Resultat eines Lernprozesses im oben dargelegten Sinne.

Zwei einfache Beispiele mögen verdeutlichen, worum es hier geht. Ein fundamentaler christlicher Wert und zugleich Ziel- und Angelpunkt christlichen Lebens ist die Heiligkeit. Die katholische Kirche hat im Laufe der Jahrhunderte einer Vielzahl von Menschen diese Heiligkeit zugesprochen und ihre Namen in einem Kanon gesammelt. Wer sich in die Lebensgeschichte dieser Heiligen vertieft, der wird feststellen, daß es dort kaum zwei Gestalten gibt, deren Leben sich decken und deren "Heiligkeit" inhaltlich übereinstimmt. Vielmehr wird er dort auf eine schier unermeßliche Fülle höchst personaler Lebensvollzüge stoßen, die es als fast ausweglos anmuten lassen, die konkreten Erscheinungsformen von Heiligkeit zu ordnen und zu katalogisieren. Erst recht müßte es geradezu absurd erscheinen, eine entsprechende Lernzieltaxonomie oder gar ein entsprechendes Curriculum verfertigen zu wollen.

Etwas ganz ähnliches würde sich zeigen, wenn wir uns etwa anschickten, dem Geheimnis des künstlerischen Schaffens auf die Spur zu kommen. Sei es in der Malerei, sei es in der Musik, sei es in Dichtung und Poesie - wir würden kaum zwei Künstler ausfindig machen, bei denen sich der Vorgang des Neuschöpfens auf nur annähernd gleiche Weise vollzieht. Mit feinem Einfühlungsvermögen hat Stefan Zweig darauf hingedeutet, daß so wenig wie eine Liebesstunde mit der anderen eine Schaffensstunde mit der anderen ihr Geheimnis gemein habe (vgl. dazu Zweig 1981, S. 246).

Erziehung, abgehoben von Sozialisation, Lernen, Entwicklung und Therapie, ist offenbar etwas, das nicht umstandslos geplant und Schritt für Schritt bewirkt werden kann, vielmehr geht es hier um etwas, das allenfalls hervorgerufen und erwirkt werden kann, - um eine Potenz, die es zu aktualisieren gilt. Wenn also von einer spezifischen Erziehungsaufgabe der Schule gesprochen wird, dann ist diese anders zu sehen und anders zu bewerkstelligen als nach den Modellen des wissenschaftlichen Lernens und der wissenschaftlich angeleiteten Therapie. Es geht darum, den Heranwachsenden für Werte aufzuschließen, ihn instandzusetzen, sich seiner personalen Aufgabe und Verpflichtung bewußt zu werden und sie in freier Verantwortung auszuführen; in der Sprache Friedrich Fröbels liest es sich so: sein Wesen, seinen Beruf "selbst sich zum völligen Bewußtsein, zur lebendigen Erkenntnis, zur klaren Einsicht zu bringen und es mit Selbstbestimmung und Freiheit im eigenen Leben auszuüben, wirksam sein zu lassen, kund zu tun" (Fröbel 1826, § 2). Und da Miteinanderhandeln in seiner Pluralität immer der Zustimmung und Anerkennung der anderen bedarf und auf der Bedingung beruht: wir wollen gemeinsam dafür halten, daß ..., bedarf diese Erziehung der argumentativen Rechtfertigung, bedürfen ihre Forderungen der rhetorischen Begründung und Überzeugungskraft: Handeln wie Erziehung finden in der Pluralität statt, sie bedürfen des Konsenses, der Zustimmung anderer; eine streng rationale Erziehung ist ebensowenig möglich wie ein streng rationales Handeln (vgl. dazu Perelman 1979, Schmitz 1982).

Bleibt abschließend zu fragen, welches die erzieherischen Mittel und Wege sind, die auf dieses Ziel hinführen. Es sind derer mindestens drei zu nennen: 1. der Erzieher und Lehrer als Repräsentant von Werten; 2. Beispiele gelebten Lebens; 3. der rhetorisch-argumentative Diskurs bzw. Dialog.

Wenn Max Scheler einmal gesagt hat, Werte träten immer nur "auf dem Rücken der Person" in Erscheinung, so steht das durchaus in Einklang mit der alten und keineswegs überholten Erkenntnis, daß Werte am überzeugendsten vermittelt werden, wenn sie gelebt, vorbildlich verkörpert, überzeugend bezeugt und nicht nur "maulbrauchend" beredet werden. Daß von dieser Sicht her der Erzieher und Lehrer weniger als Professionist denn als Persönlichkeit gefragt ist, liegt auf der Hand; und auf diesen Aspekt muß hingewiesen werden, auch wenn der erziehungswissenschaftliche und standespolitische Wind einer solchen Feststellung entgegenweht.

Ein unerschöpfliches Arsenal wirklicher und möglicher Lebensentwürfe als Orientierungspunkte am Horizont eigener Lebensentscheidungen findet sich in der Geschichte, in der Religion, in Kunst und Literatur, im Theater. Hier geht es darum, verschüttete Quellen der Erziehung wieder freizulegen, Quellen, die durch das wissenschaftliche Kalkül und durch das wissenschaftsorientierte Lernen nicht ersetzt werden können. Hier geht es auch um eine didaktische Neubesinnung: diese Beispiele lassen sich nicht im Sinne einer Wissenschaftspropädeutik vermitteln, sondern stehen im Dienste einer "Kunde", die kundig macht. Daran ist festzuhalten, auch auf die Gefahr hin, daß die Berufung auf diesen Sachverhalt antiquiert erscheinen mag.

Werte und Wertentscheidungen entziehen sich genauso wie das menschliche Handeln, also die Praxis, der wissenschaftlich-logischen Herleitung, und sie müssen der bloßen Überredung entzogen sein. In diesem Bereich geht es um die sich in der Pluralität der Menschen vollziehende rhetorische Argumentation, d.h. um die Mitteilung des Fürwahrgehaltenen und um den Austausch der Gründe für seine Rechtfertigung.

Theodor Ballauff hat seine jüngst veröffentlichten "Beiträge zu einer Analyse der gegenwärtigen Situation der Pädagogik" mit folgenden Sätzen beschlossen, die auch am Ende unserer Überlegungen stehen können, sofern wir in diesem Zitat an die Stelle des Bildungsbegriffs den Begriff Erziehung einfügen: "Die Pädagogik als Bildungslehre wird zwar Bildung als Aufgabe der Schule ansehen, sie wird sie nicht mit Lernen und Leisten ineinssetzen, nicht mit Denkschulung oder 'Kenntnissen und Fertigkeiten', auch nicht mit der 'Beherrschung' von Sprachen oder Sachgebieten, aber sie kann auch nicht von der Anstrengung des Begriffs und der Schwere der Ausdauer forthelfen. Unter dem Gedanken der Bildung gewinnt zwar alles 'Pädagogische' einen anderen Sinn als im gängigen Verständnis, aber Bildung wird keineswegs 'leichter'. Das wissen wir zwar auch seit alters, aber anscheinend muß hier jeder wieder von vorn anfangen.

Erziehung, Unterricht, Schule müssen sich daher schützend vor die Bildung stellen und jeder billigen Erleichterung und Entstellung wehren" (Ballauff (a) 1982, S. 115).

ANMERKUNGEN

1) Genauso wenig soll hier eine vergleichende oder bildungspolitische Fragestellung verfolgt werden, obwohl auch von daher viel Erhellendes zu unserem Thema beizutragen wäre.

2) Zu dem differenzierten Spektrum schulischer Funktionen vgl. neuerdings das gleichermaßen historisch-kenntnisreiche wie systematisch-scharfsinnige Buch von Theodor Ballauff: Funktionen der Schule, Weinheim 1982. (b)

3) Als gute Zusammenfassung dieses Diskussionsstandes vgl. beispielsweise Wilhelm Brinkmann (Hrsg.): Erziehung - Schule - Gesellschaft. Bad Heilbrunn 1980

4) So jedenfalls liest es sich bei dem "Vater" der deutschen Curriculumforschung; vgl. Saul B. Robinsohn: Bildungsreform als Revision des Curriculum (1967). 5. Aufl. Neuwied: 1975, S. 48 (Hervorhebung von mir; W.B.).

LITERATUR

Ballauff, T.: Beiträge zu einer Analyse der gegenwärtigen Situation der Pädagogik. In: Rassegna die Pedagogia/ Pädagogische Umschau 40 (1982)2, S. 101 - 116 (a)

Ballauff, T.: Funktionen der Schule. Weinheim: Belz 1982 = Studien und Dokumentationen zur deutschen Bildungsgeschichte. Bd. 22. (b)

Ballauff, T.: Transzendentale Schemata im pädagogischen Denken. In: Böhm, W.; Schriewer, J. (Hrsg.): Geschichte der Pädagogik und systematische Erziehungswissenschaft. Stuttgart: Klett 1975

Blacker, C.; Loewe, M. (Hrsg.): Weltformeln der Frühzeit. Düsseldorf, Köln: Diederichs 1977

Böhm, W.: Der Gebildete zwischen Wilden und Barbaren. In: Konrad, H. (Hrsg.): Pädagogik und Anthropologie. Kippenheim: 1982, S. 142 - 151

Brinkmann, W. (Hrsg.): Erziehung - Schule - Gesellschaft. Bad Heilbrunn: Klinkhardt 1980

Fröbel, F.: Die Menschenerziehung. 1826

Geißler, E.E.: Herbarts Lehre vom erziehenden Unterricht. Heidelberg: Quelle & Meyer 1970

Löwith, K.: Weltgeschichte und Heilsgeschehen. 7. Aufl. Stuttgart: Kohlhammer 1979

Perelman, C.: The New Rhetoric and the Humanities. Doordrecht 1979

Randall, J.H.: The Making of the Modern Mind. Cambridge (Mass.) 1940

Robinsohn, S.B.: Bildungsreform als Revision des Curriculums (1967). 5. Aufl. Neuwied: Luchterhand 1975

Schmitz, H.-G.: Lernen und Rhetorik. Sankt Augustin: Richarz 1982 = Beiträge zur Pädagogik. Bd. 1.

Trinklein, F.E.: The God of Science. Grand Rapids (Mi.) 1971

Zweig, S.: Das Geheimnis des künstlerischen Schaffens. Frankfurt: Fischer Taschenbuch 1981

Ludwig Liegle

KANN DIE SCHULE ERZIEHEN?

Rückbesinnung auf Standpunkte und Erfahrungen in der Reformpädagogik zu Beginn dieses Jahrhunderts

"Erziehung und Schule, bei vielem, was sie gemeinsam haben, sind doch auch wieder zweierlei; die Schule liegt draußen, Erziehung ist Innensache, Sache des Hauses, und vieles, ja das Beste, kann man nur aus der Hand der Eltern empfangen. 'Aus der Hand der Eltern' ist nicht eigentlich das richtige Wort, wie die Eltern sind, wie sie durch ihr bloßes Dasein auf uns wirken - das entscheidet."

Mit diesen Sätzen hat Theodor Fontane (1893) etwas ausgedrückt, was viele Menschen - wenn sie versuchen, sich Rechenschaft darüber zu geben, wie sie geworden sind, was sie sind - und was viele Erziehungswissenschaftler - wenn sie jene Faktoren zu gewichten versuchen, welche die Persönlichkeitsentwicklung von Kindern und Jugendlichen nachhaltig beeinflussen - wohl ähnlich sehen: daß nämlich die Erfahrung von Schule in ihrem bewußten, zugestandenen und bejahten Einfluß auf die Entwicklung der Persönlichkeit hinter dem Einfluß der Erfahrungen im alltäglichen Umgang in Lebensgruppen (wie insonderheit der Familie) weit zurückbleibt und soz. nicht "zählt".

Und doch: daß auch in der Schule "Erziehung" stattfindet, ist nicht zu leugnen, wird auch von Fontane in den Aufzeichnungen über seine Kindheit nicht geleugnet; es handelt sich dabei aber offenbar um eine "Erziehung", deren Wesentliches in der Kanalisierung der kindlichen Antriebe und Bedürfnisse für die äußeren Zwecke der Institution Schule besteht, und die an Bedeutung verliert, sobald die Mauern dieser Institution überschritten werden:

"Legt man den Akzent auf die Menge, versteht man unter Erziehung ein fortgesetztes Aufpassen, Ermahnen und Verbessern, ein mit der Gerechtigkeitswaage beständig abgewogenes Lohnen und Strafen, so wurden wir (in der Familie) gar nicht erzogen ..." (Ebd.)

Die Überwindung dieser eingeschränkten und einschränkenden "Erziehung", die Wiederherstellung einer auf Umgang, Alltag und persönlichem Beispiel beruhenden Erziehung im Raum der Schule - so könnte man das allgemeine Ziel der (internationalen) Reformpädagogik im ersten Drittel dieses Jahrhunderts kurz umschreiben; in diesem Sinne war die Reformpädagogik die erste (und wohl auch die bislang einzige) großangelegte Erziehungsbewegung nach der Etablierung eines umfassenden öffentlichen Pflichtschulsystems in den Ländern Europas.

Die Aktualität der Reformpädagogik

Von "der" Reformpädagogik zu sprechen, ist nur möglich und sinnvoll, wenn man, mit großem historischem Abstand, die Vielfalt der Positionen und praktischen Reformversuche der Pädagogik des ersten Drittels dieses Jahrhunderts in dem gemeinsamen Willen zur Veränderung des im 19. Jahrhundert entstandenen Bildungs- und Erziehungssystems verbunden sieht; wenn man, jenseits der erheblichen Unterschiede in den politischen und theoretischen Positionen sowie in den Definitionen der Ziele, Inhalte und Methoden von Bildung und Erziehung in der Reformpädagogik, den letzten großangelegten Versuch sieht, durch Erziehung die Gesellschaft - oder doch wenigstens die blinde Reproduktion der überkommenen Gesellschaft - zu verändern.

In dieser Perspektive kann die Reformpädagogik in der Tat
als eine "Bewegung" gesehen werden, eine Kultur- und Erziehungsbewegung, die zahlreiche Parallelen zur derzeitigen
Diskussion über Schule und Erziehung und zu zeitgenössischen Reformbestrebungen aufweist. Es gibt wohl kaum ein
Argument der heutigen Schul- und Erziehungsdiskussion - von
der Kritik der Buchschule und Lebensferne der Bildung über
die Aufdeckung der funktionalen Erziehung (des heimlichen
Lehrplans) bis zur Entschulungsforderung, von der Kritik
des Klassencharakters der Schule bis zur Forderung nach Dezentralisierung usw. -, das in der Reformpädagogik nicht
schon verhandelt worden wäre; und es gibt wohl kaum ein
Modell "alternativer" Schulorganisation und schulischer
Bildung und Erziehung, das nicht in der Epoche der Reformpädagogik erprobt oder zumindest durchdacht worden wäre.
Die Aktualität der Reformpädagogik scheint mir aber insbesondere dadurch gegeben, daß sich die Vertreter dieser Bewegung in ähnlicher Weise an einem Wendepunkt der gesellschaftlichen Entwicklung sahen, wie dies heute der Fall
ist. Kulturkritik und Kulturpädagogik haben die Zukunft des
Menschen und der Erziehung mit ähnlicher Leidenschaftlichkeit und in einem ebenso breiten Spektrum politischer und
pädagogischer Standpunkte problematisiert, wie dies, unter
den Stichworten des Wertewandels und der postindustriellen
Gesellschaft, heute geschieht. In der Tat lassen sich einige Merkmale der historisch-gesellschaftlichen Situation benennen, die zu Beginn dieses Jahrhunderts kritische Grenzen
markiert haben und die heute, auf einer noch höheren Stufe,
relevant sind: das Fortschreiten der wissenschaftlich-technischen Revolution, verbunden mit einer zunehmend zweckrationalen Organisation von Arbeit und Alltagsleben; die
Etablierung zentraler bürokratischer Herrschaft des Staates, verbunden mit einer Auflösung traditioneller Sozialbeziehungen und lokaler Selbstverwaltung; die Expansion eines
staatlichen Pflichtschulsystems, dessen Bildungsauftrag
tendenziell auf die Imperative einer an Gewinn und Konsum
orientierten Wirtschaft und staatlicher Herrschaftsansprüche, festgelegt ist.

Es ist in diesem Zusammenhang wichtig daran zu erinnern, daß die meisten Vertreter der Reformpädagogik das Bildungs- und Erziehungspotential der Schule nicht etwa gering veranschlagt, sondern wohl eher überschätzt haben. Es ging ihnen nicht um die Frage, ob die Schule erzieht, sondern darum, ob sie "richtig" erzieht; es ging ihnen darum, die Verpflichtung der Schule auf bestimmte Imperative der Gesellschaft und des Staates als eine Pervertierung ihres Erziehungsauftrags zu kritisieren, als Gefährdung der "Kulturfähigkeit" des Menschen, als Mittel zur Blockierung neuer, zukunftsorientierter Lebensentwürfe.

So hat z.B. Wilhelm Paulsen, Sozialdemokrat und engagierter Schulreformer, aber gewiß kein Revolutionär, seine kleine Schrift "Die Überwindung der Schule" (1926) mit den Sätzen begonnen:

> "Im allgemeinen überschätzen wir die Bedeutung der Schulen. Kulturen sind auch ohne 'Schulen' entstanden. Schulen können Kulturen weder schaffen, noch ihr Entstehen hindern. Aber seitdem sie in die Entwicklung der modernen Völker eingeschaltet worden sind, wissen wir, daß sie den Aufbau einer neuen geistigen Welt empfindlich stören, beginnende Entwicklungen auf Umwege drängen, sie lähmen und entstellen können. Das geschieht, wenn sie mit alten Zielen und unbrauchbaren Einrichtungen hinter den praktischen, geistigen und seelischen Bedürfnissen der Zeit zurückbleiben, wenn sie die Triebkräfte der nachwachsenden Gesellschaft nicht frisch erhalten und sie nicht hinzuleiten verstehen an die großen Mündigkeitsstellen im Leben. So war es ein Verhängnis unserer Kultur, als die kalte und militärische Zucht auf das Schulleben übersprang, dieses im Gleichschritt einzurichten begann und die spontane Intelligenz verdarb und vernichtete. Den Geist solcher Schularbeit und die durch sie er-

folgten Rückschläge in der Gesinnung gilt es wieder
zu überwinden."

Ich hatte betont, daß von "der" Reformpädagogik nur in
einer stark verallgemeinernden Perspektive gesprochen werden kann. Dies gilt bereits für die reformpädagogische Bewegung im engeren Sinn, die mit der Arbeitsschulbewegung,
der Kunsterziehungsbewegung, der Landerziehungsheimbewe-
gung, der Einheitsschulbewegung ("entschiedene Schulreformer"), der Montessori- und der Waldorfschulbewegung eine
Vielfalt von Richtungen umfaßt, die auch in sich (z.B. im
Falle der Arbeitsschule) keineswegs als einheitlich gelten
können. Das Bild wird noch bunter, wenn wir berücksichtigen,
daß sich die reformpädagogische Bewegung nicht auf die Institution Schule beschränkt, daß sie sich vielmehr auf die
vorschulische (Kindergarten), außerschulische (Jugendar-
beit, Sozialarbeit) und nachschulische (Erwachsenenbildung)
Erziehung und Bildung erstreckt hat und im Zusammenhang
stand mit der Jugendbewegung und weiteren Kulturbewegungen
der Zeit. Schließlich gilt es zu sehen, daß die Reformpädagogik nicht nur eine die Praxis der Erziehung verändernde
Bewegung darstellt, sondern ein neues Selbstverständnis der
Pädagogik als Theorie und Wissenschaft (geisteswissen-
schaftliche Pädagogik, Kulturpädagogik, Pädagogik vom Kinde
aus, psychoanalytische Pädagogik) begründet hat[1].

Bei der Vielfalt der erprobten Praxismodelle und der vertretenen wissenschaftlichen und politischen Positionen kann
eine Erinnerung an "die" Reformpädagogik nur einige, fast
willkürliche Akzente setzen. Umgekehrt müssen aber vielleicht gerade diese Vielfalt, aber auch die Selbstorganisation in "Bewegungen" als Voraussetzungen, als notwendige
Bedingungen dafür angesehen werden, das erzieherische Potential der Schule zur Geltung zu bringen.

Es gibt noch keine systematische Aufarbeitung der Reformpädagogik

Trotz der unzweifelhaften Relevanz und Aktualität der Reformpädagogik gibt es bis heute keine systematische Aufarbeitung der wissenschaftlich-theoretischen Positionen und der bildungspolitisch-erziehungspraktischen Modelle dieser Epoche. Es überwiegen vielmehr Dokumentation und Beschreibung[2]. Andererseits läßt sich nicht übersehen, daß einzelne Autoren und bestimmte Denktraditionen der Reformpädagogik in den letzten Jahren erneut auf die Bühne der erziehungswissenschaftlichen Diskussion getreten sind; dies gilt z.B. für Hermann Nohl in der Sozialpädagogik (vgl. Thiersch 1978), für Theodor Litt (vgl. Klafki 1982, Nicolin/Wehle 1982), für die sog. Alltagswende in der Erziehungswissenschaft (vgl. Lenzen 1980) und für die insgesamt verstärkte Rückbesinnung auf die Denkansätze der geisteswissenschaftlichen Pädagogik[3].

Die späte und nur partielle Renaissance der Reformpädagogik hat komplexe Ursachen, von welchen lediglich zwei angedeutet werden sollen:

Eine der Ursachen liegt wohl darin, daß die Periode des Nationalsozialismus zu einem Bruch der Tradition auch im erziehungswissenschaftlichen Denken und in der pädagogischen Praxis geführt hat, und daß der Neubeginn nach 1945 durch das Re-education-Programm der Besatzungsmächte mehr als durch die spezifische Tradition der Weimarer Republik bestimmt wurde; zwar wurde in den ersten Jahren in einzelnen Besatzungszonen/Bundesländern z.B. an die Einheitsschulidee angeknüpft, im ganzen waren die ersten beiden Jahrzehnte der bundesdeutschen Bildungspolitik jedoch bestimmt durch den Prozeß des Nachholens der wirtschaftlichen und politischen Entwicklung der Siegermächte und eine "Nichtreform" im Bildungswesen (vgl. Robinsohn/Kuhlmann 1967). Für die Mitte der 60er Jahre einsetzende Bildungsreform wiederum

ist es kennzeichnend, daß sie sich - z.B. im Bereich der
Gesamtschulentwicklung, der Curriculumdiskussion etc. - an
den fortschrittlichen Bildungsnationen Europas (USA, England, Schweden), nicht aber an der Tradition der deutschen
Reformpädagogik orientiert hat.

Eine weitere Ursache für die "Verdrängung" der reformpädagogischen Tradition mag auch darin liegen, daß die Reformpädagogik, mindestens aber Teile derselben, den Eindruck
hinterlassen haben, daß sie ohne sichtbare Widerstände und
Brüche in den Nationalsozialismus über - bzw. eingegangen
sind. Dieser Aspekt scheint mir deshalb einer besonderen
Erwähnung wert, weil die hier sichtbar werdende Ambivalenz
von Kulturkritik, Entschulungsidee, Gemeinschaftsdenken
etc. über die Reformpädagogik hinaus, d.h. z.B. auch für
die heutige Alternativbewegung, nicht einfach zu leugnen
ist. Diese Ambivalenz hat damit zu tun, daß die Auflehnung
gegen die wissenschaftlich-technische sowie bürokratische
Entwicklung leicht umschlagen kann in verschiedene Formen
der Irrationalität, und zwar dann, wenn nicht mehr unterschieden wird zwischen gesellschaftlicher Rationalisierung
i.S.v. zweckrationaler Effektivierung (die für den Bereich
der Erziehung nicht der leitende Maßstab sein kann, die also Kritik und Begrenzung verdient) und Rationalität i.S.v.
mündiger, kritischer Vernunft (die nicht vereinbar ist z.B.
mit einer Verklärung von "Gemeinschaft", "Leben", "Volk"
etc., wie wir sie zumindest bei einigen Vertretern der Reformpädagogik finden können). Die irrationale Tönung der
Kulturkritik, die z.T. romantische und idealistische Ausrichtung der "Kulturpädagogik", die unzureichende Abgrenzung einzelner Vertreter der Reformpädagogik gegenüber Nationalismus und Rassismus - all dies hat, verbunden mit den
erwähnten Merkmalen der bildungspolitischen Entwicklung
nach 1945, dazu beigetragen, die Reformpädagogik keine systematische Aufarbeitung erfahren zu lassen.

Die Vielfalt der Aspekte, die das erzieherische Potential
der Schule begründen

Die praktischen Versuche der Reformpädagogen, die Schule
"erziehlich" zu machen, und die wissenschaftlichen Konzepte
zur Begründung einer gegenwarts- und zukunftsorientierten
Erziehungsaufgabe der Schule betreffen eine Vielfalt von
Aspekten der Schule: die Schulaufsicht und -verwaltung (öffentliche vs. private Schulen) einschließlich der Frage der
politischen bzw. weltanschaulichen Orientierung; die Gliederung des Schulwesens (Einheitsschule vs. selektive Schule) einschließlich der Frage der sozialen Integration und
deren pädagogische Bedeutung; die Inhalte und Methoden des
Unterrichts; die Ausbildung und Rolle des Lehrers; die
Schulklasse und die Schülerschaft; die Beziehung der Schule
zu Elternhaus und Gemeinde, usw..

Innerhalb der reformpädagogischen Bewegung bestand ein allgemeines Bewußtsein dafür, daß eine grundlegende Schulreform sich nicht auf einen einzelnen dieser Aspekte beschränken könne; andererseits spiegelt sich in den verschiedenen Reformansätzen (z.B. in den Landerziehungsheimen[4] oder den "Jena-Plan"-Schulen von Peter Petersen[5])
eine bestimmte Prioritätensetzung auf einzelne Aspekte der
Reform. In dieser Situation bleibt jeder Versuch einer Systematisierung eine analytische Hilfskonstruktion.

Die folgenden Stichworte habe ich nach vier grundlegenden
Aspekten der Schule geordnet

- Lehrplan (Ziele, Inhalte und Methoden des Unterrichts);

- Lehrer (Lehrerrolle und erzieherischer Umgang zwischen
    Lehrern und Schülern);

- Gemeinschaft (die Schule als sozialer Organismus eigener
    Art);

- Schule als Institution der Gesellschaft.

Lehrplan und Erziehung

Unterricht galt auch den Reformpädagogen als das zentrale Element der Schule. Die Frage allerdings, ob Unterricht durch einen festgefügten Kanon von Bildungsinhalten bestimmt werden sollte, und die schon von Herbart gestellte Frage nach den Bedingungen eines "erziehenden Unterrichts" waren außerordentlich kontrovers. Wenn Deiters (1928, S. 3) den Kampf um die Schule in zwei gegenläufigen Richtungen sieht - die Definition der Schule als "Trägerin überlieferter Werte" und ihre Definition als "Mitarbeiterin an der Schaffung neuer Lebensformen" - , so gilt es zu sehen, daß sich diese gegensätzlichen Auffassungen auch innerhalb der reformpädagogischen Periode Ausdruck verschafft haben. Zumindest in der wissenschaftlichen Pädagogik dieser Zeit sind Erich Wenigers "Theorie der Bildungsinhalte" oder Eduard Sprangers Kulturpädagogik keineswegs als randständige Positionen zu bezeichnen; und sie stehen für eine Auffassung, nach der die Überlieferung von geistigen Gebilden die wesentliche Aufgabe der öffentlichen Schule darstellt.

Umgekehrt ist für die reformpädagogische Bewegung, insoweit sie sich der Reform der öffentlichen Schule und verschiedenen Schulversuchen gewidmet hat, die "Überwindung des Lehrplans" (Deiters 1928, S. 6) sicher ein zentrales Anliegen. Dabei geht es nicht nur um eine Ablehnung des klassischen Bildungskanons, sondern um die Abkehr von jedem Versuch, Lehrstoff durch einen festgelegten Lehrplan auf den zur Verfügung stehenden Zeitraum zu verteilen. Dies bedeutet aber, daß der Lehrplan als (staatliches) Steuerungsinstrument des Unterrichts außer Kraft gesetzt werden soll. Als Motivation zu diesem Schritt läßt sich die Stärkung des erzieherischen Potentials der Schule ausmachen, wobei zwei Perspektiven hervortreten: zum einen die Ersetzung des Lehrplans durch Richtlinien, die es der einzelnen Schule erlauben sollen, das Unterrichtsgeschehen entsprechend den Bedürfnissen der Schüler und den Anforderungen einer im

Wandel befindlichen Gesellschaft selbständig zu planen; zum anderen das Geltendmachen von Unterrichtsprinzipien, die geeignet sein sollen, die durch den traditionellen Lehrplan nahegelegte Zerstückelung des Lehrstoffs und den Buchcharakter der Schule zu überwinden; nur zu dieser zweiten Perspektive will ich einige ergänzende Bemerkungen machen.

Die Entwicklung und Erprobung von Unterrichtsformen, die von der Lernbereitschaft und Neugier, von der Selbsttätigkeit und Erfahrung der Kinder ausgehen, sowie von Unterrichtsinhalten, die sich auf Themen, Probleme und Situationen des "Lebens" in Geschichte und Gegenwart beziehen - diese Pionierarbeit der reformpädagogischen Bewegung gehört zum pädagogischen Erbe, das es heute weiterzuentwickeln gilt. Die Orientierung am Kind und die Orientierung am "Leben" - erprobt in so unterschiedlichen Modellen wie z.B. der Arbeitsschule (Kerschensteiner 1912), der Jena-Plan-Schule (Petersen 1965), dem "Gesamtunterricht" von B. Otto (1963) - sind geeignet, der Schule ihren Charakter als Lernfabrik zu nehmen. In ihrem Versuch, das erzieherische Potential der Schule durch Überwindung des Lehrplans zu stärken, hat die Reformpädagogik jedoch wesentliche Fragen vernachlässigt, insbesondere die Frage des Erziehungsziels und die Frage nach den gesellschaftlichen Funktionen der Schule. Die Reformpädagogik hat sich als eine Suchbewegung auf dem Weg zu neuen Lebensformen verstanden und dabei vielleicht zu wenig die irrationalen Tendenzen sowohl innerhalb ihrer eigenen Lebensphilosophie als auch in der gesellschaftlichen Entwicklung, gesehen, denen gegenüber es - in der Tradition der Aufklärung - eine bewußte Widerständigkeit zu entwickeln gegolten hätte.

Der Lehrer als Erzieher

Mit den Forderungen nach einem Unterricht "vom Kinde aus" sowie nach Überwindung des Lehrplans und der Buchschule erfährt die Rolle des Lehrers in der reformpädagogischen Bewegung notwendigerweise eine neue Bestimmung. Die Person des Lehrers, seine "seelische Haltung" (Deiters 1928, S. 10), sein erzieherischer Umgang mit den Schülern (pädagogischer Bezug) tritt in den Vordergrund; der Lehrer als Erzieher wird zum Angelpunkt einer Pädagogisierung der Schule.

Die tradierte Rolle des Lehrers wird von den Reformpädagogen zumindest unter drei Aspekten in Frage gestellt: In seiner Beziehung zu staatlichen (und kirchlichen) Autoritäten, die nicht zuletzt durch seine Stellung als Beamter bestimmt wird, erscheint der Lehrer in seiner tradierten Rolle staatserhaltend und autoritätsgläubig, festgelegt auf die Überlieferung eines vorgegebenen Weltbildes an die heranwachsende Generation; dem neuen Lehrer-Erzieher wird demgegenüber die Aufgabe zugeschrieben, "in einer Wende der gesellschaftlichen Formen als Vorbereiter einer neuen Ordnung, als Helfer an der Revolution der Geister" aufzutreten (Deiters). In seiner Beziehung zum Lehrplan, zum Unterrichtsstoff bzw. zu den Schulfächern erscheint der Lehrer in seiner tradierten Rolle als Fachkundiger, als Spezialist, Wissenschaftler, der einzelne geistige Gebilde und Werte weitergibt; dem neuen Lehrer-Erzieher wird die Aufgabe zugeschrieben, die Grenzen der Fachwissenschaften zu überwinden, im Unterricht von einem "Stück unmittelbarer Wirklichkeit", von "lebendigen Ganzheiten" (z.B. Heimat, Kultur, Arbeit) auszugehen, seinen Stoff "in der Bewegung seines Zeitalters ... intensiv zu erfassen und darzustellen" (Deiters 1928, S. 12 f.). In seiner Beziehung zum Schüler schließlich erscheint der Lehrer in seiner tradierten Rolle als Wissenschafts- und Amtsautorität, als Vermittler überlieferter Wissensbestände und Werte, als "Trichter-Lehrer"; der neue Lehrer-Erzieher wird demgegenüber gesehen als Partner in einer dialogischen Beziehung, im Unterrichts-Gespräch (z.B. B. Otto 1963, P. Petersen 1925), aber auch als geistiger Führer.

Die angestrebte und in vielen Reformschulen und Schulversuchen praktizierte "Befreiung" des Lehrers von den erwähnten Bestimmungsmerkmalen seiner traditionellen Rolle hat zu weiteren Neuerungen in der Lehrerschaft beigetragen: zur genossenschaftlichen Selbstorganisation von Lehrern (Lehrervereine); zur Politisierung der Lehrerschaft (Betätigung in Parteien und im Parlament); zur Reform der Lehrerbildung, insbesondere in den Pädagogischen Akademien mit ihrer starken Betonung pädagogischer und (jugend)psychologischer Elemente.

Fragt man nach den Wurzeln der Neubestimmung der Lehrerrolle, so liegen diese sicher nicht im öffentlichen Schulwesen; sie sind zu suchen in der radikalen Kulturkritik, in der Tradition Nietzsches mit ihrer antirationalistischen Stoßrichtung und in der Jugendbewegung mit ihrer Betonung einer eigenständigen Jugendkultur und mit ihrer Suche nach neuen Lebensformen. Die Ausbildung des neuen Typus des Lehrer-Erziehers innerhalb des Schulwesens hat begonnen in den Schulen besonderer Prägung, wie z.B. den Landerziehungsheimen, in welchen das Schulleben weit über den Unterricht hinausgeht. Erst später ist das neue Bild des Lehrer-Erziehers auch für das öffentliche Schulwesen, insbesondere das Volksschulwesen, relevant geworden.

Das Bild des Lehrer-Erziehers hat bis heute seine Bedeutung behalten und ist insbesondere im Raum der Volksschule lebendig geblieben. Wir sehen aber heute, wie bei der Überwindung des Lehrplans, die Ambivalenz dieses Programms und der von diesem Programm geprägten Praxis. Die Ambivalenz liegt insbesondere in der Betonung der "Menschenformung" ("Der Lehrer ist heute nicht mehr der ruhige und ausgeglichene Vertreter einer Bildung, die Ewigkeitswert für sich in Anspruch nimmt, er ist der Aktivist, der an der Formung eines neuen Menschentypus arbeitet" (Deiters 1928, S. 14), des "Führertums" (besonders ausgeprägt im Bild des charismatischen Führers in der Jugendbewegung) und des Zeit-

geistes. Wir können heute, nach der historischen Erfahrung
des Nationalsozialismus, nicht mehr übersehen, daß "Menschenformung" und erzieherisches Führertum im Namen von
"lebendigen Ganzheiten" (Heimat, Volk) zur Verführung mißraten können. Wir müssen heute fragen nach den rationalen
Maßstäben einer kritischen Selbstreflexion des Lehrer-Erziehers und einer kritischen Reflexion der gesellschaftlichen Voraussetzungen und Grenzen der Erziehung. Innerhalb
der reformpädagogischen Periode hat hierzu insbesondere
Siegfried Bernfeld (1926) wichtige Anregungen gegeben, indem er, mit Bezug auf die Psychoanalyse, die seelischen
Voraussetzungen und Grenzen der Erziehung im Erzieher und
im Kind (im Kind begegnet dem Erzieher seine eigene Kindheit) aufgedeckt hat und indem er, mit Bezug auf eine kritische Gesellschaftstheorie, die Abhängigkeit der Schule
von den Strukturmerkmalen der Gesellschaft analysiert hat.

Erziehung zur und durch die Gemeinschaft

"Der Lehrer wirkt aus einem Gefühl der Gemeinschaft und erzieht zur Gemeinschaft ... Erziehung ist uns überhaupt
nicht mehr planmäßiges Machen, sondern Ergebnis pädagogisch
geordneten Gemeinlebens " (Deiters 1928, S. 14 f.).

Das Gemeinschaftsprinzip gehört zu den Grundgedanken der
Reformpädagogik; es ergänzt und erweitert das Prinzip des
Unterrichts und der Erziehung "vom Kinde aus" ebenso wie
das Prinzip des in Richtung Partnerschaft veränderten erzieherischen Umgangs zwischen Lehrern und Schülern (pädagogischer Bezug): Die Gemeinschaft der Schulklasse und der
Schülerschaft soll zum Medium gegenseitiger Erziehung, insbesondere aber der Selbsterziehung, zum Raum einer zunehmenden Selbstbestimmung der Jugend werden; die Gemeinschaft
der Schule (Schüler und Lehrer) soll in sich selbst zu
einem gemeinsamen sozialen Erfahrungsraum, zum Feld sinnvoller Tätigkeiten werden, an welchen beide Generationen

beteiligt sind. Die Vermittlung zwischen Individualisierung und Gemeinschaftserziehung, Individuum und Gemeinschaft (vgl. Th. Litt 1919), gehört sicher zu den zentralen Anliegen und Problemen der Reformpädagogik.

Für die Bestimmung dessen, was "Gemeinschaft" ist und wie sie zu verwirklichen sei, sind im Rahmen der Reformpädagogik unterschiedliche Konzepte entwickelt worden: die Paar- und Gruppenarbeit in Schule und Unterricht (z.B. Petersen 1925); die "Schulgemeinde" als Ort der Verbindung von Schule und Elternhaus (z.B. Petersen 1925); die "Schulgemeinde" als Lebens- und Jugendschule (Wyneken 1913, Lietz 1910 u.a.); die "Schulgemeinde" als Organisationsform der Selbstverwaltung (z.B. Deiters 1928); die "Gemeinschaftsschule" als Ort der Befreiung der Jugend, der Vorbereitung einer kommenden, sozialistischen Gesellschaft (z.B. W. Paulsen 1926); die Schule als Mikrokosmos von Volk und Staat, als Ort staatsbürgerlicher Erziehung (z.B. Kerschensteiner 1912).

Mit Ausnahme der Gruppenarbeit i.S.v. Petersen gilt für alle diese Konzepte, daß hier die Schule als ein sozialer Organismus eigener Art aufgefaßt wird, dessen erzieherisches Potential über den Unterricht weit hinausgeht. Die "Überwindung des Lehrplans" in Richtung auf einen "erziehenden Unterricht" erfährt im Gedanken der Gemeinschaft (bzw. Schulgemeinde) eine wichtige Ergänzung. Es ist kein Zufall, daß der Gemeinschaftsgedanke und Formen der Gemeinschaftserziehung ihre ausgeprägteste Form in der Jugendbewegung und in den Landerziehungsheimen gefunden haben, in Erziehungsformen also, in welchen der freien (außerunterrichtlichen) Betätigung und dem "Alltag" große Bedeutung zukam. Die Übertragung des Gemeinschaftsgedankens auf die "Normalschule" (Halbtagsschule), auf das öffentliche Schulwesen, hat dementsprechend zur Voraussetzung, daß neue Dimensionen der Schule zur Geltung gebracht werden. In diesem Sinne spricht z.B. Deiters (1928) von dem "wichtigen Gebiet des Schullebens, das sich in freieren Formen um den Unterricht herumlagert" und davon, daß das Arbeitsgebiet des Schülerausschusses und der Schulgemeinde überall dort liege, "wo die Bestimmungen und Ordnungen des Schullebens Raum für freie Betätigung lassen"; es ist die Rede von Festen und Spielen, von Wanderungen, Reisen und Landaufenthalten, von Arbeit und künstlerisch-musischer Betätigung. Deiters sieht aber auch die Grenzen für die Verwirklichung des Gemeinschaftsgedankens in der Tagesschule, z.B. im Bereich der Selbstverwaltung der Schüler, und verweist in diesem Zusammenhang auf das self-government der angelsächsischen Schulen, dessen Voraussetzung die Heimschule, das Internat, die Existenz eines eigenständigen Lebensbereichs außerhalb der Unterrichtszeit darstellt.

Man kann nicht übersehen, daß einzelne Vertreter der Reformpädagogik den Gemeinschaftsgedanken verabsolutiert und auch gegen andere Ansätze einer Pädagogisierung der Schule - den Lehrer-Erzieher oder den Unterricht "vom Kinde aus" - ausgespielt haben. So hat z.B. Wilhelm Paulsen (1926) in seinem Plädoyer für die "Gemeinschaftsschule" gefordert, "die Organisation und die Einrichtungen der Schule so zu gestalten, daß sich die Jugend selber helfe" und dazu ausgeführt:

> "Die glänzendste Lehrerbegabung wird scheitern, wenn den jugendlichen, unbesiegbaren Wachstumstrieben nicht Genüge geschieht. Das übersah die Persönlichkeitspädagogik, die alles Heil von der überragenden Erziehergestalt erwartete. Die Übersteigerung der "Erziehungs"-Idee zog notwendig die der "Erzieher"-Idee nach sich. Inzwischen sind wir viel anspruchsloser geworden, indem wir von den Systemen zu der Natur, zur Natürlichkeit pädagogischen Denkens zurückkehrten. Wir werden noch weiter lernen müssen, uns weniger intellektuell mit den Fragen der Erziehung zu beschäftigen, um uns an ihre praktische Darstellung zu begeben." (S. 126)

und:

> "Nur wenn die Lehrerschaft ihre Arbeit in den geistigen und politischen Gesamtzusammenhängen erblickt,

> kann sie erfolgreich an die Erfüllung der ihr zufallenden Aufgaben herangehen: Umwandlung der zu flach fundierten Arbeitsschule in die Erfahrungsschule gesellschaftlicher Arbeit und Erfüllung dieser Arbeitsstätte mit dem Gemeinschaftsbewußtsein der Glieder einer höher verbundenen Einheit. Neben diesem Hauptthema des Problems sinkt die Forderung 'vom Kinde aus' zu einem psychologischen und methodischen Leitmotiv herab, zu einem sehr bedeutungsvollen Nebenthema zwar, das aber, zu einseitig verfolgt, den größeren politischen Kampf um den Kultur- und Bildungsfortschritt vergessen läßt". (S. 127)

Diesem Beispiel der Vision einer von der Jugend getragenen Kultur- und Massenbewegung für eine sozialistische Gesellschaft wären Beispiele der Vision einer an "Heimat", "Volk" und "Staat" orientierten Gemeinschaftserziehung konservativer Prägung hinzuzufügen (Kerschensteiner 1910, F.W. Förster 1918, extremer E. Krieck 1928 u.a.). So zeigt sich auch im Gemeinschaftsprinzip, als Pendant soz. zum charismatischen Führertum des Lehrer-Erziehers, die Ambivalenz und Widersprüchlichkeit des Erbes der Reformpädagogik: Die Entwicklung der Schule zum sozialen Erfahrungsraum, die Betonung des "Schullebens" und Schulklimas als Erziehungsfaktor, der Ausbau der (Schüler-)Selbstverwaltung, die Einbeziehung von Elternschaft und Gemeinde – all dies sind Positionen und Ansätze, die in der Reformpädagogik erstmals überzeugend dargelegt und erprobt worden sind und die es verdienen, als Anregungspotential bei gegenwärtigen Versuchen der Entwicklung einer erzieherischen Schule weiterzuleben. Andererseits aber haben bestimmte anti-intellektuelle Tendenzen in der Reformpädagogik zu einer Übersteigerung des Gemeinschaftsgedankens – zum Mythos, zur Ideologie eines aus eigener "natürlicher" Kraft gespeisten Jugendlebens – geführt, die uns heute als eine der verhängnisvollen Voraussetzungen für die Verführbarkeit der Massen für die "Ideale" einer "völkischen" Gemeinschaft erscheinen müssen.

Die Schule als Institution

"Das Schulwesen hat offenbar Wirkungen, die über den eigentlichen Unterricht weit hinaus reichen. Die Schule - als Institution - erzieht" (Bernfeld 1926, S. 28).

Der Lehrplan, der Lehrer (bzw. das Lehrer-Kollegium, die Lehrerschaft), die Gemeinschaft (d.h. Schüler und Lehrer, die Schulklasse, die Schülerschaft) - also alle bislang besprochenen Ansatzpunkte einer Pädagogisierung der Schule - sind selber als Elemente der "Institution" Schule zu betrachten. Die "Überwindung des Lehrplans" (Deiters) durch Erfahrungslernen und Unterricht "vom Kinde aus", die Überwindung der traditionellen Lehrer-Rolle im "pädagogischen Bezug", die "Überwindung der Schule" (Paulsen) in der "Gemeinschaftsschule" - alle diese Ansätze der Reformpädagogik haben zum Ziel die radikale Veränderung des überkommenen institutionellen Charakters der Schule; sie zielen, ohne sich schon der heutigen Begriffe zu bedienen, auf eine "Entschulung der Schule" oder sogar auf eine "Entschulung der Gesellschaft"[6].

Die Schule als Institution kommt mit den bislang erwähnten Ansätzen freilich erst in ausgewählten Aspekten in den Blick, soz. in der Perspektive der "inneren" Schulreform; in dieser Perspektive könnte man das Anliegen der Reformpädagogik dahingehend zusammenfassen, daß sie der Schule die Gestalt einer eigenständigen "Körperschaft" (etwa Deiters) geben wollten; diese Körperschaft sollte durch ihre Mitglieder - Lehrer und Schüler - weitgehend bestimmt werden können, sie sollte gleichsam eine Abkapselung von der vorgegebenen Kultur der Vergangenheit ("ewige Werte", objektive "geistige Gebilde"), von Zwängen der Gegenwart (z.B. Militarisierung), ja sogar einen Rückzug aus der Gesellschaft (z.B. Landerziehungsheim) ermöglichen.

Die Reformpädagogik hat aber auch in einer zweiten Perspektive gedacht und gehandelt, in der Perspektive der "äußeren" Schulreform", im Blick auf die Schule als Institution der Gesellschaft. Reformpädagogen haben gekämpft für die öffentliche, vom Staat verwaltete Schule; für die Einheitsschule und gegen das dreigliedrige, selektive Schulsystem; für die weltliche Schule und gegen die Konfessionsschule; für die koedukative Schule und gegen die Geschlechtertrennung; für eine realitätsorientierte Bildung (Naturwissenschaften, Technik, Berufsbildung, Arbeitsunterricht) und gegen eine einseitige Fortschreibung des humanistischen Bildungsideals.

Die beiden Perspektiven, unter welchen die Institution Schule betrachtet, bzw. die beiden Tendenzen, mit welchen eine Veränderung der Institution Schule angestrebt worden ist, stehen innerhalb der Reformpädagogik durchaus in einem Spannungsverhältnis; die Landerziehungsheime z.B. und andere selbständige Schulversuche (bzw. Versuchsschulen)[7] sind anderen bildungspolitischen und pädagogischen Vorstellungen verpflichtet als die Einheitsschulbewegung der entschiedenen Schulreformer[8]. Im Blick auf unsere Fragestellung fällt indes ein gemeinsames Merkmal auf, das für beide Perspektiven gilt: das kritische Bewußtsein dafür nämlich, daß die Schule als Institution erzieht, und zwar aufgrund ihrer äußeren und inneren Verfassung, aufgrund dessen, was wir heute den "heimlichen Lehrplan" (vgl. Zinnecker 1973) nennen. Die Reformpädagogen waren sich bewußt, daß die Schule erzieht in Abhängigkeit von der Tatsache, ob in ihr die verschiedenen Schichten (Klassen) der Gesellschaft und die beiden Geschlechter repräsentiert sind oder nicht; in Abhängigkeit davon, ob der Staat oder die Kirche der "Herr der Schule" ist oder die Schule eine relativ autonome Körperschaft darstellt; in Abhängigkeit davon, wie Leistungen erbracht und bewertet werden und wie Prüfungen, Zeugnisse und Berechtigungswesen in das Leben der Schüler eingreifen; in Abhängigkeit von der Struktur des Lehrplans, von der alltäglichen Struktur der Lehrer-Schüler-Beziehung (Autorität) und von den Organisationsformen der Gemeinschaft.

Die Reformpädagogen haben gesehen, daß alle diese Merkmale der Institution Schule in ihrem inneren Zusammenhang für die erzieherische Wirkung der Schule sehr viel entscheidender sind als die ausdrückliche Festlegung von Zielen, Inhalten und Methoden des Lehrens und Lernens und deren Umsetzung im Unterricht. Vielleicht könnte man, über alle Unterschiede hinweg, das gemeinsame Anliegen der Reformpädagogik darin sehen, daß sie die im historisch gewachsenen "heimlichen Lehrplan" der alten Schule wirksame Macht des Faktischen brechen und die blinde Reproduktion der alten Gesellschaft und Kultur durch diesen heimlichen Lehrplan ablösen wollte durch eine neue institutionelle (äußere wie innere) Verfassung der Schule, welche den Bedürfnissen einer heranwachsenden Jugend und einer heraufkommenden Gesellschaft entsprechen sollte. Die Maßstäbe dafür freilich, was denn die "richtigen" Bedürfnisse seien, wohin denn die Entwicklung gehen solle, waren innerhalb der Reformpädagogik so umstritten, wie sie es heute sind. Diese Frage nach dem Erziehungsziel der Institution Schule weist über Pädagogik und Schule hinaus auf Politik und Ethik; und hier unterscheiden sich die innerhalb der Reformpädagogik vertretenen Positionen nicht nur im Blick auf Zukunftsentwürfe, sondern insbesondere auch im Blick auf die Frage, ob der Schule als erzieherisch wirksamer Institution eine aktive Rolle in der Veränderung der Gesellschaft zukommen ("Die Gemeinschaftsschule ... ist keine Schule von heute, sie ist die Schule von morgen, die Schule der kommenden, kulturellen Gesellschaft", Paulsen 1926, S. 135), oder ob eine veränderte Schule nur das Ergebnis einer veränderten Gesellschaft sein könne ("Die Erziehung ist konservativ. Ihre Organisation ist es insbesondere. Niemals ist sie die Vorbereitung für eine Strukturänderung der Gesellschaft gewesen. Immer - ganz ausnahmslos - war sie erst die Folge der vollzogenen", Bernfeld 1925/1973, S. 119). Im Rückblick

können wir heute vielleicht sagen, daß in einem Teil der
Reformpädagogik die Reform der Institution Schule zu wenig
in ihrem gesellschaftlichen Kontext, zu wenig im Bewußtsein
der unauflöslichen "Dialektik der Aufklärung" (Horkheimer/
Adorno 1947), zu sehr im Horizont einer idealistischen Kulturkritik sowie Lebens- und Gemeinschaftsphilosophie gesehen worden ist, um ein Gegengewicht zu der im Raum der Politik aufkommenden Irrationalität bilden zu können. Jenen
Teilen der Reformpädagogik aber, die ohne Überschätzung der
Institution Schule an deren innerer und äußerer Reform in
einem kritisch-rationalen Bewußtsein gearbeitet haben, ist
durch die Zerstörung der Weimarer Republik der Boden entzogen worden.

Nach den historischen Erfahrungen, die zwischen der Reformpädagogik und der Gegenwart angesiedelt sind, legt sich
heute vielleicht eine Position nahe, welche diese unterschiedlichen Ansätze in der Hoffnung aufhebt, daß Erziehung
dadurch potentiell verändernd wirken könnte, daß sie ihre
tatsächliche Abhängigkeit von Gesellschaft zum Thema kritischer Reflexion macht; in der Hoffnung, daß Schule erziehen
kann, indem sie zur Entwicklung eines Bewußtseins beiträgt,
das dort zum Widerstand befähigt, wo die bereits in der
Aufklärung formulierten Maßstäbe für Ethik und Politik auf
dem Spiel stehen ("Die Forderung, daß Auschwitz nicht noch
einmal sei, ist die allererste an Erziehung", Adorno 1966).
Diese Sisyphos-Arbeit der Erziehung kann freilich durch
keinen "heimlichen Lehrplan", auch nicht durch dessen Revolutionierung, erledigt werden.

Schlußbemerkungen

Die Erinnerung an einige Positionen und Erfahrungen der Reformpädagogik hat deutlich gemacht, daß dieser großangelegte Versuch, die Schule als Erziehungsinstanz theoretisch
zu begründen und praktisch zu entwickeln, Anregungen und

Chancen, aber auch Grenzen aufweist. Diesen Widersprüchen weiter nachzugehen, scheint mir nicht nur aus historischem Interesse wichtig, sondern auch im Blick auf gegenwärtige und zukünftige Ansätze der Schultheorie und Schulreform.

Wenigstens eine Folgerung möchte ich aus den Stichworten zur Reformpädagogik ableiten: die Schule kann nur erziehen – Erziehung verstanden als die Befähigung zu vernunftgeleitetem Urteilen und Handeln –, wenn sich die Mitglieder der Schule der Ambivalenz und Dialektik von Erziehung bewußt bleiben, der Gefahren, daß Erziehung zur Manipulation, Gemeinschaft zur Ideologie, der charismatische Führer zum Verführer werden können.

Die Symbolfigur einer vernünftigen, **rationalen** Pädagogisierung kann nicht der ins 18. Jahrhundert verpflanzte Prometheus sein ("Hier sitze ich und forme Menschen nach meinem Bilde", Goethe), eher schon der ins 20. Jahrhundert übertragene Sisyphos ("daß die Erziehbarkeit des Kindes nicht nur nicht allein, sondern nicht einmal hauptsächlich von den Handlungen des einzelnen Erziehers bis an ihre Grenze fruchtbar gemacht werden kann, daß sich die kollektive Prognose demnach nicht auf die Erziehung im engeren Sinne beschränkt, sich nicht einmal auf sie bezieht, sondern auf das Ganze der Erziehung, auf die Reaktion der Gesellschaft auf die Entwicklungstatsache in ihrer Gesamtheit", Bernfeld 1925/1973, S. 149 f.).

Das prometheische Pathos der Reformpädagogik, ihr Wille zur "Menschenformung", muß in diesem Zusammenhang ebenso zum Gegenstand einer kritischen Auseinandersetzung werden wie der in unseren Tagen verbreitete Ruf nach "Mut zur Erziehung" und nach einer Werteerziehung in der Schule.

ANMERKUNGEN

1) Als wichtigstes Kompendium der reformpädagogischen Erziehungswissenschaft kann das 1928 von Nohl und Pallat herausgegebene "Handbuch der Pädagogik" in fünf Bänden gelten. Einen umfassenden Überblick über den Stand der Forschung zur Reformpädagogik bietet die kommentierte Bibliographie von E. Beckers und E. Richter (1979).

2) Vgl. z.B. Flitner/Kudritzki 1961/62 und Scheibe 1969; zum Forschungsstand Beckers/Richter 1979.

3) Vgl. das Themenheft 1/1981 ("Hermeneutische Pädagogik") der Zeitschrift für Pädagogik sowie Thiersch/Ruprecht/Herrmann 1978.

4) Zur Selbstdarstellung vgl. Lietz 1910; zur zeitgenössischen Literatur Karstädt 1928, Meißner 1928 und Paulsen 1927; zur neueren Sekundärliteratur Beckers/Richter 1979.

5) Zur Selbstdarstellung vgl. Petersen 1925 und 1965, zur Sekundärliteratur Beckers/Richter 1979.

6) Zur heutigen Entschulungsdebatte vgl. Buckman 1974, Illich 1973. Innerhalb der Ära der Reformpädagogik findet sich die radikalste Position der "Entschulung" im Ansatz des "Absterbens der Schule" in der ukrainischen Sozialerziehung, vgl. Anweiler 1964, S. 164 ff.

7) Zu den Landerziehungsheimen vgl. Anm. 4, zu Schulversuchen bzw. Versuchsschulen Karstädt 1928.

8) Vgl. Nohl 1928, S. 345 - 352; Oestreich 1920, 1921.

LITERATUR

Adorno, Th.-W.: Erziehung nach Auschwitz (1966). In: Ders.: Erziehung zur Mündigkeit. Frankfurt: Suhrkamp 1970, S. 88 - 104

Anweiler, O.: Geschichte der Schule und Pädagogik in Rußland. Vom Ende des Zarenreiches bis zum Beginn der Stalin-Ära. Berlin, Heidelberg: Quelle & Meyer in Komm. 1964

Beckers, E.; Richter, E.: Kommentierte Bibliographie zur Reformpädagogik. St. Augustin: Richarz 1979 = Schriften der Deutschen Sporthochschule Köln. Bd. 1.

Bernfeld, S.: Sisyphos oder die Grenzen der Erziehung. Leipzig 1925 (zit. nach der Ausgabe im Suhrkamp Verlag, Frankfurt 1973).

Buckman, P. (Hrsg.): Bildung ohne Schulen. München: Kösel 1974.

Deiters, H.: Die Lebensform der Schule. In: Nohl/Pallat 1928, Band 4, S. 3 - 47.

Flitner, W.; Kudritzki, G. (Hrsg.):Die deutsche Reformpädagogik. 2 Bände. Düsseldorf: H. Küpper 1961, 1962

Förster, F.W.: Politische Ethik und Pädagogik. Mit besonderer Berücksichtigung der kommenden deutschen Aufgabe. 3. stark erweiterte Auflage der Staatsbürgerlichen Erziehung. München: Reinhardt 1918

Fontane, Th.: Meine Kinderjahre (1893), Sämtliche Werke, hrsg. v. W. Keitel. Band 4. Darmstadt: Hanser 1973

Horkheimer, M./Adorno, Th.-W.: Dialektik der Aufklärung. Amsterdam: Querido 1947

Illich, I.: Entschulung der Gesellschaft. Reinbek: Rowohlt 1973

Karstädt, O.: Versuchsschulen und Schulversuche. In: Nohl/Pallat 1928, Band 4, S. 333 - 364

Kerscheinsteiner, G.: Der Begriff der staatsbürgerlichen Erziehung, Leipzig u. Berlin: Teubner 1910

Klafki, W.: Die Pädagogik Theodor Litts. Eine kritische Vergegenwärtigung. Königstein: Scriptor 1982

Krieck, E.: Die soziale Funktion der Erziehung. In: Nohl/Pallat 1928, Band 2, S. 255 - 280

Lenzen, D. (Hrsg.): Pädagogik und Alltag. Methoden und Ergebnisse alltagsorientierter Forschung in der Erziehungswissenschaft. Stuttgart: Klett 1980

Lietz, H.: Deutsche Landerziehungsheime - Erziehungsgrundsätze und Einrichtungen. Leipzig: Voigtlaender 1910

Litt, Th.: Individuum und Gemeinschaft. Grundfragen der sozialen Theorie und Ethik. Leipzig u. Berlin: Teubner 1919

Meißner, E.: Die deutschen Landerziehungsheime. In: Nohl/Pallat 1928, Band 4, S. 325 - 332

Nicolin, F.; Wehle, G. (Hrsg.): Theodor Litt. Pädagogische
Analysen zu seinem Werk, Bad Heilbrunn: Klinkhardt 1982

Nohl, H.: Die pädagogische Bewegung in Deutschland. In:
Nohl/Pallat 1928, Band 1, S. 302 - 374

Nohl, H.; Pallat, L. (Hrsg.): Handbuch der Pädagogik. 5 Bände. Langensalza: Beltz 1928

Oestreich, P. (Hrsg.): Entschiedene Schulreform. Berlin:
Erich Reiß 1920

Oestreich, P.: Die elastische Einheitsschule: Lebens- und
Produktionsschule. Berlin: Schwetschke 1921

Otto, B.: Ausgewählte pädagogische Schriften, hrsg. von K.
Kreitmar. Paderborn: Schöningh 1963

Paulsen, W.: Die Überwindung der Schule. Plädoyer für die
Gemeinschaftsschule. Leipzig 1926.

Petersen, P.: Innere Schulreform und neue Erziehung.
Weimar: Böhlau 1925

Petersen, P.: Der kleine Jena-Plan. Weinheim: Beltz 1965,
(42. - 46. Auflage)

Robinsohn, S.B; Kuhlmann, J.C.: Two Decades of Non-Reform
in West German Education. In: Comparative Education
Review, XI (1967) 3, S. 311 - 330

Scheibe, W.: Die Reformpädagogische Bewegung 1900 - 1932.
Weinheim: Beltz 1969

Thiersch, H.: Alltagshandeln und Sozialpädagogik. In: Neue
Praxis 8 (1978) 1, S. 6 - 25

Thiersch, H.; Ruprecht, H.; Herrmann, U.: Die Entwicklung
der Erziehungswissenschaft. München: Juventa 1978

Wyneken, G.: Schule und Jugendkultur. Jena: Diederichs 1913

Zinnecker, J. (Hrsg.): Der heimliche Lehrplan. Weinheim:
Beltz 1973

Erziehungstheorie

Wincenty Okoń

BEDINGUNGEN DER ERZIEHERISCHEN ARBEIT IN DER SCHULE

Die Hauptaufgabe unseres Symposiums erkenne ich nicht so sehr darin, daß wir eine vergleichende Charakteristik der Schule als einer Anstalt, die die junge Generation unter den schwierigen Bedingungen des heutigen Lebens erzieht, erarbeiten sollen. Vielmehr wollen wir einige Perspektiven und Lösungsvorschläge für Konzeptionen einer Schule aufzeigen, die ihren Erziehungsaufgaben gewachsen zu sein vermag. Dies ist auch der Grund, warum die Problematik der Schulreform unser aller Interesse erweckt und mir ganz besonders wichtig erscheint. Dabei handelt es sich vor allem um eine innere, in kommenden Jahren realisierbare Reform der Schule, und nicht um die programm-strukturelle Reform, an die man gewöhnlich denkt, wenn von Schulreform die Rede ist.

Ehe man jedoch die Frage stellt, ob die Schule erziehen kann, und was gemacht werden soll, damit sie die junge Generation in der Tat erzieht, muß zunächst die Frage beantwortet werden, ob sich die Schule reformieren läßt, und wenn ja, welches die Voraussetzungen für die Wirksamkeit jeglicher Reform der Schularbeit sind.

Das Reformieren der Schule ist durchaus zu den Sisyphusarbeiten zu zählen. Häufig stoßen ehrgeizige Absichten der Reformer auf vielfältige Schwierigkeiten, für die verschiedene Faktoren ausschlaggebend sein können. Die drei wichtigsten sollen im folgenden erörtert werden.

Der erste dieser Faktoren ist die Macht. Trotz der Unterschiede in den einzelnen Ländern bildet sie überall eine konservative Kraft, weil der status quo erhalten und gefestigt werden muß, damit sie fortbestehen kann. Ihre Vertreter prüfen aufmerksam alle Veränderungsvorschläge, um nur diejenigen zu akzeptieren, die ihren Interessen dienen. Aus diesem Grund entstehen in der Regel auch Widersprüche zwischen den Bestrebungen der Bildungsreformer und der Einstellung der Verwaltung, denn das Wesen einer Reform ist die Einführung von Veränderungen.

Der zweite Faktor ist die Gesellschaft selbst, die sich meist uneinheitlich aus verschiedenen Schichten zusammensetzt: aus den fortschrittlichen bis hin zu den ganz konservativen. Ihren am meisten an der Schule interessierten Teil bilden vor allem die Eltern der Schüler. Sie halten die Stabilität der Lehrpläne und der Unterrichtsmethoden für einen positiven Faktor und bauen darauf Pläne für Schul- und Berufskarrieren ihrer Kinder auf. Dagegen meiden sie die Schulen, die Veränderungen, insbesondere radikalere, einführen. Dies hat auch J. Dewey erfahren, der seine Laboratory School in Chicago nach sieben Jahren kümmerlicher Existenz schließen mußte.

Der dritte Faktor ist die Schule selbst, ihre Lehrer und ihre Organisation. Die Schule gehört zu den am meisten stabilisierten, nicht selten sogar konservativen Institutionen. Es soll genügen darauf hinzuweisen, daß die Kirche, also eine von ihrer Voraussetzung her konservative Institution, in einigen Ländern den Inhalt und die Formen ihrer erzieherischen Arbeit mit der Jugend in stärkerem Ausmaß als die Schule modernisiert und häufig größere Erfolge als sie erzielt hat. Der Einfluß aufeinanderfolgender Reformen auf die wirklichen Veränderungen in der "Massenschule" ist äußerst gering. Dabei ist die "amtliche" Reform in einem Land eine Art Spiegel seiner Bedürfnisse zum Zeitpunkt ihrer Geburt. In der langen Periode ihrer Einführung verändern sich jedoch diese Bedürfnisse, manchmal sogar radikal. Abschließend sollen noch weitere Faktoren, die den Bestrebungen der Reformer entgegentreten, erwähnt werden, z.B. schnelles Veraltern der Lehrerausbildung und zu niedriges Niveau, ständige Kürzungen der Bildungshaushalte.

Die Systeme von Herbart, Freinet und Blonski

Wenn man diese drei Faktoren berücksichtigt, kann man verstehen, warum einige der reformatorischen Ideen von Erfolg - wenn er auch nicht immer vollständig war - begleitet waren, während andere keine größere Rolle spielten. Um diese Behauptung zu belegen, wollen wir uns dreier Beispiele von Schulreformen bedienen, und zwar der Systeme von Herbart, Freinet und Blonski.
Herbart hat den Mechanismus dieser dreifachen Abhängigkeit in jeder Hinsicht verstanden. Er hat ein System geschaffen, das sich in der Welt wie kein anderes verbreitet hat. Warum? Weil die Herbartsche Pädagogik, die seinem System zugrunde liegt, Zustimmung fand bei der preußischen Verwaltung. "Herbart war nicht etwa blind für die ökonomischen und politischen Triebkräfte, die sich in Deutschland regten. Aber er erwartete - als Geschenke des feudal-absolutistischen Obrigkeitsstaates - Reformen, die das bestehende Gesellschafts- und Staatsgefüge keineswegs antasteten, geschweige denn zerstören würden. Er hatte nie tieferes Verständnis für die neuen demokratischen Ideen, die weite Kreise des deutschen Volkes bewegten; er war der Verfechter monarchistisch-junkerlicher Interessen" (Günther 1962, S. 250). Das System von Herbart diente nicht nur der Verstärkung der Macht des Junkertums, sondern auch jenen Gesellschaftskreisen, die mit der Macht verbunden waren, also den Adligen und dem wohlhabenden Bürgertum. Die Idee des auf strenge Disziplin gestützten erziehenden Unterrichts wurde von ihnen allen begrüßt, weil sie der Erhaltung und Sicherung ihrer Privilegien zu dienen schien. Die Herbartsche Feststellung, "das erste Mittel jeder Erziehung ist Drohung" (Herbart 1912, S. 20), war ganz in ihrem Sinn, da sie die junge Generation in völliger Abhängigkeit von den Erwachsenen hielten.
Da dieser Grundsatz auch die Disziplin in den Schulen förderte, stimmten ihm auch die Lehrer zu, ebenso wie dem System der formalen Stufen, das ihnen ein allgemeingültiges,

vom Schulfach unabhängiges Schema der Unterrichtsführung zur Verfügung stellte. Obgleich sich also das Herbartsche System mit den Forderungen der Machthaber, der Gesellschaft und der Lehrer in vollem Einklang befand, ist dies noch keine ausreichende Erklärung dafür, warum es sowohl in Deutschland als auch in anderen Ländern so lange angewandt wurde oder sogar noch wird, obwohl sich die politischen und gesellschaftlichen Verhältnisse ebenso wie das Bildungswesen wesentlich verändert haben. Zwei Gründe lassen sich dafür anführen: erstens sind einige seiner Elemente so flexibel, daß sie, wenn andere modifiziert werden, auch unter den veränderten Umständen weiter angewandt werden können, und zweitens verknüpft es konsequent Bildung und Erziehung.

Für das System von Freinet gilt genau das Gegenteil. Es genoß zwar große Popularität in Frankreich und in anderen Ländern, fand jedoch keinerlei Verbreitung. Welche Erklärung gibt es hierfür?

Zunächst einmal wurde dieses System weder von den herrschenden Kreisen in West- noch in Osteuropa unterstützt. Freinet beabsichtigte durch die Erziehung der jungen Generation eine neue, gerechtere Gesellschaftsordnung zu schaffen. Nachdem er sich zunächst der Französischen Kommunistischen Partei angeschlossen hatte, trat er später wieder aus dieser Partei aus; häufig wurde er wegen seiner pädagogischen Ideen sowohl von rechter als auch von linker Seite her kritisiert. Er fand auch keine dauerhafte Unterstützung durch eine bestimmte Gesellschaftsschicht, weder durch die radikaleren viel weniger noch durch die konservativen, obgleich seine Anhänger, die seiner Idee der "Erziehung ohne Zwang" zustimmten, einen weiten Kreis bildeten. Auch in der Schule fand er nur eine verhältnismäßig geringe Unterstützung. Sein System, das klarer theoretischer Grundlagen entbehrte aber reich an vielfältigen Unterrichtsvorgängen wie auch an inner- und außerschulischen Werkstätten war, das auf die für den Lehrer arbeitserleichternden Schulbücher verzichtete, verlangte vom Lehrer eine allzu große Aufopferung und Erfindungsgabe und ständigen Umgang mit Kindern.

Dies hatte zur Folge, daß sich nur vereinzelt Lehrer für sein System näher interessierten und versuchten, wenn auch unter begrenzten räumlichen und sonstigen materiellen Bedingungen, es in die Tat umzusetzen.

Warum aber fand Blonskis System keine Nachfolger, obwohl es, ebenso wie das Herbartsche System, eindeutige theoretische Grundlagen aufweist (Blonski 1921)? Auch brachte ihm die sowjetische Verwaltung verständnisvolle Aufmerksamkeit entgegen, da es etwas in Aussicht stellte, was für den jungen sozialistischen Staat von Nutzen war: die Schüler auf die Industriearbeit vorzubereiten. Dies war jedoch nur eine Bedingung für seine Verbreitung. Den traditionell erzogenen sowjetischen Bürgern konnten die Ideen Blonskis nicht recht sein, da er die Geistesbildung gering einschätzte. Während er mit seiner Konzeption die Idee des mit der Produktionsarbeit verbundenen Unterrichts zu verwirklichen suchte, vernachlässigte er das Lernen, wie einst die Schule die Arbeit vernachlässigt hatte. Statt jedoch im systematischen Lehrprozeß die wissenschaftliche Theorie mit der Produktionspraxis zu verbinden, drängte er seiner Schule den "Produktionsgang" auf und machte die industrielle Produktionsarbeit zum einzigen Zentrum für die Tätigkeit der Schüler (Okoń 1977, S. 24). Für Lehrer und Schüler stellte es zudem ein System dar, dessen Einführung zu große Schwierigkeiten bereitete. Die Lehrer waren weder darauf vorbereitet noch davon begeistert, daß Kinder aus den unteren Klassen eine eigene Schulwirtschaft führen oder Schüler der höheren Grundschulklassen in Produktionsbetrieben arbeiten sollten. Und auch die Schulen waren kaum darauf vorbereitet, weil sie weder über eigene Werkstätten verfügten noch Zutritt zu den Industriebetrieben hatten. Unter diesen Umständen blieb die Idee der "Erziehung durch Arbeit" lediglich auf dem Papier bestehen.

Von diesen drei Systemen hat sich das von Herbart am besten bewährt. Im gesamten neunzehnten Jahrhundert konkurrierte es erfolgreich mit dem System von Pestalozzi. Aus ihren gegenseitigen Beeinflussungen und Verknüpfungen entstanden in den verschiedenen Ländern Systeme, die kaum Unterschiede aufwiesen. Diese stießen wiederum auf unterschiedliche Systeme der Reformpädagogik, von denen sich aber keines so verbreiten konnte, um dem modernisierten Pestalozzi-Herbart-System Konkurrenz zu machen. Generell gesehen haben sie jedoch zu dieser Modernisierung beigetragen.

Das pädagogische System und die Erziehung

Zu den drei Faktoren, die wir als Voraussetzung für eine erfolgreiche Reform des pädagogischen Systems angesehen haben, wollen wir noch einen vierten hinzufügen, der wesentlich zum Erfolg des Systems von Herbart beigetragen hat. Es ist dies die Qualität der pädagogischen Idee eines Systems, vor allem die innere Harmonie aller seiner Elemente, die das Erziehungsideal verkörpern. Mit anderen Worten die innere Harmonie zwischen der Welterkenntnis, der Teilnahme an ihrer Umgestaltung und der Erfahrung der von den Menschen geschaffenen Werte. In der pädagogischen Umgangssprache bezeichnet man dies als Verbindung von Bildung und Erziehung.

Die Erziehungsideale wandeln sich mit den für jede Epoche typischen sozialen Veränderungen. Wie sehr unterschieden sich das Ideal "kalos kai agathos" vom ritterlichen Erziehungsideal im Mittelalter und dieses vom Ideal der französischen Materialisten oder der polnischen Positivisten. Auch heute gibt es Versuche, Erziehungsideale zu formulieren, sie spielen jedoch kaum eine Rolle. Ihr Einfluß ist auf jeden Fall wesentlich geringer als die zur Zeit so populären Taxonomien von Unterrichtszielen, wobei diese Ziele so sehr atomisiert werden, daß sie sich in der Schule dann viel weniger nützlich erweisen, als man es von ihnen erwarten könnte.

Die heutigen Industrieländer gestalteten ihre Erziehungssysteme unter dem Einfluß der industriellen Revolution, die allmählich in die wissenschaftlich-technische Revolution überging. Die Entwicklung der Massenproduktion, der Einfluß der Massenkommunikationsmittel, die Bildung politischer Lager, die miteinander durch gemeinsame Interessen verbunden sind, sind alles Faktoren, die die Vereinheitlichung der Erziehungsziele beeinflußten und bis heute beeinflussen; und zwar sowohl im sozialistischen und kapitalistischen Lager als auch - bis zu einem gewissen Grade - in den Entwicklungsländern, die sich meistens mit dem einen oder anderen Lager verbunden fühlen. Aber der Stand, den das Bildungswesen heute erreicht hat, beunruhigt alle; immer lautere Stimmen rufen nach einer Reform. Dies geschieht in immer größerem Ausmaß unter dem Einfluß von Futurologen, die das Ende der industriellen Zivilisation, die "Entmassung" der Produktion durch einen immer größer werdenden Ersatz von Arbeitsstellen in der Industrie und Verwaltung durch Arbeitsstellen "zu Hause" vorhersehen, genauso wie die "Entmassung" der Massenmedien durch die Entwicklung des Kabelfernsehens, die Videokassetten, die Entstehung regionaler Zeitschriften und der Ortskultur. Sie künden auch von der "Entmassung" der Schule durch die Verkürzung der Unterrichtszeiten in den Volksschulen und Unterrichtsveranstaltungen außerhalb der Schule, z.B. in ungezwungenen Gruppen oder zu Hause (Illich 1970; Toffler 1980).

Abgesehen davon, inwieweit diese Vermutungen tatsächlich eintreffen werden, sollte die Erziehung jedoch schon heute neu geplant werden, und Veränderungen, die immer deutlicher zu beobachten sind, können Hinweise dafür geben. Besonders deutliche Symptome sind: Die Bedrohung des Friedens, die ihren Ausdruck in der Aufrüstung und in Ortskriegen findet, die wiederum die Gefahr des totalen Ausbruchs in sich tragen, rasch fortschreitende Zerstörung der Umwelt, Verringerung der Bodenschätze bei gleichzeitiger Zunahme der Weltbevölkerung, steigende Zahlen arbeitsloser Jugendlicher besonders in den westlichen Ländern und in der Dritten Welt, Anwachsen der Jugendkriminalität und dem damit verbundenen Mißbrauch von Drogen. Natürlich kann die Erziehung kein wirksames Antidot gegen diese Bedrohungen bilden; sie hat aber die Chance, zu einer der Voraussetzungen für eine neue

Lebensweise zu werden, die der Menschheit das Überleben garantieren.

Das Bewußtsein einer solchen Erziehungsaufgabe der Schule ist nicht sehr weit verbreitet. Ja, es sind nicht einmal alle Theoretiker der Pädagogik und Lehrer davon überzeugt, daß die Schule die junge Generation erziehen soll; viele vertreten die Meinung, daß die Hauptaufgabe der Schule in der "Übermittlung des Wissens" beruhe. Aber die Mehrheit der Reformer unterschätzt die erzieherische Funktion der Schule. Was aber verlangen sie von ihr in ihren zum Teil scharfen Angriffen? So fordert Piaget in "Où va l'éducation" (1948) die Beachtung des Prinzips des gleichen Rechts auf Bildung in allen Ländern; L. Cros (1961) und R. Dottrens (1971) beunruhigte die Tatsache, daß die Schule dem Wortkult huldigt und die praktische Bildung vernachlässigt; die Gruppe aus Cuernavaca mit I. Illich (1970) stellte den Wert und die Existenz der Schule überhaupt infrage, indem sie die Schule als Gebilde der technokratischen Gesellschaft betrachtete. Das pädagogische System der Schule wurde wohl am ausführlichsten im Bericht von Faure et al. (1972) behandelt; aber schon der Rapport des "Club of Rome" "No limits to learning" (Botkin 1979) legte ein einseitiges Gewicht auf das innovative Lernen in der Schule, wobei man von dem Grundsatz ausging, daß man mit dieser Art des Lernens imstande sei, "das menschliche Dilemma" (the human gap) zu überwinden.

Es gibt zu denken, daß diese lauten Rufe nach einer Reform des Schulwesens und seines pädagogischen Systems Erziehungsfragen im engeren Sinne des Wortes, wie Entwicklung der emotionalen Sphäre, der moralischen Vorstellungen, der Weltanschauung und der Handlungsweise stillschweigend übergehen. Sogar in dem im Rapport von Faure sehr umfangreich behandelten pädagogischen Schulsystem wurden diese Fragen nicht berücksichtigt. Bemerken denn die Reformer keinen Streß, keine Deviationen und Verwirrungen in der Entwicklung der jungen Generation aller Länder, und - wenn doch - zweifeln sie an den Erziehungsmöglichkeiten der Schule oder glauben sie etwa, daß die Sterne darüber entscheiden, wie sich ein Mensch entwickelt?

Mit einer optimistischen Meinung zur Problematik der Erziehung nehme ich an, daß der Erziehungsprozeß eine äußerst wichtige Rolle im pädagogischen System der Erziehung spielt. Die Wirksamkeit dieses Prozesses ist vor allem davon abhängig, daß alle wesentlichen Teile der Persönlichkeit eines Individuums der Erziehung - in der Schule, in der Familie und in anderen Erziehungseinrichtungen - zugeführt werden, nicht nur seine Erkenntnissphäre, sein Intellekt. Es ist allgemein bekannt, daß Menschen einen ganz niedrigen Charakter haben können, obwohl sie über eine ausgesprochen hohe Intelligenz verfügen. Das Handeln des Menschen wird von der Sphäre, aus der Emotionen und Motivationen hervorgehen, "überwacht". Sie ist mit seinen Bedürfnissen, ehrgeizigen Bestrebungen, Überzeugungen, Haltungen und seinem Lebensstil verbunden. Beide Sphären entscheiden aber noch nicht darüber, wie ein Mensch auf die anderen wirkt. Dies ist abhängig von seinem Handeln, den von ihm übernommenen Aufgaben und der von ihm ausgeführten Arbeit - für das Gemeinwohl und damit auch für sich selbst. Diese drei Persönlichkeitssphären des Menschen "Erkenntnis, Erleben und Wirkung" ziehen ihren Nutzen aus drei unerschöpflichen Quellen: Wissenschaft, Kunst und Technik. Diese Quellen stellen das Material für drei Kategorien von Aktivitäten des Individuums bereit: gnostische, ästhetische und produktiv-praktische. Durch sie können Veränderungen, deren Herbeiführung man besonders wünscht, in den Menschen beeinflußt werden. Die Voraussetzung für den Erfolg bildet jedoch die integrative und harmonische Ausnutzung aller drei Kategorien für die Aktivitäten der Schüler durch die Schule und die Unterordnung dieser Tätigkeiten unter das Erziehungsideal.

Die Erkenntnistätigkeit

Die Erkenntnis liegt den intellektuellen, emotionellen und verhaltensgesteuerten Prozessen zugrunde. Die Welterkenntnis, die Orientierung in der Umgebung können direkt oder indirekt verlaufen. Die Erkenntnistätigkeit des Schülers, die sich auf die unmittelbare Wirklichkeitserkenntnis stützt, ist von grundlegender Bedeutung. Wir müssen deshalb davon ausgehen, daß nicht nur die fertigen Informationen aus Lehrbüchern den Hauptgegenstand der Erkenntnis während der Schulzeit bilden sollen, sondern vielmehr auch die Welt selbst - also Natur, gesellschaftliches Leben, Kultur, Technik, Wirtschaft. Alles das bildet die Erkenntnisquelle. Diese erste, wahre Quelle darf kein Lehrbuch, sondern muß vor allem die Wirklichkeit selbst sein, mit anderen Worten: Gegenstände, Prozesse, Ereignisse und zwischen ihnen auftretende Kausalitäten und Zusammenhänge, die - je nach den gegebenen Möglichkeiten - in ihren natürlichen Bedingungen erkannt werden sollen. Flüsse und Gebirge, Pflanzen und Tiere, Menschen und ihre manuellen Erzeugnisse, Natur- und Gesellschaftsprozesse, Kulturgüter - dies alles soll die Vorstellungskraft der Schuljugend erfüllen und anregen und zur Grundlage ihres Wissens von der Welt werden.

Auf dieser Basis kann dann die direkte Erkenntnis allgemeinen Charakters - also frei von ihrer Konkretisierung - gut funktionieren. Sie wird hauptsächlich aus gedruckten Quellen geschöpft, in der Schule in der Regel aus Lehrbüchern. Da das Wissen, das in einer solchen fertigen Gestalt vermittelt wird, abstrakten Charakter hat und keine Wirkung auf die Vorstellungskraft der Jugendlichen ausübt, konkretisiert man es - wenigstens teilweise - mit Hilfe verschiedener didaktischer Mittel, die gewissermaßen die Abstraktion der Wirklichkeit annähern.

So kann die Erkenntnistätigkeit von Kindern und Jugendlichen, bei der die Wissensaneignung über die sie umgebende Welt indirekt erworben wird oder sich auf fertiges Wissen

aus verschiedenen Quellen beschränkt, verschiedene Formen annehmen, die durch den Lehrer und die Schüler unter Berücksichtigung folgender Faktoren sorgfältig ausgewählt werden müssen:
- allseitige Nutzung des schulischen Milieus als Quelle verschiedener Anregungen;
- Aussuchen attraktiverer Quellen des "fertigen" Wissens;
- Anwendung solcher Methoden der Assimilation von Wissen, die dazu beitragen, die Merkfähigkeit zu steigern und ihre Dauer zu verlängern;
- Anwendung wirksamer Mittel um das Wissen zu "fixieren", z.B. durch Anknüpfen an bereits erworbene vielseitige und inhaltsreiche Kenntnisse und ihre Verwendung in der Praxis;
- Kontrolle und Selbstkontrolle über das Beherrschen dieses Wissens.

Solche vielfältigen didaktischen Situationen und Anregungen, die die Jugend zum Lernen anspornen, kann es in einer Schule, die über reich ausgestattete Werkstätten, Bildungs- und Erziehungsmittel, also das entsprechende Milieu verfügt, geben. Eine solche Schule ist besonders günstig für die geistige Erziehung, da sie das Interesse für Erscheinungen der eigenen Umwelt weckt, Vorstellungskraft und Denken anregt und Erlebnisse und praktische Tätigkeiten für die Kindern und Jugendlichen ermöglicht.

Wenn die Schüler didaktische Probleme während des Unterrichts und der außerschulischen Arbeit selbständig lösen können, ist eine noch größere Vielfalt solcher anregenden Situationen denkbar. Darum fällt es schwer, sich eine effektive geistige Erziehung vorzustellen, ohne die Arbeit der Schüler an Lösungen der ihnen von dem Lehrer oder durch das Lehrbuch vorgegebenen Aufgaben.

Ein didaktisches Problem bildet die von dem Subjekt empfundene praktische oder theoretische Schwierigkeit, die er nur dank eigener Forschungsaktivität lösen kann. Objektiv gesehen ist das Problem ein System mit fehlenden Angaben, wobei die Aufgabe des Schülers darin besteht, diese unbekannten Angaben zu entdecken oder zu erfinden, um auf diese Weise das System zu ergänzen. Diese Angaben bilden entweder die Bestandteile eines bestimmten Systems oder Zusammenhänge und Abhängigkeiten zwischen den einzelnen Bestandteilen.

Prozesse des Problemlernens verlaufen völlig anders als jene Lernprozesse, über die wir schon gesprochen haben. Dort werden "fertige Antworten" durch die Wirklichkeit, deren Fragmente mehr oder weniger genau wahrgenommen werden können, gegeben, oder aber sie sind in "fertigen Quellen" mit Kenntnissen, die andere gesammelt haben, enthalten. Hier bildet die Problemsituation selbst den Ausgangspunkt. Sie regt den Schüler zum Aufsuchen und Formulieren eines Problems ebenso an wie zum Finden von Hypothesen, zur Lösung und Verifikation. Der Erfolg des Schülers im Bereich dieser drei Etappen ist vor allem von seinem schöpferischen Denken - dem konvergenten oder dem divergenten - und auch von seiner Vorstellungskraft und seinem Erfindungsgeist abhängig. Aus diesem Grund kommt gerade dieser Art von Erkenntnisaktivität in Prozessen der geistigen Erziehung eine unverzichtbare Rolle zu. Der Problemunterricht verdankt seine Popularität unter den Lehrern vieler Länder gerade diesen Vorzügen, die in Polen von J. Bartecki (1958), K. Lech (1960), C. Kupisiewicz (1960) und W. Okoń (1964) nachgewiesen wurden. Sie werden durch Forschungen in anderen Ländern bestätigt.

Die Bedeutung der Erkenntnistätigkeit für die Erziehung, kann auch noch in anderer Weise verdeutlicht werden. Durch die Mitarbeit im Unterricht und durch Lernen können die Jugendlichen an die Anwendung bestimmter Prinzipien wissenschaftlicher Arbeitsorganisation gewöhnt werden, damit diese auch später noch ihr Handeln beeinflussen. In der polnischen Pädagogik war K. Lech ein glühender Anhänger dieses Standpunkts. In seinem Buch "Erziehender Unterricht" (1967) hat er fünf "erziehende" Prinzipien jedes Unterrichts vorgestellt:

- Humanisierung der Arbeit. Nach diesem Prinzip soll jede Arbeit eine persönliche Aufgabe für den Schüler sein, sein Interesse und seine intellektuelle Aktivität wecken;
- Kooperation und Harmonie bei der Arbeit;
- Ökonomie bei der Arbeit, mit anderen Worten: Zweckmäßigkeit, Kapazität und Sparsamkeit;
- Disziplin und Ordnung bei der Arbeit;
- Rationalisierung der Arbeit.

Diese Konzeption stützt sich auf die praxeologische Theorie "der guten Arbeit", deren Anhänger der führende polnische Praxeologe (Praxeologie = Wissenschaft vom (rationalen) Handeln, Entscheidungslogik) und Philosoph T. Kotarbiński war. Sie wurde im sogenannten Lublin-Experiment erprobt, das K. Lech viele Jahre leitete.

Emotionelle Aktivität

Bildung und geistige Erziehung sind wichtige Faktoren, die die Sensibilität gegenüber der Wahrheit verstärken, Denken und Vorstellungskraft entwickeln und die junge Generation darauf vorbereiten, den Anforderungen der wissenschaftlich-technischen Revolution - dieser Epoche gewaltiger Veränderungen im Leben der Menschheit - gerecht zu werden. Sind aber nicht gerade diese heftigen, zu wenig kontrollierten Veränderungen und das gleichzeitige Gefühl von Bedrohung die Folge des einseitigen Verstandeskults, der Favorisierung "der rechten Hand" einhergehend mit einer immer größer werdenden Atrophie der menschlichen Gefühle?
   Diese für die Bildung des heutigen Menschen so wichtige Frage beantwortete der polnische Arzt und Philosoph A. Kępiński in seiner "Melancholie": "Es scheint, daß das Problem der Evolution des Gefühlslebens das grundsätzliche Problem zur Zeit der Krise unserer Kultur ist und der Evolutionssprung auf der Änderung der Gefühlsgesinnungen, sowie der größeren Gefühlskultur beruhen sollte. Der Mensch muß diesen Sprung ausführen, um der plötzlichen Veränderung

seiner Lebensverhältnisse gerecht zu werden, die durch die technische Revolution hervorgerufen wurde" (Kępiński 1974, S. 219). Die Forderung von Kępiński, die eine "Änderung der Gefühlsgesinnungen" verlangt, besonders jener, die sich in der Ausnutzung wissenschaftlicher Errungenschaften ohne Furcht vor potentiellen Folgen zeigen, gewinnt eine große Bedeutung, wenn es um die Erziehung der jungen Generation geht. Hier ist noch vieles zu tun, indem man die pädagogischen Systeme grundlegend umgestaltet und die Denkweise der Lehrer verändert.

Versuche, die gerade eine solche Umgestaltung des didaktisch-erzieherischen Systems anstreben, gibt es in Polen schon seit einiger Zeit. Sie werden von H. Muszyński in Poznań, I. Jundzitt in Gdańsk, sowie von A. Lewin und W. Okoń in Warszawa durchgeführt. Da ich sie in dem begrenzten Rahmen dieses Aufsatzes nicht vorstellen kann, möchte ich nur die unter meiner Leitung ausgeführten Forschungen von H. Kwiatkowska und B. Komorowski erwähnen. Bei diesen Forschungen wurde der Unterrichtsprozeß in ausgewählten Fächern, in der Regel Muttersprache und Literatur, dahingehend modifiziert, um experimentell die Möglichkeit der Änderung einmal gewählter Haltungen und Überzeugungen entsprechend den Zielen einer sozialistischen Erziehung nachzuweisen. Dabei sollte anstelle des Unterrichts über jene Werte, das Lernen der neuen Haltungen durch das Erleben dieser Werte hervorgerufen werden.

Lernen durch Erleben beruht also auf der Gestaltung solcher Situationen im Unterricht und danach, die emotionelle Erlebnisse bei den Zöglingen hervorrufen sollen - unter dem Einfluß entsprechend exponierter Werte, die enthalten sind in einem literarischen Werk, einem Musikwerk, einem Theaterstück, einem Film, einem Gemälde, in einer Skulptur, im architektonischen Werk oder in der menschlichen Tat, aber auch in Naturschönheiten, in einer Abendstunde und der erwartungsvollen Stimmung von etwas Wichtigem. Alle diese Werte schließen etwas Wertvolles in sich ein, was wir dem menschlichen Genie, den Naturkräften oder den Lebensgeset-

zen verdanken. Jeder, der erkennt, was an diesen Werten
schätzenswert ist und dabei eine Gemütsregung empfindet,
wird diesen Werten gegenüber nicht gleichgültig bleiben. Er
wird sie respektvoll betrachten und allem, was sie vernichten will, entgegentreten. Daher wird das Erleben der Werte
zugleich zum Ausgangspunkt der Bewertung, wobei die Skala
der positiven und negativen Noten allmählich erweitert
wird.

Diese Bewertung war Gegenstand der Forschungen von
Komorowski (1973). Er erforschte die Beurteilungen und Haltungen gegenüber unterschiedlichen Werten, die 328 Schüler
der Klassen III - VIII in Grundschulen in der Stadt und auf
dem Lande angegeben hatten. Er untersuchte sie vor und nach
dem Unterricht. In allen Fällen - sowohl in den oberen als
auch in den unteren Klassen, in der Stadt und auf dem Land,
unter den Jungen und den Mädchen - stellte er einen deutlichen Einfluß der literarischen Werke auf die Veränderungen
der Beurteilung fest. Als Beispiel solcher Änderungen, die
unter dem Einfluß des Buches "Der alte Mann und das Meer"
von Hemingway erzielt wurden, möchte ich die Untersuchungsergebnisse wiedergeben, die bei einer achten Klasse einer
Schule auf dem Land erzielt wurden. Es sind Änderungen, um
die es bei den Fragen 3 und 5 geht:

3. Wie würdest du dich verhalten, wenn du als Fischer
einen großen Fisch angeltest und wolltest ihn an die Küste
bringen, aber die Haie fräßen ihn unterwegs?

	v.d.U.	n.d.U.
a) ich würde verzweifeln und aufgeben	60 %	5 %
b) ich würde ruhig bleiben und es weiter versuchen	30 %	90 %
c) ich kann keine Antwort geben	10 %	5 %

5. Wie verstehst du den Satz: "Den Menschen kann man
vernichten, aber nicht besiegen!"?

	v.d.U.	n.d.U.
a) ich verstehe ihn nicht	15 %	5 %

b) man kann physisch vernichten, ohne
den Willen und Glauben an den Sieg
zu besiegen   17 %   85 %
c) andere Äußerungen   68 %   10 %

Die Antworten auf alle Fragen ergaben, daß die Jugendlichen das literarisches Werk tief erlebten, ihre Einstellung zu den alten Leuten sowie auch zu ihrer eigenen Handlungsweise änderten. Freilich drückt sich dies nur in verbalen Äußerungen aus, jedoch sind sie - wie es Komorowski betont (1973) nicht ohne Bedeutung, weil sie den Ansatz für die sogenannte Lebensweisheit schaffen.

Komplexere Forschungen über Haltungsänderungen unter dem Einfluß eines literarischen Werkes wurden von H. Kwiatkowska (1981) durchgeführt. Sie erforschte Haltungen der Schüler mit Hilfe der Projektionstechnik und eines Maßstabs für Haltungen, der achtzehn nach dem Prinzip des Kontinuums geordnete Behauptungen einschließt. Die Behauptungen drücken die positivste Einstellung zum Objekt aus, dann die mittlerer Gefühlsstärke bis zu denjenigen, die die negativste Einstellung ausdrücken. Die Forschungen bezogen sich auf moralische und patriotische Haltungen. Dabei wurden die Unterschiede in den Versuchsklassen (V) und den Kontrollklassen (K), zwischen den End- und Voruntersuchungen und zwischen den Distanz- (nach zwei Monaten) und den Voruntersuchungen berücksichtigt.

Es stellte sich heraus, daß man in der Gruppe K, in der das vorgegebene literarische Werk in der herkömmlichen Art und Weise, d.h. als Erkenntnisgegenstand bearbeitet wurde, in den Enduntersuchungen einen gewissen Fortschritt feststellen konnte, der jedoch erheblich geringer war als in der Gruppe V. In den Distanzuntersuchungen hingegen gingen die Haltungen der Schüler wieder auf das Niveau der Voruntersuchungen zurück. In der Gruppe V, wo das literarische Werk zum Erlebnisgegenstand - aber auch zum Erkenntnisgegenstand - gemacht wurde, haben die Distanzuntersuchungen zwar auch einen gewissen Rückgang der Haltungen erbracht, die Änderungen im Vergleich zu den Enduntersuchungen waren aber verhältnismäßig geringfügig. Dies zeugt von der Stärke der moralischen und patriotischen Haltungen, die sich unter dem Einfluß der literarischen Erlebnisse herausgebildet haben. Ohne weiter auf die Einzelheiten der sehr sorgfältig durchgeführten Experimente einzugehen, kann man feststellen, daß die zeitgenössische Schule über reiche Möglichkeiten der Einwirkung auf die Gefühle und Haltungen der Jugendlichen verfügt, und dieses nicht nur mit Hilfe literarischer Werte, sondern auch in Verbindung mit der "aktiveren" Seite der emotionellen Aktivität und den kreativen Tätigkeiten in den verschiedenen Bereichen der Kunst. Diese Möglichkeiten werden insbesondere durch die zeitgenössische didaktische Technik, die für die Entwicklung und Vertiefung emotioneller Erlebnisse und der Kreativität günstig ist, vergrößert.

Praktische Aktivität

So wie der junge Mensch emotionelle Reife und die Fähigkeit Bewertungen vorzunehmen durch seine emotionelle Aktivität erreichen kann, kann er durch praktische Aktivität produktiven Charakters die Befähigung zu praktischer Tätigkeit und Lebenstüchtigkeit erlangen. Diese praktische Aktivität beruht auf der Umgestaltung der Wirklichkeit, auf der Bildung dessen, was sie bisher nicht enthielt. Hierunter fällt die Ausübung von Aufgaben im Bereich der Industrie, des Ackerbaus und der Viehzucht, sowie im Bereich der bildenden Künste und des täglichen Lebens. Viele berühmte Pädagogen wie Fellenberg, Owen und Blonski haben die Aufmerksamkeit auf die Bedeutung dieser Aktivität für Erkenntnis und Erziehung gelenkt, und man kann sich die moderne Schule ohne ihre vielfältigen und verschiedenartigen Formen nicht mehr vorstellen.

Das Lernen durch praktische Aufgaben kann in der Schule unterschiedliche Formen annehmen. Am wenigsten trägt diejenige zur Bildung bei, die sich darin erschöpft, das Beherrschen von Fertigkeiten zur Ausführung beliebiger Aufgaben zu sichern, ohne sie mit den aus dem Unterricht verschiedener Fachgebiete gewonnenen Grundlagen zu verbinden. Dies beschreibt die traditionelle Form der "Schulung" - ohne theoretische Grundlage. Die Ausnutzung aller Kenntnisse bei der Ausführung der praktischen Aufgaben hat jedoch einen größeren erzieherischen Wert. Diese Kenntnisse nehmen dann die Form von Regeln an, deren Inhalt die aus der Physik, Chemie, Biologie und anderen Fächern erhaltenen Informationen bilden. Vom Standpunkt der Bildung und Erziehung her gesehen ist die Form des Lernens durch Handeln am wertvollsten, die auf der Verbindung der theoretischen Grundlagen mit den praktischen Tätigkeiten beruht, zugleich aber an die Selbständigkeit des Schülers appelliert und ihn zum Formulieren und Lösen praktischer Probleme, zum eigenen technischen "Schaffen" anregt.

In Polen hat man viele Untersuchungen über den Prozeß des Lernens durch Handeln in seiner "schöpferischen" Form durchgeführt. H. Pochanke (1974) hat u.a. bei seinen Forschungen zur Lösung technischer Probleme in der sechsten Klasse der Grundschule folgenden Unterrichtsplan verwandt:

1. Stellung und Bewußtmachen des vorgegebenen Problems; das Problem für die Schüler dieser Klasse lag im Konstruieren eines Türschlosses, von Scheibenwischern, eines Semaphors, verschiedener Arten von technischen Hebeln.

2. Lösung des Problems, also das auf aktualisierte Kenntnisse aus dem Bereich der Technik gestützte Nachforschen - durch einzelne Lösungsentwürfe, ihre Begründung, Planung, Prüfung der Ergebnisse - zum eigentlichen Entwurf, d.h. zur Lösungshypothese.

3. Prüfung dieser Lösung durch die Realisierung im konkreten Material, sowohl während der Ausführung als auch bei der abschließenden Prüfung der Lösung.

Er hat diese Methode in ausgewählten sechsten Klassen fünf Monate lang angewandt und nachgewiesen, daß die technischen Kenntnisse der Schüler in den Versuchsklassen um 50 % anstiegen, während sie in der nach Anleitung arbeitenden Kontrollklasse nur um 30 % zunahmen. Noch interessanter scheint jedoch zu sein, daß die Erfindungsgabe bei der Lösung der Kontrollaufgaben in den beiden V-Klassen um 41 % und um 33 % anstieg, in der K-Klasse aber nur um 12 %. Die Untersuchungen anderer Forscher, u.a. die von Z. Dąbrowski (1975) und S. Słomkiewicz (1971), bestätigten diese großen Möglichkeiten, die der theoretisch-fundierte Technikunterricht bietet. Ihre Bestätigung findet sich wieder in der Auffassung vom polytechnischen Unterricht, der in vielen Ländern verwirklicht wird.

Das Lernen durch Handeln und produktive Tätigkeit wirkt sich aber nicht nur positiv auf die Steigerung der technischen Kenntnisse und des Erfindungsgeistes der Jugendlichen aus. Von ebenso großer Bedeutung scheint der Einfluß dieser Faktoren auf den Willen und Charakter der Schüler zu sein, ebenso wie auch auf die Gestaltung solcher Merkmale wie Fleiß und Ausdauer bei der Arbeit, Verantwortung für eigene Arbeit und die der Gruppe, Zusammenarbeit mit anderen.

Die harmonisch mit Erkenntnistätigkeit und emotionellem Engagement verbundene produktive Aktivität bildet in gewissem Sinne ihre Krönung. Denn sie verbindet die Erkenntniskompetenzen, stützt sich auf die emotionellen Erregungen in Gestalt von Motiven und Bestrebungen und ist gleichzeitig imstande, wesentliche menschliche Bedürfnisse zu befriedigen. Der zeitgenössische Mensch muß immer häufiger Selbstgenügsamkeit zeigen, und die Aufgabe der Schule besteht darin, ihm dabei zu helfen. Ausdruck dieser Bedürfnisse ist die spontane Bildung von Selbsthilfegruppen und verschiedenen Vereinen, die sich mit Gartenbau, Elektrotechnik, Hydraulik, Haustierzucht, Basteln, sowie mit dem Bau von Eigenheimen, Wohnungseinrichtungen und Sportanlagen beschäftigen. Diese Bewegung nimmt in einigen Ländern immer weiter zu. Nach Toffler (1980) verkauft man in den Vereinigten Staaten seit etwa 1975 mehr Baustoffe und Bauwerkzeuge an Amateure als an Bauunternehmer. Es kann durchaus sein, daß hierin auch ein Einfluß der amerikanischen Schule sichtbar wird, die mehr als in Europa die praktische Tätigkeit der Schüler schätzt.

Die Organisationsformen der Bildung

Die Vielseitigkeit der Bildung, auf der das hier beschriebene Modell gründet, beruht nicht nur auf dem Respekt vor den Methoden des Lernens durch Aneignung, Entdeckung, Erleben und produktive Tätigkeit und ihren anderen Formen. Äußerst wichtig ist auch die Gestaltung solcher Organisationsbedingungen im Unterricht, die vielseitige Interaktionen zwischen Schülern und Lehrern begünstigen.

Die seit langem angewandten Formen - 40 - 45 Minuten dauernder Unterricht für die gesamte Klasse und individueller Unterricht mit jedem Schüler - begünstigen Interaktionen zwischen dem Lehrer und der gesamten Klasse oder zwischen dem Lehrer und dem einzelnen Schüler. Beide Kategorien von Interaktionen sind sowohl für die Entwicklung von Initiativen seitens der Jugendlichen als auch für die Herausbildung einer positiven Motivation, die den Willen zum Lernen verstärken würde, ungünstig.

Diese Faktoren verursachen einerseits die Tendenz, steife Unterrichtsformen aufzulockern - durch Versuche die Arbeitszeit im Unterricht zu verlängern oder zu verkürzen (besonders in niedrigen Klassen) und durch Unterrichtsveranstaltungen in Werkstätten oder außerhalb der Schule -, andererseits bedingen sie die Einführung einer neuen Arbeitsform für die Schüler im Unterricht, in Gestalt verschiedener Arten des Gruppenunterrichts. Das bedeutet keineswegs einen Verzicht auf die beiden traditionellen Formen: den Frontalunterricht und den individuellen Unterricht. Wenn der Schüler im Frontalunterricht den Lehrer und die gesamte Klasse berücksichtigen muß und im individuellen Unterricht sich selbst zuerst und dann den Lehrer, so beginnt er im Gruppenunterricht Interaktionen mit einigen Mitschülern anzuknüpfen und wird zur gemeinsamen Ausführung weiterer Aufgaben entsprechend motiviert. Die Interaktionen "Schüler - Schüler" oder "Schüler - Schülergruppe" beeinflussen die Bildung zwischenmenschlicher Beziehungen in der Klasse auf eine andere Art als die bereits beschriebenen Interaktio-

nen. In der Zusammenarbeit mit seinen Mitschülern lernt der
einzelne, gleichberechtigter Partner zu sein, er traut sich
selbst mehr zu und fühlt sich mitverantwortlich für die
Ausführung der Aufgaben; so gestaltet er seine eigene, im
gesellschaftlichen Leben äußerst wichtige Stellung.
Der Gruppenunterricht innerhalb und außerhalb der Schule
findet in unterschiedlichen Formen statt. Zu den beliebtesten gehören der themengleiche und der thematisch differenzierte Gruppenunterricht. In Polen hat man seit 1924 dem
themengleichen Gruppenunterricht mehr Aufmerksamkeit gewidmet. J. Bartecki hat den polnischen Lehrern immer wieder
dessen Bedeutung und Rang verdeutlicht. In seinen Untersuchungen konnte er die großen Vorzüge dieser Unterrichtsform
gegenüber dem Frontalunterricht nachweisen (1958). Weitere
Untersuchungen, einschließlich der zum thematisch differenzierten Gruppenunterricht (Okoń 1964 u.a.), haben erwiesen, daß man in den Fällen, in denen alle Gruppen einer
Klasse dieselben Aufgaben ausführen, zwar bessere Ergebnisse bezüglich der erworbenen Kenntnisse erzielt, jedoch wird
wegen der Konkurrenz zwischen den einzelnen Gruppen die Erziehung vernachlässigt. Die thematisch differenzierte Gruppenarbeit hingegen, bei der jede Gruppe einen Teil der an
die ganze Klasse gestellten Aufgaben löst, führt im allgemeinen zu ebensolchen guten didaktischen Ergebnissen und
beeinflußt dabei gleichzeitig die Gestaltung der auf Mitarbeit und Freundschaft beruhenden gesellschaftlichen Verhältnisse in der Klasse positiv. Diese wichtige erzieherische Bedeutung der verschiedenen Formen des Gruppenunterrichts wird seit langem im Westen (Meyer 1975 u.a.) geschätzt, in der Sowjetunion dagegen legt man besonderen
Wert auf das Klassen- und Schulkollektiv im pädagogischen
Prozeß.

Zusammenfassung

Das hier vorgestellte Modell des pädagogischen Systems
enthielt nur einige seiner wichtigen Elemente. Im Rahmen

dieses Aufsatzes konnten solche wesentlichen Punkte, wie erzieherisches Ideal, Ziele und Ergebnisse der bildenden und erzieherischen Arbeit, Lehrpläne, Ausstattung der Schule und der Lehrer-Kader leider nicht behandelt werden. Die hier beschriebenen Elemente erlauben jedoch, indirekte Schlußfolgerungen über die ihnen innewohnende Problematik zu ziehen. Das mit diesen Elementen ergänzte pädagogische System gibt uns eine positive Antwort auf die Frage, ob die Schule erziehen kann. Es existieren natürlich noch andere Systeme, die diese Frage ebenfalls positiv beantworten. Das hier vorgestellte läßt sich jedoch relativ einfach und ohne viele Vorbedingungen verwirklichen. Ein gewisser Vorteil ist darin zu sehen, daß es in ausgewählten polnischen Schulen experimentell erprobt wurde, wodurch seine besonderen Elemente in großem Umfang verbreitet werden konnten.

Auch die Frage, ob dieses System den drei in der Einleitung erwähnten Faktoren entspricht, kann mit einem gewissen Vorbehalt bejaht werden. Entsprechend den jeweiligen Machtverhältnissen läßt sich dieses System dort besonders gut realisieren, wo es eine demokratische Regierung gibt, wo die Verwaltung zum Wohl der Menschen arbeitet, wo Frieden herrscht und die Sorge um den Fortschritt einen großen Stellenwert einnimmt. Dieses System richtet sich nicht gegen herrschende Strukturen schulischer Ordnung und elterliches Interesse. Es wird von Eltern im Gegenteil gerne akzeptiert, weil es großen Wert auf Erziehung und sinnvolle Beschäftigung der Jugend legt, sowohl in der Schule als auch bei außerschulischen Aktivitäten: in wissenschaftlichen Zirkeln, Interessengruppen, Sportclubs und gesellschaftlichen, künstlerischen und produktiven Vereinen.

Dieses System bringt auch der Schule die Harmonie zurück, die durch eine einseitige Betonung der Tätigkeiten der linken Gehirnseite und reine "Übermittlung des Wissens" gestört wurde. Es beschäftigt die rechte Gehirnseite und die linke Hand, indem es für differenziertes Schaffen im Bereich der Kunst und Technik, sowie die Entwicklung der Vorstellungskraft und Intuition Sorge trägt. Gleichzeitig bietet es die Chance, Harmonie zwischen geistiger und physischer Arbeit, Erzeugung und Konsumierung, Arbeit und Spiel, sowie auch zwischen Lehrern und Schülern zu sichern. Dieses System wird von Vertretern des Autoritarismus abgelehnt werden, es eignet sich jedoch für selbständige, einfallsreiche und schöpferische Lehrer mit demokratischer Gesinnung.

LITERATUR

Bartecki, J.: Aktywizacja procesu nauczania poprzez zespoły uczniowskie (Aktivisierung des Unterrichtsprozesses durch die Schülergruppen). Warszawa: PWN 1958

Blonski, P.: Die Arbeitsschule. I. und II. Teil. Übers. von H. Ruoff, Berlin: Verlag Gesellschaft und Erziehung 1921

Botkin, J.W.; Elmandjra, M.; Malitza, M.: No limits to learning. Bridging the Human Gap. Oxford: Pergamon Press 1979

Cros, L.: L'éxplosion scolaire. Paris: PCIP 1961

Dąbrowski, Z.: Poznanie i działanie (Erkenntnis und Handeln). Warszawa: WSiP 1975

Dottrens, R.: La crise de l'éducation et ses remèdes. Paris-Bruxelles: Delachaux et Niestlé 1971

Faure, E. et al.: Learning to be. The world of education today and tomorrow. Paris: Unesco 1972

Günther, K.-H. u.a.: Geschichte der Erziehung. Berlin: Volk und Wissen 1962

Herbart, J.F.: Allgemeine Pädagogik aus dem Zweck der Erziehung abgeleitet. Polnische Übersetzung, Warszawa 1912

Illich, I.: Deschooling Society. World Perspectives. New York: Harper a. Row 1970

Kępiński, A.: Melancholia. Warszawa: PZWL 1974

Komorowski, B.: Z badań nad wpływem literatury pięknej na postawy młodzieży szkół podstawowych (Der Einfluß der Literatur auf die Haltungen der Jugend in der Grundschule). "Studia Pedagogiczne", tom XXV, Wrocław: Ossolineum 1973

Kupisiewicz, C.: O efektywności nauczania problemowego (Die Effektivität des Problemunterrichts). Warszawa: PWN 1960

Kwiatkowska, H.: Przeżycie literackie a moralne postawy uczniów (Das literarische Erlebnis und die moralischen Haltungen der Schüler). Warszawa: WSiP 1981

Lech, K.: Rozwijanie myślenia uczniów przez łączenie teorii z praktyka (Die Entwicklung der Denkfähigkeit der Schüler durch Verbindung von Theorie und Praxis). Warszawa: PZWS 1960

Lech, K.: Nauczanie wychowujące (Erziehender Unterricht). Warszawa: PZWS 1967

Meyer, E.: Gruppenunterricht. Grundlegung und Beispiel. 7. Aufl. Oberursel: Ernst Wunderlich 1975

Okoń, W.: U podstaw problemowego uczenia się (Grundlagen des Problemlernens). Warszawa: PZWS 1964

Okoń, W. (Hrsg.): Szkoły eksperymentalne w świecie 1900 - 1975 (Experimentelle Schulen in der Welt). Warszawa: WSiP 1977

Piaget, J.: Où va l'éducation. 2 éd. Paris: Unesco 1972

Pochanke, H.: Dydaktyczne problemy myślenia technicznego uczniów (Didaktische Probleme des technischen Denkens der Schüler). Warszawa: PWN 1974

Słomkiewicz, S.: Samodzielne myślenie i działanie techniczne uczniów (Selbständiges Denken und technisches Handeln der Schüler). Warszawa: PZWS 1971

Toffler, A.: The Third Wave. New York: William Morrow 1980

Heliodor Muszyński

ERZIEHENDE SCHULE -
MÖGLICHKEITEN, HOFFNUNGEN UND BEDROHUNGEN

Das Leitmotiv meiner Überlegungen, die ich im folgenden näher erläutern möchte, ist die Überzeugung von grundlegenden Veränderungen der zeitgenössischen Schule. Sie sind unabdingbar, wenn wir den Erfordernissen der Zeit, in der wir leben und wirken, gerecht werden sollen und diesen Zeiten erfolgreich begegnen wollen. Diese Veränderungen betreffen und umfassen nicht nur die Aufgaben, die die Schule erfüllt, sondern auch die Art und Weise ihres Funktionierens. Ich glaube nicht, daß ich übertreibe, wenn ich sage, die Schule steht vor einer der größten Revolutionen, die sie bisher erlebt hat. Sollen wir hier das Neue, das uns bevorsteht, formulieren, so ist auf folgende Behauptung zurückzugreifen: Die Schule muß im großen Umfang und Ausmaß Erziehungsaufgaben übernehmen. Sie müssen mit den Bildungsaufgaben parallel verlaufen, wenn die ersten die anderen an Wichtigkeit nicht übertreffen sollen.

Entgegen verbreiteten Ansichten hat die Schule keine wichtigen Erziehungsaufgaben unternommen, schon gar nicht wenn wir an das Schulmodell der zweiten Hälfte des 19. Jahrhunderts denken, das bis zum heutigen Tag überlebt hat. Dieses Schulmodell basiert in erster Linie auf Unterrichtsaufgaben, die den Charakter der Schule geprägt haben und prägen. Wenn wir heutzutage von den Erziehungsaufgaben der Schule sprechen, so müssen wir die Notwendigkeiten von Veränderungen innerhalb der Schule berücksichtigen. Die erziehende Schule unterscheidet sich von der bildenden Schule nicht nur durch Ziele und Inhalte, sondern auch durch eine organisatorische Seite und entsprechende Formen ihres Wirkens.

Wir kommen also zu einer grundlegenden Frage: Welcher Weg führt zu dieser erziehenden Schule? Welche Möglichkeiten gibt es, diesen Weg zu gehen. Bevor wir dies beantworten, müssen allgemeinere Überlegungen angestellt werden: Warum sollen wir heutzutage das Modell der erziehenden Schule realisieren und durchsetzen? Warum widmen wir gerade jetzt soviel Kraft und Energie den Erziehungsfragen? Die Furcht vor neuen Gefahren und Bedrohungen, die eine solche Schule mit sich bringt, ist nicht unbegründet.

Schule und Erziehungsaufgaben

Wenn wir die Geschichte des zeitgenössischen Schulmodells genauer ins Auge fassen, muß festgestellt werden, daß von Anfang an nur im Bereich der didaktischen Funktionen Fortschritte und Vervollkommnungen zu verzeichnen sind. In vielen Ländern der Welt ist intensiv daran gearbeitet worden, damit die Schule besser, vielseitiger und wirksamer bilden kann, und es muß in diesem Zusammenhang darauf hingewiesen werden, daß diese Anstrengungen sehr wohl vorher angestrebte Ergebnisse brachten. Es ist und bleibt unumstritten, daß die zeitgenössische Schule auf dem Gebiet ihrer didaktischen Funktionen viel effektiver und vollkommener ist als die alte.

Der Unterrichtsprozeß ist moderner geworden, und es werden viele bewährte, wissenschaftlich überprüfte Arbeitsformen und -methoden angewendet. Der Lehrer selbst ist besser vorbereitet und ausgebildet. Eine moderne Arbeitsorganisation wurde eingeführt und die Infrastruktur stark ausgebaut.

Und trotzdem brachten diese Maßnahmen keine entscheidenden Ergebnisverbesserungen in der Arbeit der Schule. Auch die gesellschaftliche Akzeptanz ihrer Tätigkeiten ist nicht gestiegen. Im Gegenteil - es muß befürchtet werden, daß die Unzufriedenheit mit der Schule noch nie so groß war.
Zum ersten Mal übt man so stark und so entschieden Kritik an der Schule als Institution, daß sogar deren Sinn und

Notwendigkeit angezweifelt werden (Leschinsky 1981).
Ich bin nicht der Ansicht, daß dies auf eine Verschlechterung der Qualität und des Niveaus der Schule zurückzuführen ist, erzielt sie doch laufend Fortschritte bei ihrer Tätigkeit, sondern darauf, daß die Schule diesen Fortschritt nur innerhalb dessen erreicht, was ihr vor einem Jahrhundert zugeschrieben wurde.

Diese Funktionen tragen den gesellschaftlichen Bedürfnissen nicht mehr Rechnung. Die Entwicklung der Gesellschaften hat dazu beigetragen, daß die Schule aufgehört hat, jene Rolle zu spielen, die sie vorher mehr oder weniger erfüllte. Der Sinn der Schule bestand ursprünglich darin, das Individuum auf die Teilnahme am gesellschaftlichen Leben vorzubereiten. Dies bedeutete jedoch in der Regel, daß diese Aufgaben mit der Bildungsfunktion der Schule endeten. Ich möchte im Zusammenhang damit folgendes hervorheben: erstens den Stand der Gesellschaft, in der die Schule tätig war, als sich das heutige Modell herausbildete, und zweitens die Strömungen, die damals ausschlaggebend waren. Wir wollen im weiteren Verlauf dieser Überlegungen auf beides eingehen.

Von der Schule des 19. Jahrhunderts und der Jahrhundertwende kann man sagen, daß sie nicht nur in einer ungebildeten Gesellschaft wirkte, sondern auch die einzige Quelle der Massenbildung war.

Sie hatte also das Monopol auf diese Massenbildung. Dies ist nicht ohne Einfluß darauf gewesen, welche Erwartungen man an sie knüpfte, und welche Aufgabe die Schule als vorrangig betrachtete. Es waren natürlich die Unterrichtsaufgaben. Zwar verband man diese mit denen der Erziehung, was sich jedoch nicht in der Arbeitsorganisation der Schule widerspiegelte. Die Grundlage ihrer Arbeit ergab sich aus dem Lehrplan und dem mit ihm verbundenen Unterricht (Bruner 1965, S. 11).

Es muß an dieser Stelle hervorgehoben werden, daß es nur dank der Eigenschaften der damaligen Gesellschaft möglich war, daß die Schule ohne Vorwürfe in dieser Art und Weise

arbeiten konnte. Wir haben schon darauf hingewiesen, daß es
sich um eine ungebildete Gesellschaft handelte, die der
Schule zu einem besonderen Rang verhalf. Es muß jetzt hinzugefügt werden, daß es zugleich eine Gesellschaft war, in
der die Sozialisierungsfunktionen dominierten. Das Vorherrschen dieser Funktionen ist typisch für Gesellschaften mit
kleinen Gruppen und gutnachbarlichen Gemeinschaften. Damals
gab es noch keine Ballungszentren, der Industrialisierungsprozeß setzte erst ein. Das Leben der Mehrheit verlief noch
in kleinen ländlichen, bzw. mittelständigen Gruppen, in denen man durch das Einhalten der geltenden Regeln und Normen
erreichte, daß der Sozialisierungsprozeß in der Regel störungsfrei erfolgte (Mannheim 1944).

Die Schule nahm daher einen besonderen Platz ein. Sie
wurde allgemein unterstützt und akzeptiert, und im Hinblick
auf ihre Autorität schrieb man der Schule die größte Bedeutung zu bei der Gestaltung der jungen Generation.

In Wirklichkeit fanden diese Prozesse jedoch innerhalb
der Gesellschaft statt, wo sie auch offenkundige Unterstützung fanden. Ein anderes Merkmal dieser Zeit ergibt sich
aus der damaligen Einstellung zur Wissenschaft, die unter
anderem einen bedeutenden Einfluß darauf hatte, daß die
Schule mehr dem Unterricht als der Erziehung den Vorrang
gab. Die Herausbildung des Modells der zeitgenössischen
Schule fand zu einer Zeit statt, in der die Wissenschaft
wie ein Kult behandelt und betrachtet wurde. In einer Gesellschaft, in der viele nicht einmal lesen und schreiben
konnten, knüpfte man an die Wissenschaft und das Wissen
große Hoffnungen ökonomischer, sozialer und sogar moralischer Art. Man glaubte fest daran, daß der allgemeine Zugang zum Wissen die Gesellschaften demokratischer machen
werde und das Individuum ein höheres moralisches Niveau erreichen könne. Es darf deshalb niemand verwundern, wenn die
Schule diesen Erwartungen und Bedürfnissen gerecht werden
wollte. Ich glaube, man kann die zweite Hälfte des zwanzigsten Jahrhunderts als die Zeit einer moralischen Krise der
Wissenschaft und Bildung bezeichnen. Weder die großen

wissenschaftlichen Entdeckungen, noch deren Ausnützung durch die Technik, noch das ständig steigende Bildungsniveau, befreien die heutigen Gesellschaften vor dem Unglück, das aus einer Welt herrührt, die immer inhumaner wird. Mit dem Anstieg des Bildungsniveaus ging kein paralleler Anstieg der geistigen Gesundheit und der Moral einher.

Wiederholen wir noch einmal: wenn also die Schule heute eine Krise erlebt, so geschieht dies nicht deshalb, weil sie sich auf unerwünschte Weise geändert hat, sondern weil sie unter anderen gesellschaftlichen Bedingungen zu wirken hat. Heutige Gesellschaften unterscheiden sich in vieler Hinsicht von denen der vergangenen Jahrhunderte und sogar Jahrzehnte. Die Schule aber wirkte in ihrem seit dieser Zeit unveränderten Modell weiter. Nicht nur hochgebildete Menschen, sondern auch weitreichende Medien der wissenschaftlichen Masseninformation prägen unsere zeitgenössische Schule. Dies kann nicht ohne Einfluß auf ihre Position in der Gesellschaft sein. Andererseits wurden durch fortschreitende Industrialisierung und Verstädterung die vorher erwähnten kleinen Gemeinschaften weitgehend vernichtet. Das hat zu zahlreichen und verschiedenartigen Störungen in den Sozialisierungsfunktionen der Gesellschaft gegenüber der jungen Generation geführt.

So tritt allmählich die Hauptursache der Krise der zeitgenössischen Schule zum Vorschein. Sie ist eine "Unterrichtsinstitution" geblieben, obwohl sie das Monopol dazu nicht mehr besitzt. Andererseits hat sie auch nicht die Erziehungsfunktionen übernommen, die noch vor einiger Zeit die bereits erwähnten Gemeinschaften ausübten, die ihrerseits aber immer häufiger und schneller vom heutigen gesellschaftlichen Bild verschwinden. Ihre Funktionen hat die Schule bis heute nicht erfüllt. Als ein Bestandteil des gesellschaftlichen Lebens konnte sie sich bis zur generellen Industrialisierung noch eine wichtige Rolle bei der Erziehung der jungen Generation zuschreiben. In einer modernen Gesellschaft heute, in der die Erziehungsfunktionen deformiert werden, wird ihre Unzulänglichkeit bei den Erziehungsfragen jedoch immer augenscheinlicher.

Ich erachte solche Ansichten für unbegründet, die besagen, daß die Erziehung automatisch den Unterricht begleitet, als auch jene Meinungen, nach denen die Schule die Erziehungsaufgaben mit den gleichen Prinzipien realisieren kann wie die Unterrichtsziele, unterstützt von denselben Prozessen und denselben Tätigkeiten. Sie lassen sich in wenigen Worten zusammenfassen: Die Erziehung ist nur eine Sache der Inhalte, die den Schülern vermittelt wird.

Es gibt selbstverständlich Unterrichtsformen, die der Erziehung näher kommen bzw. sich weiter von ihr entfernen. Ich meine, daß das, was W. Okoń als Unterricht durch Tätigkeit oder durch Erlebnisse bezeichnet, große Möglichkeiten für die Integration der Unterrichts- und Erziehungsprozesse eröffnet (Okoń 1967, S. 81 ff.).

Ähnlich ist das bei den Unterrichtskonzeptionen, die auf dem sogenannten didaktischen Funktionalismus aufgebaut sind.

Der hier dargestellte Entstehungsprozeß "des Erziehungsvakuums" in unseren gegenwärtigen Gesellschaften ist sicherlich vereinfacht. Wir müssen hier von einer Reihe von Faktoren absehen, die ohne Zweifel von Bedeutung sind. Zwei von ihnen sollten jedoch auf Grund ihrer Wichtigkeit kurz angeschnitten werden.

Eine große Bedeutung für die Aufgaben der Schule und anderer Unterrichtsinstitutionen haben die Wandlungen, die sich im Menschen vollzogen haben. Der zeitgenössische Mensch hat solche Bedingungen (juristische, soziale und materielle) erreicht, die ihm erlauben, autonom zu leben. Darüber hinaus kann er seine Energie und Zeit anderen Interessen und Zielen widmen, die weit über die Befriedigung seiner materiellen Existenz hinausgehen. Nicht nur die Erzeugung von Gütern und Waren, sondern auch deren Konsum werden zum Lebensinhalt breiter Massen. Diese Wandlungen können nicht ohne Einfluß auf ihre Bildungsbedürfnisse sein. Eine nur bildende Schule wird angesichts dieser

Ansprüche und Bedürfnisse zum Anachronismus, denn Wissen und Können allein reichen im Leben nicht mehr aus, um es nach den dem Menschen zur Verfügung stehenden Möglichkeiten selbständig verwirklichen zu können.

Der andere Faktor, der uns in diesem Beitrag interessiert, da er in einer modernen Gesellschaft die neue Situation des Individuums bestimmen hilft, heißt: Mißbrauch von Massenmedien für augenblickliche Interessen verschiedener Gruppen bei der Verwirklichung ihrer politischen, kommerziellen oder anderen Ziele. Auch wenn wir über alle anderen Aspekte dieses Phänomens hinwegsehen, so dürfen wir hierbei eines nicht vergessen - es führt im Endergebnis zur Schwächung oder sogar zum Schwund der Bildungsfunktionen einer Gesellschaft. Die Möglichkeit einer solchen Gesellschaft, die junge Generation nach allgemein anerkannten Prinzipien gestalten zu können, wird durch eine totalitäre, institutionalisierte Kultur eingeschränkt. Das alles trägt dazu bei, daß die heutige Welt für den einzelnen Menschen allzu kompliziert ist, und der Alltag immer neue Widersprüche, Gefahren und Schwierigkeiten mit sich bringt. Um ihnen standhalten zu können, muß man über mehr als nur "Ausbildung" verfügen. In der heutigen Welt ist der Mensch ständig unterschiedlichen Prüfungen ausgesetzt. Um sie erfolgreich zu bestehen, braucht er mehr als individuelles Glück; er braucht die weitere Entfaltung der ganzen Gesellschaft. Der zeitgenössischen Schule stehen also neue Aufgaben bevor. Sie muß sich von einer nur bildenden in eine erziehende Institution verwandeln. Es ist eine lebenswichtige Aufgabe, da es dabei sowohl um ihr Weiterbestehen, als auch um die erfolgreiche Entwicklung der ganzen Gesellschaft geht.

Die Möglichkeit einer erziehenden Schule

Unsere Überzeugung, es sei notwendig, daß die Schule Erziehungsaufgaben übernehmen solle, führt dazu, daß wir auch auf die Fragen antworten müssen, ob dies denn möglich sei, d.h. ob die Schule sinnvoll Erziehungsaufgaben erfüllen könne. Wollten wir die Frage theoretisch beantworten, so müßten wir untersuchen, ob man eine Institution organisieren könnte, die in der Lage wäre, "massenhaft" die vielfältigen Dispositionen der Heranwachsenden einer Gesellschaft zu gestalten. Die Lösung dieses Problems ist auf zwei verschiedene Arten denkbar: theoretische Untersuchungen oder praktische Versuche. Der erste Weg, der als sehr nützlich bezeichnet werden müßte, kann jedoch keine endgültige Entscheidung bringen. Die Schule ist ein zu kompliziertes System mit einer unbegrenzten Anzahl an "Input-Möglichkeiten" und einem Reichtum von Prozessen und vielseitigen Beeinflussungen, als daß man die Frage ihrer optimalen Arbeit nur theoretisch behandeln könnte. Wenn wir nach den Erziehungsmöglichkeiten der Schule fragen, so scheint es das Beste zu sein, praktisch vorzugehen. Nichts kann besser belegt werden, als etwas, das tatsächlich stattgefunden hat, bzw. stattfindet. Auch dann, wenn dieses Etwas nur selten passiert und unter besonderen Bedingungen. Erst später kommt die Theorie zu ihrer Bedeutung.

Sie soll darauf Antwort geben, wann und unter welchen Bedingungen die Möglichkeit zur Wirklichkeit wird und welche Bedingungen dazu führen. Wir können die Schule als ein gesellschaftliches Phänomen mit einer ganzen Reihe von Formen und Nuancen betrachten. Sie arbeitet unter unterschiedlichen Bedingungen, die ihre Ergebnisse und ihr Image beeinflussen und bestimmen. Wenn wir auf die Erfahrungen verschiedener Schulen zurückgreifen, auch die der älteren, so wird unsere Frage nach der Möglichkeit einer erziehenden Schule vielfach bestätigt. Die Geschichte und die Gegenwart liefern uns zahlreiche Beispiele von Schulen, die in ihrer Arbeit über die didaktischen Aufgaben hinausgegangen sind. Leider ist unser Wissen über authentische Erziehungsschulen jedoch noch sehr gering. Außer der Überzeugung, daß sie notwendig sind, gibt es auf diesem Gebiet keine nennenswerten Forschungen. Es gibt keine Vergleichsuntersuchungen, die sich mit der Frage beschäftigen, wodurch sich nun die Erziehungsschulen von den Schulen unterscheiden, die nur ihren didaktischen Aufgaben nachgehen. Es ist auch nicht ohne weiteres erkennbar, ob solche Untersuchungen überhaupt international durchgeführt werden könnten. Das Funktionieren der Schule und ihre Ergebnisse sind von so vielen Faktoren abhängig, die wiederum voneinander abhängen, daß wir uns ein methodologisches Modell solcher Untersuchungen nicht vorstellen können.

Es bleibt also immer noch die Frage offen, welche inneren und äußeren Bedingungen erfüllt werden müßten, damit die Schule Erziehungsfunktionen ausüben könnte. Unterstreichen wir hier die Bedeutung dieser beiden Bedingungsgruppen. Unsere Forschungen zur Schule bestätigen voll und ganz die Behauptung, daß ihre Erziehungsfunktion nicht nur von ihrem internen "System" abhängt, sondern auch von mannigfaltigen äußeren Faktoren, wie Gesellschaftsordnung, Kultur, Wertsysteme und Familienstrukturen (Peck/Havighurst 1962, S. 103 ff.). Diese kurze Liste nennt natürlich bei weitem nicht alle Faktoren, von denen das erzieherische Funktionieren der Schule abhängt. Wir sprechen vom erzieherischen Funktionieren, das didaktische ist viel weniger durch äußere Einflüsse bedingt, obwohl diese nicht unterschätzt werden dürfen. Wir wollen uns darüber im klaren sein und uns jene Ansicht zu eigen machen, nach der überall, unabhängig von der Gesellschaftsordnung, der inneren Situation und staatlichen Politik, viele Fächer genauso bzw. ähnlich gelehrt werden. Wenn man von dieser Behauptung Ausnahmen findet, so geschieht es meistens dort, wo das Unterrichten mit dem Erziehen verknüpft wird.

Wenn wir an die Erziehungsfunktionen der Schule denken und ihre verschiedenartigen gesellschaftlichen Abhängigkeiten berücksichtigen, so dürfen wir jedoch nicht vergessen, daß auch die besten Bedingungen die erzieherische Tätigkeit der Schule nicht ersetzen können. Die Schule kann unter den gegebenen Bedingungen mehr oder weniger effektiv im erzieherischen Bereich arbeiten. Dies ist abhängig von der Organisation dieser Tätigkeit, sowie den Formen und Methoden ihres Verlaufs.

Es stellt sich nun die Frage, wie dieser Verlauf vor sich gehen soll. Sind wir heutzutage imstande, eine eindeutige Antwort darauf zu geben? Eine so formulierte Frage könnte darauf hindeuten, daß es durchaus möglich sei, ein optimales Modell der erziehenden Schule zu schaffen. Vor dem Hintergrund dessen, was in diesem Beitrag gesagt wurde, erscheint es jedoch unmöglich. Die erzieherische Arbeit der Schule, ihr Verlauf, ihre Wirksamkeit und Qualität hängen von zu vielen Faktoren ab, als daß man eine universelle Lösung finden könnte. Vier dieser Faktoren wollen wir kurz erörtern. Erstens, die   Z i e l e , die das gegebene Schulsystem oder, um es weiter zu fassen, das gesellschaftliche System an die Schule stellen. Zweitens,   Q u a l i t ä t , N i v e a u und W i r k s a m k e i t , denn schulische Erziehungstätigkeit hängt von äußeren Einflüssen ab. Drittens   S c h u l e r z i e h u n g   sowie U n t e r r i c h t   und vieles mehr, die vom Lehrer selbst, von seinen Einstellungen, seiner Kultur und seinen Fachkenntnissen abhängig sind. Und zuletzt: der   S c h ü l e r . Der letztgenannte Faktor erweist sich als äußerst kompliziert, da hier der Einfluß des Milieus, in dem die Jugendlichen heranwachsen und leben, eine Rolle spielt. All dies trägt dazu bei, daß es unmöglich ist, ein universelles Modell der erziehenden Schule aufzubauen.

Zwar betreffen diese Punkte auch die bildende Schule, aber nicht in diesem Umfang und Ausmaß. Didaktische Schulmodelle haben in der Regel eine größere Anwendbarkeit und können deshalb zwangsläufig auch eine längere Lebensdauer aufweisen, ja sie überleben sogar eventuelle Zieländerungen.

Die Labilität der Modelle bringt große methodologische Schwierigkeiten mit sich, da sie praktisch nicht verifiziert werden können. Ein unter bestimmten Bedingungen bewährtes Modell muß sich nicht unbedingt unter anderen Bedingungen bewähren. Deshalb ist jedes für sich gemäß seiner Besonderheit und Eigenart zu konstruieren.

Wir dürfen jedoch aufgrund des hier Gesagten nicht zum Schluß kommen, daß der Aufbau eines solchen Modells unmöglich sei, und wir nicht fähig wären, eine wissenschaftlich begründete Antwort auf die Frage zu finden, wie denn nun diese erziehende Schule aussehen sollte. Die Vielfalt und Verschiedenartigkeit der möglichen Modelle dürfen und können nicht zugleich bedeuten, daß eine theoretische Verallgemeinerung dessen, was für e i n e   j e d e   e r z i e h e n d e   S c h u l e g e m e i n s a m sein müßte und sollte, ausgeschlossen ist. Wenn auch der Aufbau eines universellen Modells der erziehenden Schule unmöglich ist, so ist jedoch eine allgemeine Theorie solcher Modelle durchaus zu entwickeln. Diese Theorie könnte uns die Antwort geben, welchen internen Bedingungen ein solches Modell gerecht werden sollte, wie es zu konstruieren sei und welche äußere Einflüße sein optimales Funktionieren bestimmen.

Theoretische Grundlagen der erziehenden Schule

Die nun folgenden Überlegungen sind im gewissen Sinne mit der stillschweigend angenommenen Behauptung verbunden, daß sich die erzieherische Tätigkeit der Schule von der didaktischen bedeutend unterscheidet. Diese Annahme ist wichtig für unsere Erörterungen, ist es doch eine Zielsetzung dieses Beitrags auf diesen Unterschied hinzuweisen.

Es entsteht die Frage, wodurch sich also die Erziehungsarbeit der Schule von ihrer didaktischen Tätigkeit unterscheidet. Es unterliegt keinem Zweifel, daß alle Unterschiede ihren Ursprung in den Zielen dieser Tätigkeit haben. Wenn wir von der Didaktik sprechen, so denken wir an die von W. Stern eingeführten Begriffe, wie z.B. die der Herausbildung von Rüstungsdispositionen (Stern 1935, Bd. I, S. 113). Zu ihnen gehören u.a.: Kenntnisse, Tätigkeiten und Fertigkeiten, sowie Intelligenz. Zu den Zielen der Erziehung gehören die sog. Richtungsdispositionen, also Motivation und emotionelle Fähigkeiten und Fertigkeiten.

Es scheint nur, daß wir uns noch nicht im klaren darüber sind, wie sehr sich die beiden Arten von Dispositionen voneinander unterscheiden. Ich möchte deshalb versuchen, meine eigene Ansicht zu dieser Frage darzulegen. Die Rüstungs- und Richtungsdispositionen unterscheiden sich dadurch voneinander, daß sie in verschiedenen Lebenssituationen des Menschen eingreifen. Die ersten braucht er, wenn er gewisse Schwierigkeiten nur durch eigenes entschiedenes Handeln meistern will. Über diese Art von Dispositionen verfügt also derjenige, der entsprechend handeln kann.

Die anderen Dispositionen kommen dann zum Ausdruck, wenn der Mensch eine das Wertsystem betreffende Wahl treffen muß. Diese Wahl hängt von den vorhandenen Richtungsdispositionen ab.

Je schwieriger sich also die Aufgaben gestalten und je besser der Mensch sie löst, umso ausgebildeter ist er. Und er ist umso erzogener, je wertvoller die Werte sind, die er wählt. Selbstverständlich gibt es im Leben auch Situationen, in denen der Mensch sowohl seine Ausbildung als auch seine Erziehung gleichwertig zum Ausdruck bringt. Soll der Mensch z.B. etwas wählen können, so muß er über entsprechende Erfahrungen und Kenntnisse verfügen. Sie müssen jedoch diese Wahl nicht entscheidend determinieren. Auch wenn es Menschen gäbe, die über dieselben Kenntnisse und Erfahrungen verfügten, so bedeutete dies nicht, daß sie immer die gleiche Wahl träfen, unabhängig davon, ob es dabei um eine moralische oder ästhetische Wahl ginge.

Aber die Richtungs- und Rüstungsdispositionen kommen nicht nur in andersartigen Situationen zum Ausdruck. Diese Andersartigkeit betrifft auch die Situationen, in denen sie sich entwickeln. Die Unterweisungssituation beruht in der Regel darauf, daß dem Individuum Verhaltensmodelle geliefert werden, aufgrund derer er immer kompliziertere Aufgaben zu lösen vermag. Die Erziehungssituation hingegen beruht darauf, daß dieses Individuum solche Werte wählt, die es für richtig und wichtig hält.

All das, was oben gesagt wurde, bringt uns näher an die Konkretisierung der Andersartigkeit von Unterrichts- und Erziehungsprozessen. Die Übungs- und Kontrollaufgaben, mit denen intellektuelle Qualifikationen und Fähigkeiten der Schüler überprüft werden, können einen künstlichen Charakter haben. Ihre Künstlichkeit in der Schule beruht darauf, daß sie nur eine verbale Gestalt besitzen. Der Schüler eignet sich schnell die verbalen Modelle der Verhaltensweisen an und lernt auf diese Weise, die Prüfungen, denen er ausgesetzt ist, zu bestehen. Diese Situationen können so lange wiederholt werden, bis eine gegebene Verhaltensweise voll gelernt ist. Die Unterrichtsgrundlage basiert auf der Wiederholung, also der Übung.

Diese verbalen Situationen der Prüfungen und Übungen finden kaum Anwendung in der Erziehung. Die Wahl richtiger Ziele und Taten kann nicht durch die Wahl von Idealen ersetzt werden. Die Übung in der Wahl von Idealen wird schnell zu einer Wahl von Worten. Daraus ergibt sich eine Frage, die gelöst werden muß, wenn wir nach den Erziehungsmöglichkeiten der Schule suchen. Es ist die Frage der situativen Bedingtheit der Unterrichts- und Erziehungsprozesse. Jeder von diesen Prozessen verläuft in bestimmten Situationen, obwohl diese Situationen mehr oder weniger dem Leben entfremdet sein können. Dies ist unabhängig von der Art der Aktivität, die wir im Schüler hervorrufen wollen. In den Unterrichtsprozessen soll der Schüler die Fähigkeit zur Reproduktion von Kenntnissen und Fertigkeiten beherrschen, die ihm der Lehrer vermittelt. Es wäre natürlich am besten, wenn diese Kenntnisse und Fertigkeiten in solche Tätigkeitsmodelle eingebaut würden, die von ihm im Leben angewandt werden. So geschieht es aber selten.

Die Konzeption der Schule setzt hier etwas anderes voraus: die Kenntnisse und Fertigkeiten, die in künstlichen Situationen angeeignet wurden, sollen in der Zukunft selbständig vom Schüler in entsprechende Tätigkeitsschemata eingebaut werden. In Wirklichkeit jedoch laufen in Unterrichtsprozessen lebensfremde Situationen ab, die darauf aufbauen, daß der Schüler in diese entsprechenden Situationen der Tätigkeitsmodelle eingeführt wird. Kurz und gut, Unterricht ist immer mehr oder weniger künstlich, weil der Schüler solche Aufgaben unternimmt, die er im Leben nicht unternehmen wird.

Und so kommt es zu einer eigenartigen Diskrepanz zwischen didaktischen und erzieherischen Funktionen der Schule. Ihre Bildungsziele erreicht die Schule durch Schaffung künstlicher Situationen für die Beherrschung von fertigen Aktivitätsmodellen. Diese Situationen spielen nur eine geringe Bedeutung bei der Erziehung. Zur Wahl richtiger Werte werden die Schüler vor allem durch eine natürliche Situation motiviert, also eine solche, die die Schüler im Leben leicht vorfinden können.

Dank dieser Erläuterungen ist es nun möglich, einige Schlußfolgerungen über modellhafte Eigenschaften der erziehenden Schule zu machen. Es muß gleich zu Anfang gesagt werden, daß dafür eine andere Organisation der Schule erforderlich ist. Die traditionelle Organisation basiert auf der Überzeugung, daß jedes Fach getrennt unterrichtet werden kann. Die Unterrichtsergebnisse sind also, wenn man diese Organisation berücksichtigt, nicht anders, als eine Summe von Zielen, die von einzelnen Lehrern realisiert werden (Muszyński 1972, S. 29 ff.).

Anders sieht es bei der Erziehung aus. Ich glaube, ihr Wesen beruht darauf, daß der Schüler angehalten wird, Wertwahlen zu treffen, die das Leben von ihm fordert. Mit Sicherheit kann man annehmen, daß die Vorbereitung auf eine solche Wahl auch intentional stattfinden kann, also in der Vorstellungs- und Begriffssphäre. In dieser Hinsicht könnte sich die Erziehung mit dem Unterricht decken.

Es wird jedoch schwierig sein, solche Prozesse zur Grundlage der Erziehung zu machen. Die Vorbereitung des Individuums auf die entsprechende Wahl, die durch Willen und Gefühl bestimmt wird, muß sich vor allem im Tätigkeitsbereich, also wirklichkeitsnahen Situationen einer solchen Wahl abspielen. Sogar wenn das Kind von Jemanden die Wahlneigung übernimmt (sog. Modellierung), so erfordert dies doch auch solche Situationen herbeizuführen, in denen dieses Modell die erwähnte Neigung offenbaren kann.

Aber auch eine solche Organisation reicht nicht aus, um die Erziehungsziele realisieren zu können, denn diese können nicht von einzelnen Lehrern getrennt verwirklicht werden. Diese Ziele lassen sich nur durch eine integrative Arbeit der ganzen Schule erreichen. Eine schon erwähnte Neuorganisierung der Schule ist also unbedingt notwendig, damit alle gemeinsam die Aufgaben der Erziehung erfüllen können. Die Arbeit müßte sich daher darauf konzentrieren, solche Situationen herbeizuführen, die dann im Leben vorkommen werden.

Meine Bemerkungen führen zu dem Schluß, daß die Schule zur Realisierung ihre Erziehungsziele situationsreicher sein müßte. Alles oder möglichst viel von dem, was der Schüler im Leben vorfindet und wo er aktiv werden sollte, muß er in der Schule antreffen. Soll die Schulerziehung wirksam sein, muß sie wie die natürlichen Spezialisierungsprozesse verlaufen. Alle uns bekannten Erziehungssysteme waren insofern effektiv, weil sie, bewußt oder unbewußt, diese Bedingung erfüllten.

Der hier dargestellte Standpunkt zur Erziehung zeigt, wie wenig eine nur dem Unterricht gewidmete Schule fähig ist, die der Erziehung entsprechenden Aufgaben zu übernehmen. In einer solchen Schule wird der Schüler nur in die Ausübung einer sozialen Rolle eingeführt: In die des Schülers (Znaniecki 1973, Bd. I, S. 180 ff.). Alle anzutreffenden "Lebenssituationen" und Tätigkeiten dienen ausschließlich der Übung eben dieser Rolle. Dabei wird vorausgesetzt, daß sie in ihrem Inhalt so reichhaltig ist, daß ihre Beherrschung auf die Ausübung aller anderen wichtigen sozialen Rollen vorbereitet. Ich meine, daß diese Annahme falsch ist. Nachdem wir dies festgestellt haben, kommen wir zu einer der wichtigsten Eigenschaften der erziehenden Schule: sie kann keine Schule sein, wo sich die Anwesenheit der Schüler darauf beschränkt, an künstlichen Unterrichtsstunden teilzunehmen. Die Vorbereitung auf das künftige Leben, kann nicht dadurch erreicht werden, daß man darüber spricht, sondern durch die Teilnahme daran. Die erzieherische Tätigkeit der Schule bedeutet demzufolge die Gestaltung des Lebens der Schüler sowie deren authentische Teilnahme daran. Eine nur bildende Schule beteiligt sich nicht am Leben der Schüler. Von dieser Schule sprach seinerzeit der bekannte polnische Soziologe Florian Znaniecki. Er war der Meinung, daß der Schüler in einer solchen Schule alles macht, was er später im Leben nicht machen wird, und daß ihn im Leben solche Situationen und Aufgaben erwarten, die er in der Schule nicht vorfindet. Das kann man der bildenden Schule zuschreiben, weil sie es schon seit Jahren so macht. Der Bildung selbst erweist dies jedoch keinen guten Dienst. Die "Erziehende Schule" ist in diesem Falle tot.

So komme ich zu grundlegenden Thesen der Erziehungsschule: Es ist eine Schule, die das Leben und die Aktivitäten der Schüler möglichst vielseitig organisiert.

An einem so verstandenen Modell der "Erziehende Schule" arbeitete das Institut für Pädagogik in Poznań in den vergangenen Jahren. Als Beispiel möchte ich hier Lebensbereiche der Schüler anführen, die in diesem Modell hervorgehoben wurden:

I. Das Sozialleben der Schüler: von zwischenmenschlichen Kontakten zur bewußten Teilnahme am Leben der ganzen Gesellschaft sowie der Menschheit.

II. Das intellektuelle Leben - vom Erarbeiten einfacher Informationen zur Teilnahme am geistigen Leben der eigenen Nation sowie anderer Nationen.

III. Das wirtschaftliche Leben - von einfacher Selbstbedienung zur Teilnahme am wirtschaftlichen Leben des Landes.

IV. Das kulturelle Leben - von der Entfaltung der eigenen Kultur zur schöpferischen Teilnahme an der Kultur der Gesellschaft und der Menschheit.

V. Das geistige (innerliche) Leben: von individuellen Werten zur Selbstrealisierung.

VI. Das biopsychische Leben: von der eigenen Hygiene zur gesunden Familiengründung (Model 1980, S. 220 ff.).

Diese kurzen Ausführungen zeigen bereits, wie sehr das Modell der erziehenden Schule von derjenigen, die sich der Bildung gewidmet hat, abweicht. Ich glaube, wir können den Unterschied, den wir herausgearbeitet haben, wie folgt zusammenfassen: die Schule soll nicht nur über das Leben sprechen, sondern muß dieses Leben auch schaffen und die Schüler in dieses Leben hineinführen.
Zum Abschluß dieser Ausführungen wollen wir unsere Aufmerksamkeit den sog. "Umwandlungstechnologien" zuwenden.

Diese Methoden haben, so glaubt man, mit der Gesamtheit der Sozialisierungsprozesse, die das Individuum beeinflussen, nichts zu tun. Untersuchungen über die Initiierung erzieherischer Prozesse vertreten fast immer diese Meinung. Im Hinblick auf Bildung sind solche Ansichten nicht unberechtigt, denn der Verlauf der Aneignungsprozesse von Wissen und Kenntnissen orientiert sich nach eigenen Prinzipien und Kriterien. Erziehung kann sich dagegen nur auf die Mechanismen stützen, die die Grundlage aller Einflüsse der Gesellschaft auf das Individuum sind.

Erziehung ist also wirksam, wenn sie sich auf gegebene Sozialisierungsprozesse stützt, sie verliert jegliche Bedeutung, wenn sie außerhalb dieser arbeitet. Die besten und richtigsten Ziele aber bringen die Erziehung in der Schule nicht weiter, wenn der Weg zu ihrer Realisierung nicht über solche Prozesse führt, die tatsächlich für die Gestaltung der Persönlichkeit ausschlaggebend sind.

Es scheint, als gäbe es vier Hauptmechanismen der Sozialisierung. Das sind: Erstens, Mechanismen der gesellschaftlichen Kontrolle verschiedener Gruppen; zweitens, Modellmechanismen, d.h. Einflüsse der dem Individuum nahestehenden Personen; drittens, Mechanismen zur Erfüllung gesellschaftlicher Rollen und viertens, Mechanismen, die die Integration eigener Überzeugungen und Ansichten ermöglichen. Die Erziehungsarbeit der Schule darf nicht allein darin beruhen, diese Mechanismen wirken zu lassen, sondern muß sie auch in die gewünschte Richtung lenken. Eine so begriffene Erziehung hat mehr als nur verbale Wirkung. Sie animiert das Leben der Schüler und gestaltet deren Einstellungen nach ihren Vorstellungen.

Zwischen Hoffnung und Bedrohung

Eine solche Darstellung der "Erziehenden Schule" als einer Schule, die die authentischen Erfahrungen des Kindes organisiert und leitet, stellt uns vor neue wichtige Fragen: wie kann und soll diese Schule sein? Die Verwirklichungsmöglichkeiten müssen unter dem Gesichtspunkt evtl. Einschränkungen gesehen werden, ausgenommen solchen natürlich, bei denen die Schule aufhört erzieherisch effektiv zu sein. Drei Arten von Einschränkungen sollen hier erwogen werden.
Erstens: Diejenigen, die mit Bedürfnissen der Schüler verbunden sein können. Je unattraktiver, repressiver und depriativer die Schule ist, desto geringer sind ihre Erziehungsfunktionen.
Zweitens: Einschränkungen, die mit der Gesamtheit der Sozialisierungsprozesse der Gesellschaft verbunden sind, also auch mit dem gesellschaftlichen Wertsystem. Es ist zweifelhaft, ob eine Schule, die nicht an den von der Gesellschaft angenommenen Zielen und Werten orientiert ist, bedeutende und feste Ergebnisse erzielen kann. Es ist möglich, daß sich in meinen Zweifeln die Angst vor der Gefahr der Totalisierung der Erziehung spiegelt, aber auch die Hoffnung, daß sich die Gesellschaften wirksam dagegen wehren können.
Drittens: Einschränkungen der "Erziehenden Schule" gibt es nicht zuletzt auch deshalb, weil die Organisation des Lebens der Schüler nicht zu weit von der Organisation ihrer Gesellschaft abweichen kann. Mit kurzen Worten: Die Schule darf keine Enklave sein, kein Gleis, auf dem das Leben nach anderen Prinzipien verläuft, als sie in der Gesellschaft zu finden sind. Man kann selbstverständlich auch eine solche

Schule schaffen. Aber ihre erzieherischen Effekte können
zweifelhaft oder sogar gefährlich werden. Das führt uns zu
schwierigen axiologischen Fragen der "Erziehenden Schule".
Ich bin der Meinung, daß das Wesen dieser Schule der Progressivismus ist, also das Streben nach einer besseren Zukunft, die Schule unterliegt also einem bestimmten Wertsystem. Aber das Modell einer progressiven und nicht adaptiven Schule bringt eine Bedrohung für die Uniformität der
Erziehung. Diese Bedrohung ist außerordentlich wichtig für
das Ideal einer offenen Gesellschaft, denn die Schule kann
zu einem Werkzeug gesellschaftlicher Manipulationen werden.
Ein Werkzeug, das um so gefährlicher wird, je effektiver es
ist in seinem Wirken.

In diesem Zwiespalt zwischen Hoffnung und Gefahr gibt es
keinen sicheren Standpunkt. Die Geschichte, auch die neuere,
liefert uns einerseits viele Beispiele für Manipulation und
Indoktrination, andererseits aber auch für die die Realisierung "schöner Ansprüche" der Gesellschaften. Wir haben
also viele Gründe zum Optimismus und genauso viele Gründe
zum Pessimismus. Es scheint, es überwöge der Optimismus.
Das ist jedoch noch nicht alles. Auch die Schule ist gefährlich, die im Namen der Gesellschaft das Wohl des Individuums mißachtet. Die Erziehung bringt die Gefahr mit
sich, das Individuums seiner Autonomie zu berauben. Werden
doch oft Ziele verwirklicht, die das Individuum nicht teilen will.

Wie könnte man diese Gefahr vermeiden? Ich glaube, es
gibt keinen anderen Weg als den, der die Schule zu einer
wirklichen demokratischen Institution macht, die wiederum
gesellschaftlicher Kontrolle unterliegt. Denn eine jede Gesellschaft kann nur so viel für ihre Zukunft tun, wie sie
dazu die Kräfte besitzt. Die Schule kann diese Kräfte erzeugen und vermehren, aber sie kann sie nicht meiden bzw.
gegen sie arbeiten. Wir stehen vor neuen Widersprüchen und
Zweifeln. Wir können sie hier nicht entscheiden, wir dürfen
sie jedoch nicht aus den Augen verlieren. Wenn wir also
nach einer erziehenden Schule suchen, so müssen wir dabei

einen Gedanken stets verfolgen - das Individuum muß sich
frei entfalten, seinen Wünschen und Ansprüchen nachgehen
und seine Autonomie bewahren können.

LITERATUR

Bruner, J.S.: Proces kształcenia (Bildungsprozeß).
  Warszawa: Państwowe Wydawnictwo Naukowe 1965

Instytut Pedagogiki UAM w Poznaniu (Hrsg.): Model
  teoretyczny systemu dydaktyczno-wychowawczego szkoły
  10-letniej (Das theoretische Modell des Unterrichts -
  und Erziehungssystems der 10-jährigen Schule), Poznań
  1980

Leschinsky, A.: Schulkritik und die Suche nach Alternativen.
  In: Zeitschrift für Pädagogik, 27 (1981), 4, S. 519 - 538

Mannheim, C.: Diagnosis of Our Time. Oxford: University
  Press 1944

Muszyński, H.: Teoretyczne podstawy systemu wychowawezego
  szkoły (Theoretische Grundlagen des Erziehungssystems
  der Schule). Warszawa-Poznań: Państwowe Wydawnictwo
  Naukowe 1972

Okoń, W.: Podstawy wykształcenia ogólnego (Grundlagen der
  allgemeinen Ausbildung). Warszawa: Nasza Księgarnia 1967

Peck, R.F.; Havighurst, R.J.: The Psychology of Character
  Development. New York: J. Wiley 1962

Stern, W.: Allgemeine Psychologie. Haag: Martinus Nijhoff
  1935, 2 Bände

Znaniecki, F.: Socjologia wychowania (Erziehungssoziologie)
  2. Aufl., Warszawa: Państwowe Wydawnictwo Naukowe 1972,
  2 Bände

Rita Süssmuth

KINDER WERDEN ERZOGEN, SCHÜLER UNTERRICHTET

Übereinstimmende und gegenläufige Erwartungen an Erziehung und Unterricht in Kindergarten und Schule

Wer um den Zusammenhang von Erziehen und Unterrichten weiß, wird die Trennung und Entgegensetzung als künstlich und gewollt, realitätsfremd und eher polemisch beurteilen. Erziehung und Unterricht - so wird unterstellt - bilden eine Einheit und lassen sich weder nach bestimmten Entwicklungsphasen des Kindes und Jugendlichen noch nach verschiedenen Erziehungsinstituten trennen.

Doch in der Geschichte der öffentlichen Erziehung und des Unterrichts wird deutlich zwischen Erziehungs- und Bildungseinrichtungen unterschieden, und die Gewichtung beider ist nach wie vor ein ungelöstes Problem der pädagogischen Theorie und Praxis. Trotz des immer wieder erhobenen Ideals eines erziehenden Unterrichts und einer bildenden Erziehung besteht die Arbeitsteilung zwischen Erziehern und Lehrern fort, hat Unterricht Vorrang vor der Erziehung.

Gestritten wird über unterschiedliche gesellschaftliche Zielvorstellungen, über Menschenbilder, Professionalisierungsprobleme, Legitimationszwänge und Leistungsansprüche der Erziehungs- und Bildungseinrichtungen (Benner u.a. 1978; Forum Zukunft der SPD 1979; Henning u.a. 1977).

Die erneute Auseinandersetzung mit der Frage: "Kann die Schule erziehen"?, steht im engen Zusammenhang mit den Erfahrungen der jüngsten Bildungsreform, der tatsächlichen oder nur vermeintlichen Diskrepanz zwischen Wissen, Einstellung und Verhalten. In abgewandelter Form lebt die alte

Streitfrage wieder auf, nämlich die Frage danach, ob Kunst
und Wissenschaft zur Veränderung des Menschen beigetragen
haben, bzw. ob die Erziehung des Menschen mit der Entwicklung des Wissens standgehalten hat. Leisten die Erziehungsinstitutionen die ihnen formal zugewiesene Aufgabe, für
eine umfassende Persönlichkeitsentwicklung Sorge zu tragen,
nehmen sie entscheidenden Einfluß auf die Urteils- und
Handlungsfähigkeit des Menschen, auf seine ethischen und
moralischen Vorstellungen, auf eine ganzheitliche Entfaltung des Menschen, der ebenso zur Freiheit wie zur Verantwortung befähigt ist? Hat die Erziehungswissenschaft mit
ihren veränderten Einsichten in Bedingungen und Prozesse
der Persönlichkeitsentwicklung, mit ihren Erkenntnissen in
den Bereichen Kommunikation, interaktiver Kompetenz und
Identität entscheidend zur Neuorientierung und Verstärkung
des Erzieherischen im Bildungswesen beigetragen? Die Analysen der letzten Jahre kommen eher zu gegenteiligen Befunden. Ob psychoanalytisch oder interaktionstheoretisch argumentiert wird, das Ergebnis lautet, daß die Schule unter
den gegenwärtigen Funktions- und Organisationsbedingungen
nicht in der Lage ist, personale Identität zu fördern
(Fürstenau 1974; Wellendorf 1974; Auwärter u.a. 1976).

Das wachsende Interesse an den erzieherischen Möglichkeiten
wie auch an der Erziehungsbereitschaft scheint noch einen
weiteren Grund zu haben. Die öffentliche Diskussion um Vernachlässigung des Erzieherischen in und außerhalb der Familie, um die einseitige Betonung des fachlichen Wissens bezieht sich nicht nur auf Fragen mangelnder Erziehungsbereitschaft, auf persönliche Risiken, auf Ängste und Ohnmacht der Erzieher angesichts der Anpassungszwänge eines
übermächtigen Systems, sondern auch auf den Aspekt der
grundlegenden Voraussetzungen von Erziehung, d.h. auf die
vorhandenen bzw. fehlenden Perspektiven der Erziehung sowie
die sie begründenden Werte und Normen (Benner u.a. 1978;
Forum Zukunft der SPD 1979; Henning u.a. 1977).

In der Auseinandersetzung um Kindergarten und Grundschule treten hier zu Lande wie auch im Ausland nach wie vor die alten Fragen nach Betreuung und Bildung, Spielen und Lernen, Leben und Wissen, Schonraum und Ernstfall, Geschlossenheit und Offenheit auf. Aber die Beantwortung der Frage, wozu erzogen werden soll, kommt über formale Bestimmungen nicht mehr hinaus, und diese werden für den Erziehungsprozeß inhaltlich relevant, wenn die konkrete Umsetzung geleistet werden soll.

Insofern geht es gegenwärtig nicht einfach um die Rückgewinnung des Erzieherischen im Rahmen der unterrichtlichen Bildungsprozesse, nicht um eine umfassende Analyse der für die Persönlichkeitsentwicklung relevanten Einflußfaktoren und Prägeprozesse, sondern um Grundlegung und Begründung veränderter, neuer Perspektiven der Erziehung.

Pädagogen konstatieren eine zunehmende Diskrepanz zwischen Wissenszuwachs durch schulische Lernprozesse und Entfaltung menschlicher Beziehungsfähigkeit, zwischen Wissen und Orientierung, zwischen außengelenkter Persönlichkeitsentwicklung und Fähigkeit zu eigenständigem Urteil, selbstverantworteter Entscheidung und sozialer sowie persönlicher Identität.

Gleichzeitig müssen Pädagogen erfahren, in welchem Maße Unterricht eine zugleich höhere Bewertung erfährt als Erziehung. Erziehung wird unterschwellig noch immer verstanden als quasi "naturwüchsiger" Umgang zwischen Erwachsenen und Kindern, dem Professionalität nur schadet. Erziehung hat ihren Ort in erster Linie in der Familie und im außerschulischen Bereich. Bildung ist immer weniger in eine umfassende Persönlichkeitserziehung integriert. Je mehr die Spezialisierung in den Disziplinen und deren Vermittlung voranschreitet, desto stärker sind Pädagogen als Bildungsförderer der Heranwachsenden gefragt. Erziehung steht damit in der Gefahr, entweder als unqualifiziert und ungelernt abgewertet zu werden oder als hochspezialisierte Tätigkeit von Psychologen überschätzt zu werden.

Professionelle Erziehung durch Erzieherinnen im Kindergarten soll zu einer umfassenden Persönlichkeitsentwicklung beitragen, doch viele Eltern erwarten in erster Linie die Förderung solcher Einstellungen und Verhaltensweisen, die erfolgreiches Lernen in der Schule sichern. In diesem Sinne ist Erziehung eine Funktion von Bildung durch Unterricht und umfaßt im Kindergarten wie auch in der Schule jene Prozesse, die Kinder befähigen zu schulischem Lernen (Hebenstreit 1980; Bittner 1981, S. 827 ff.; Zimmer 1982, S. 315 ff.).

Im folgenden soll die Frage nach Erziehung und Unterricht an vier Aspekten thematisiert werden:

- der Kindergarten als Lernort und Lebensraum
- Professionalität und Erziehung
- Erziehung als eine Funktion von Unterricht
- Erziehung ohne Perspektiven?

1. Kindergarten als Lernort und Lebensraum

Nach mehr als zehn Jahren intensiver Reformarbeit in Kindergarten und Grundschule verstärkt sich das Bedürfnis nach Bestandsaufnahme und Erörterung veränderter Perspektiven. Es findet seinen Niederschlag in nationalen und national übergreifenden Einzelstudien, Handbüchern und Fachtagungen. Die Ergebnisse von Modellversuchen mit alternativen organisatorischen Regelungen und Konzepten sind ebenso zu einem vorläufigen Abschluß gekommen wie die Erprobung neuer Curricula (Dollase 1978; Moersberger u.a. 1979; Pestalozzi-Fröbel-Verband o.J.).

Bestimmte Leitfragen kehren wieder und nehmen Einfluß auf die Diskussion um Revision oder Fortführung bisheriger Zielsetzungen.

Zu solchen meinungsbildenden Leitfragen zählen:

- das Erziehungs- und Bildungsverständnis des Kindergartens, das Verhältnis von schulvorbereitender und sozialpädagogischer Orientierung des Kindergartens;
- Geschlossenheit und Offenheit in bezug auf die erweiterte Umwelterfahrung und soziales Lernen;
- Bewertung der curricularen Ansätze;
- Wirksamkeit des Kindergartens in bezug auf den Abbau sozialkultureller Benachteiligungen
- Integration ausländischer Kinder
- Übergangsprobleme vom Kindergarten zur Grundschule
- Probleme fortschreitender Professionalisierung
- Beurteilung neuer Aufgaben und Formen der Elternarbeit.

Die hier angeführten Teilaspekte kommen in unterschiedlicher Gewichtung auch in der Auseinandersetzung um den Kindergarten als Lernort und Lebensraum zur Sprache, insbesondere in der Erörterung des Erziehungsauftrages und der erzieherischen Möglichkeiten des Kindergartens. Die zentrale Frage lautet: "Wurde der Erziehungsauftrag des Kindergartens durch die zunehmende Verengung des Lebensraumes zu gunsten des Lernortes geschmälert?"

Die Reformer der 70er Jahre nehmen zurecht für sich in Anspruch, den eigenständigen Auftrag des Kindergartens in Abgrenzung zu Familie und Schule gefestigt und ausgebaut zu haben. Trotz vorübergehender starker Tendenzen zu einer schulorientierten Lernförderung der Fünf- bis Sechsjährigen besteht dieser Anspruch ungebrochen fort (Krappmann 1981; Arbeitsgruppe Vorschulerziehung 1978).

Die Perspektive für die 80er Jahre gilt der Stärkung der sozialpädagogischen Ausrichtung der Kindergartenarbeit, d.h. einer umfassenden Persönlichkeitsförderung, die sich deutlich abgrenzt von den formalisierten, von Lebenssituationen abgeschnittenen organisierten Lernprozessen der Schule. Erfahrungen in und mit der Gruppe der Gleichaltrigen ist ein Spezifikum der Kindergartenarbeit.

Lernort und Lebensraum schließen prinzipiell einander nicht aus. Aber im Reformansatz der 70er Jahre gewann der Gesichtspunkt des Lernortes zeitweilig Vorrang vor dem Lebensraum und gleichzeitig wurde erwartet, daß der Kindergarten Kinder aus unterschiedlichen sozialkulturellen Umwelten fördert. Allgemeine Persönlichkeitsförderung und kompensatorische Erziehung für benachteiligte Kinder sollten gleichzeitig geleistet werden.

Die Reform sah eine ihrer zentralen Aufgaben darin, den Kindergarten organisatorisch und pädagogisch so zu verändern, daß er als spezifische Umwelt für Kinder in der Lage ist, strukturell und individuell bedingte Sozialisationsdefizite auszugleichen. Der Kindergarten wird als Lebensraum und Lernort für Kinder verstanden, der sich durch Familiennähe auszeichnet und doch strukturell von ihr verschieden ist (Sprey-Wessing u.a. 1982). Mit diesem Anspruch wurde die Vorstellung verbunden, daß der Kindergarten imstande sei, den Bruch zwischen den Lebenswelten zu relativieren und so Lernen und Miteinanderleben verknüpfen zu können.

Allerdings konnte die Forschung bislang den Nachweis nicht erbringen, daß der Kindergarten in seiner bisherigen Konzeption und Organisation jene Erziehungseinrichtung ist, bei der Lernort und Lebensraum so zusammenwirken, daß familienbedingte Defizite weitgehend ausgeglichen werden können. Es geht bei dieser Frage nicht um die Wirkung eines bestimmten Übungsprogrammes auf einzelne Fähigkeiten, sondern um den Einfluß der Einrichtung Kindergarten auf die kognitive, emotionale und soziale Entwicklung der kindlichen Persönlichkeit.

Ob der Kindergarten imstande ist, bestimmte Fähigkeiten grundlegend und dauerhaft zu verändern, scheint vor allem davon abzuhängen, ob bestimmte Fördermaßnahmen in einen umfassenderen Ansatz eingebunden sind, die sich nicht einseitig auf das Kind, sondern auch auf dessen Umwelt, insbesondere seine häusliche Umwelt, beziehen (Bronfenbrenner 1974; Bronfenbrenner 1976). Veränderungen durch die Einbeziehung der Umwelt setzen aber gleichzeitig eine umfassende Zuständigkeit und Interaktion der Erzieherin mit dem einzelnen Kind voraus.

Schrittweise Veränderungen der Umwelt scheinen hingegen einen nachhaltigeren Einfluß auf überdauernde Einstellungen und Verhaltensweisen zu haben. Einerseits lassen die Befunde darauf schließen, daß der Kindergarten nur im Verbund mit anderen Umwelten des Kindes seinen Einfluß verbreitern kann, andererseits hat der Kindergarten von sich aus die Veränderung der Umwelt außerhalb des Kindergartens in seine Arbeit einzubeziehen.

Doch stellt sich die Frage, ob der Kindergarten hier auf Leistungsgrenzen stößt? Bedenken scheinen angebracht gegenüber zu weitgehenden Erwartungen an die Persönlichkeitsförderung durch den Kindergarten. Gegenwärtig nimmt er eher eine wichtige familienergänzende Aufgabe gegenüber Kindern und deren Eltern wahr, aber er ist überfordert, wenn von ihm erwartet wird, grundlegende Leistungen der Familie in der emotional-sozialen oder in der religiösen Erziehung zu ersetzen.

Kindergarten ist ein Faktor unter anderen in der Persönlichkeitsentwicklung, dessen Wirkung bisher nicht genau erfaßt werden konnte. Die Wirksamkeit dieses Faktors scheint sich nicht dadurch zu erhöhen, daß der Lebensraum Kindergarten sich um eine größtmögliche Familienorientierung bemüht. Familie und Kindergarten sind verschiedenartige Lebensräume mit nur bedingt übereinstimmenden Erfahrungen.

Beide weisen Stärke und Schwächen auf. Der Lebensraum Kindergarten ist nicht an seiner "Familiennähe" zu messen, wohl aber daran, welche Leistungen er für erweiterte Lernprozesse und den Umgang mit unterschiedlichen Umwelten und Alltagssituationen erbringt. Der Kindergarten vermag familienbedingte Verhaltensprobleme nur begrenzt auszugleichen, doch er kann dem Kind während seines halb- oder ganztägigen Aufenthaltes positive Erfahrungen ermöglichen und als andersgearteter Lebensraum zusätzliche oder abweichende Anregungen und Erfahrungen eröffnen.

Aus dem bisher Gesagten folgt als eine notwendige Zielsetzung des Kindergartens, verstärkt an die Stelle isolierter Förderung einzelner Fähigkeiten und Fertigkeiten Lernen in komplexen Lebenssituationen treten zu lassen. Es ist notwendig, verstärkt Alltagssituationen der Kinder in die Arbeit einzubeziehen und den Kindergarten zum Wohnquartier, zur Arbeitswelt, zur Umwelt der Erwachsenen und älteren Menschen hin zu öffnen. Im Schonraum Kindergarten muß der Ernstfall erlebbar werden, muß das Kind die Chance haben, mit entlasteten und belasteten Situationen umzugehen (Sprey-Wessing u.a. 1982, Süssmuth 1981, Zimmer 1973).

In diesem Sinn ist der situations- und gemeinwesenorientierte Ansatz einer Erziehungs- und Bildungsarbeit des Kindergartens nicht als Modeerscheinung abzuwerten. Er stellt sich dem Anspruch, Schonraum und Ernstfall besser miteinander zu verknüpfen, getrennte Welten stärker miteinander zu verbinden.

Auch die gemeinwesenorientierte Kindergartenarbeit hat Kinder vor bestimmten Interessen, Zugriffen und Gefährdungen der Umwelt zu schützen und nicht eine beliebige, sondern eine zielgerichtete, begründete und begrenzte Öffnung zu verfolgen. Gemeinwesenorientierte Arbeit muß ihre Entsprechung im Kindergarten selbst haben. Lebensraum mit Ernstcharakter für Kinder gestalten und erfahrbar machen, erfordert ein Konzept der Einheit von kognitivem und sozialem Denken und Handeln von Sach- und Personenbezug. Hineinnahme verschiedenartiger Lebensverhältnisse, Wertorientierungen und Verhaltensweisen verlangt von Erziehern und Kindern eine Offenheit, die nicht einfach vorauszusetzen ist, sondern in Ausbildung, Praxis und Fortbildung erarbeitet und eingeübt werden muß. Diese Offenheit meint vor allem, Andersartigkeit und Anderssein zulassen und bejahen zu können.

An den Lebensraum Kindergarten wird die Erwartung geknüpft, daß Kinder Zugang erhalten zu gegensätzlichen existenziellen Erfahrungen: zu Freude und Trauer, Sicherheit und Risiko, Bestätigung und Enttäuschung, Verschlossenheit und Offenheit, Nähe und Distanz. Kinder wollen an der Welt der Erwachsenen teilhaben, aber sich auch von ihr abgrenzen können. Sie drängen auf Zugang zur Realität und brauchen die Freiheit der Realitätsverarbeitung und Verwandlung. Sie suchen soziale Kontakte ebenso wie Phasen des Rückzugs und des Alleinseins.

Bestimmte Merkmale sozialpädagogischer Orientierung des Kindergartens heute sind nicht erst durch die Bildungsreform der 70er Jahre ermöglicht worden. Freiwilligkeit des Kindergartenbesuchs, altersübergreifender Gruppenbezug, Flexibilität in der inhaltlichen Gestaltung der Arbeit, geringe Reglementierung durch verbindliche Curricula, größere Beweglichkeit im Tagesablauf, breitere Möglichkeiten zur Individualisierung, intensivere und persönliche nähere Beziehungen grenzen den Kindergarten von jeher deutlich von der Schule ab (Deutscher Bildungsrat 1972; BMJFG 1980; Colberg-Schrader (a) 1979).

Grundlage der sozialpädagogischen Orientierung bildet ein Verständnis, das den Anspruch nach Lernen und Lebenszusammenhang als Einheit versteht, sachbezogenes und soziales Lernen aufeinander bezieht, Brüche zwischen den Lebens- und Lernumwelten vermeidet.

Nicht Fächer oder bestimmte Fertigkeiten, sondern Lebenssituationen mit ihren Erfahrungen und Anforderungen geben den Bildungsrahmen für die Auswahl der Inhalte und der zu entwickelnden Fähigkeiten und Einstellungen ab. Kognitive und motorische Fähigkeiten haben instrumentelle Funktion für die Gestaltung und Bewältigung von Lebenssituationen. Die Eigenaktivität und Entscheidung des Kindes über Lerninhalte und Lernformen im Kindergarten sind ebenso entscheidend wie der Handlungsspielraum des Erziehers in bezug auf Planung und Durchführung der pädagogischen Arbeit.

Übergang zur Schule bedeutet für die Mehrheit der Kinder, den Zusammenhang von Lebensraum und Lernort verstärkt vergessen zu lernen, exploratives Lernen durch reproduktives Lernen zu ersetzen, personenbezogenes Lernen weitgehend auf sachbezogenes Lernen mit distanzierterem Verhältnis zum Lehrer bzw. zur Lehrerin zu reduzieren.

Der Kindergarten sollte und könnte Vorreiter und Leitbild einer stärkeren Verknüpfung von schulpädagogischer und sozialpädagogischer Orientierung in der Grundschule sein. Schon zu Beginn der 70er Jahre kritisierte Hornstein die Vernachlässigung der sozialpädagogischen Dimension in der Bildungsreform (Hornstein 1971). Positive Ansätze zur Orientierung der Grundschule an der pädagogischen Arbeit des Kindergartens sind erkennbar in der Auseinandersetzung mit spielpädagogischen Konzepten des Kindergartens, in der Förderung fächerübergreifender Lernbereiche und der Einführung neuer Formen der Leistungsbeurteilung.

2. Professionalität und Erziehung

Die institutionelle und konzeptionelle Reform des Kindergartens geht einher mit der Forderung nach mehr und besser qualifizierten Fachkräften. Während dem Kindergarten der 50er und 60er Jahre die gesellschaftliche Anerkennung versagt wurde, weil er als sozialpädagogische Nothilfeinrichtung für jene Kinder gesehen wurde, die in der Familie unzulänglich betreut wurden, stieg das Ansehen der Einrichtung wie auch das der Erzieherinnen mit dem Wandel von der sozialpädagogischen Nothilfeeinrichtung zur allgemeinen Bildungsinstitution. Der Bedeutungszuwachs korrespondiert mit einer veränderten Sichtweise frühkindlicher Entwicklung und der Einschätzung frühkindlicher Förderungsmaßnahmen für die kognitive und sozial-emotionale Persönlichkeitsentfaltung.

Noch wird durch die Berufsbezeichnung Erzieher(in) in Abgrenzung zu Lehrer bzw. zur Lehrerin auf den verschiedenartigen Aufgabencharakter verwiesen, aber mit der offiziellen Neubestimmung des Erziehungs- und Bildungsauftrages des Kindergarten in der Bundesrepublik zu Beginn der 70er Jahre bahnte sich auch ein grundlegender Wandel im beruflichen Selbstverständnis der Erzieherinnen an (Derschau, v. 1974; Schrader 1973; Krüger u.a. 1981). Sie unterstreichen heute den Bildungsauftrag des Kindergartens, betonen ihre Zuständigkeit für eine umfassende Entwicklungsförderung des Kindes, legen verstärkt Wert auf die Fachlichkeit ihres pädagogischen Tuns.
Die Betreuungsfunktion tritt eindeutig zurück hinter die der Bildungsförderung. Erzieherinnen sind zunehmend davon überzeugt, daß Erziehung und Betreuung nur sehr bedingt in ihre Zuständigkeit fallen. Vielen ist nicht mehr bewußt, daß Betreuung und Erziehung in die Bildungsaufgabe zu integrieren sind. Für das veränderte Selbstverständnis der Erzieherinnen und deren Status kommt es entscheidend darauf an, daß die im Kindergarten zu leistende Arbeit keine soziale, sondern pädagogische Arbeit ist. Die Aufwertung der Institution Kindergarten wäre ohne die Orientierung am Bildungswesen, insbesondere an den Aufgaben der Schule nicht denkbar gewesen.

Erziehung wird somit im Kindergarten bereits zu einer Funktion der Bildungsförderung. Das Erzieherische verliert an

Gewicht im Vergleich zur Bildungsförderung. Soziales Lernen erfolgt als ein Teil des Curriculum und immer weniger als integrierter Bestandteil einer ganzheitlichen, lebensweltbezogenen Persönlichkeitsentfaltung.

Für die Erziehung sind nach Auffassung der Erzieherinnen in erster Linie die Eltern zuständig. Und Eltern bewerten die Leistungsfähigkeit eines Kindergartens und der Erzieherinnen an der individuellen Lernförderung und der Schulvorbereitung.

Aber die aufweisbaren Tendenzen zu einem Berufsverständnis, das zwischen Bildungsförderung und Erziehung trennt, lassen sich nicht verallgemeinern. Die Professionalisierung löste ambivalente Reaktionen aus. Einerseits wurde mit der Professionalisierung der 70er Jahre das Bild der "mütterlichliebenden Kindergärtnerin" verworfen, aber andererseits konnte sich ein "fachliches" bzw. "professionelles" Berufsbild nicht unwidersprochen etablieren (Haarmann 1982). Für die Erzieherin stellt sich die Situation so dar: einmal wird ihre Tätigkeit in die Nähe der Empfindungen und Verhaltensweisen der Mutter gerückt; im Gegensatz dazu werden von ihr sozialpädagogische Handlungsmuster gefordert, schließlich wird ihre Arbeit in Anlehnung an die Aufgaben des Lehrers gesehen. Der Rollenkonflikt einer Erzieherin ist zwischen den Rollenerwartungen an eine Mutter, an eine Sozialpädagogin und an eine Lehrerin angesiedelt.

Gerade der "Zickzackkurs" vorschulischer Erziehung in den 70er Jahren, die fehlende Integration von kognitiver Entwicklungsförderung und sozialpädagogischer Orientierung hat bei vielen Erzieherinnen zur Verunsicherung geführt (Colberg-Schrader (b) 1979). Hin- und hergerissen zwischen schulvorbereitender und spielpädagogisch-sozialer Arbeit suchen die Im-Kindergarten-Tätigen nach Klärung und Ansicherung ihrer Professionalität.

Professionalität beinhaltet Befähigung zur pädagogisch-didaktischen Planung, zur Entwicklung und Umsetzung von pädagogischen Konzepten, sie erfordert wissenschaftlich fundiertes Wissen und Methodenkenntnisse in unterschiedlichen Bereichen. Erzieherinnen sollen in der Lage sein zu einer reflektierten und gezielten Steuerung der Lernprozesse (Flitner 1976; Süssmuth 1977). Aber fachliches Handeln auf der Grundlage von Wissen und Methodenkenntnissen kommt nicht aus ohne Spezialisierung, ohne Konzentration auf bestimmte pädagogische Aufgaben. Fachlichkeit erweist sich an den Fähigkeiten zu geplanter, strukturierter pädagogisch-didaktischer Arbeit.

Den gestiegenen Anforderungen steht auf der anderen Seite die in der Öffentlichkeit noch immer weit verbreitete Geringschätzung der Erzieherinnentätigkeit gegenüber. Es herrscht die Auffassung vor, daß Erziehung von Kleinkindern keine besondere Qualifikation erfordert. Viele Erzieherinnen wissen um das gängige Klischee, daß ihre Arbeit in nichts mehr besteht als ein "bißchen aufpassen, rumsitzen, beobachten, Spiele machen, malen, basteln." (Colberg-Schrader (b) 1979, S. 308). Das was sie tun, wird nicht als "richtige" Arbeit gewertet. Sie werden als die bezahlten "Mütter" im Kindergarten eingestuft.

Von daher konnte der Abbau eines diffusen und wenig angesehenen Berufsbildes nicht von der Erziehungstätigkeit, sondern nur von der spezialisierten Bildungsarbeit her erfolgen.
Erzieherinnen haben folglich ein elementares Interesse daran, ihren Erziehungsauftrag von dem der Eltern abzugrenzen. Im Unterschied zum umfassenden Erziehungsauftrag der Eltern haben Kindergärtnerinnen einen zeitlich und inhaltlich begrenzten Erziehungsauftrag. Eltern verstehen sich in der Beziehung zum Kind nicht als pädagogische Fachkräfte, die eine Ausbildung nachweisen müssen und deren Tätigkeit öffentlich kontrolliert wird.

Und doch weiß die Erzieherin auch, daß ein wesentlicher
Teil ihrer Arbeit darin besteht, in ihrer Zuwendung zum
Kind Zuneigung, Geborgenheit, Nähe und Vertrauen zu geben
und auszustrahlen. Kinder brauchen auch außerhalb der Familie ihnen zugewandte und für sie zuständige Personen, die
sich ihrer - wenngleich zeitlich begrenzt - ganz annehmen.

Seit der Mitte der 70er Jahre wurden Tendenzen zu einem
Fachlichkeitsverständnis, das vorwiegend auf eine kognitive
Entwicklungsförderung ausgerichtet ist, zurückgenommen. Die
Gefahr verkopfter Beziehungen und zu einseitiger Spezialisierungen scheint gebannt. Dennoch bleibt für viele Erzieherinnen die Frage, worauf hohes oder geringes Ansehen der
von ihnen ausgeübten beruflichen Tätigkeit basiert. Sind
persönliche Zuwendung zum Kind und umfassende erzieherische
Sorge ebensowichtige Elemente der beruflichen Identität wie
die bildungsbezogene Arbeit (Fischer 1980)?
Noch ist der Kindergarten eine pädagogische Einrichtung, in
der spezialisiertes fachliches Wissen, Zuständigkeit für
Bildungsförderung und Erziehung sich nicht ausschließen.
Pädagogische Tradition sozialpädagogischer Einrichtung und
Bedürfnisse sowie spontane Verhaltensäußerungen von Kindern
dieser Altersstufe lassen eine bewußte Trennung von Erziehung und Bildung nicht zu (Peukert 1979; Derschau, v.
1981).
Dennoch darf nicht übersehen werden, in welchem Maße betreuende und erziehende Tätigkeit dem gängigen Professionalisierungsverständnis entgegensteht. Es scheint, als verhindere Erziehung die Chance zum Ausbau und zur Festigung
beruflichen Ansehens.
Berufliche Wertschätzung und Bezahlung richten sich nicht
nach den erzieherischen Fähigkeiten und der erzieherischen
Arbeit, sondern nach den Fähigkeiten und Leistungen im Bereich instrumenteller Fertigkeiten und Kenntnisse. Die Arbeit an der Person des Kindes, seiner emotional-sozialen
Entfaltung bzw. seiner Persönlichkeitsentwicklung hat einen
deutlich geringeren Stellenwert als das für Schulerfolg und

nachfolgende Berufschancen relevante Können. Kenntnisse in
der Entwicklungspsychologie, Spielpflege, Sprache und Kinder-/Jugendliteratur werden als Fachkompetenz anerkannt,
nicht aber erzieherische Kompetenzen. Mutter-ähnliche Liebe, caritativ-liebevolle Zuwendung ist offenbar keine für
die Professionalisierung relevante Qualifikation. Daher
bleibt die Frage: "Ist die Vernachlässigung oder bewußte
Ausgrenzung des Erzieherischen eine unabwendbare Folge
eines überkommenen und zukünftigen Professionalisierungsverständnisses?"

3. Erziehung eine Funktion von Unterricht

Mit dem Wechsel vom Kindergarten zur Grundschule vollzieht
sich der Übergang vom spielenden zum schulischen Lernen,
von den informellen zu den formalisierten Lernprozessen auf
der Grundlage von Stundenplänen, Unterrichtsstunden, Hausaufgaben und Lernkontrollen.

Das faktische Übergewicht der an Unterricht gebundenen Erfahrungs- und Lernprozesse schließt das Erzieherische nicht
aus, aber Umfang und Stellenwert nehmen mit dem Lebensalter
und den aufsteigenden Schulstufen ab. Die Grundschule hat
im Vergleich zu den nachfolgenden Schulstufen und Schultypen eine schuleinführende Funktion. Das gilt vor allem für
den Schulanfang, der zunächst einen fließenden Übergang vom
spielenden zum unterrichtlichen Lernen ermöglichen soll
(Krappmann 1976; Hebenstreit 1979; Höltershinken 1977).

Ist vom Erziehungs- und Bildungsauftrag der Grundschule die
Rede, so ist eines unstrittig: der Unterricht der Grundschule hat Kinder in die verschiedenen Wissensgebiete und
Elementartechniken einzuführen. Der Unterricht gliedert
sich nach Einzelfächern und fachübergreifenden Lernbereichen. Die Lehrerin bzw. der Lehrer versteht sich als Vermittler(in) von Wissen und Fertigkeiten: Haupttätigkeit ist
der Unterricht, ihm sind alle anderen Aufgaben zu- und

untergeordnet. Berufsverständnis und berufliche Identität basieren nicht auf der erzieherischen, sondern auf der unterrichtlichen Arbeit. Erziehung ist insofern eine Funktion von Unterricht als viele Lehrer Aufgaben im Bereich der Erziehung primär in Abhängigkeit von Unterricht verstehen und wahrnehmen (Das Bildungswesen in der Bundesrepublik Deutschland 1979; Max-Planck-Institut für Bildungsforschung 1980).

Wichtige Voraussetzungen für Unterricht sind: konzentrierte Arbeitshaltung, Motivation und Aufmerksamkeit, Disziplin, Einordnung in die Gruppe, Ausdauer und Zielstrebigkeit.

Vorbereitung auf die erfolgreiche Teilnahme am Unterricht ist eine der wichtigsten Aufgaben, die die Grundschule vom Kindergarten erwartet.
Vom Kindergarten wird nicht die Vorwegnahme schulischer Lerninhalte, sondern die gezielte Förderung jener Fähigkeiten gefordert, die Unterricht mit Schulanfängern ermöglichen: stillsitzen, sich konzentrieren, eine Aufgabe in einer bestimmten Zeit erledigen, auf gesonderte individuelle Zuwendung verzichten können, gruppenfähig sein. Erwünscht sind jene Einstellungen und Verhaltensweisen, die einen möglichst störungsfreien Unterricht gewährleisten. In der Kritik an diesen Aufgaben vorschulischer Erziehung geht es nicht darum, die Notwendigkeit dieser Fähigkeiten prinzipiell infragezustellen, wohl aber um die Problematik eines vorwiegend auf Anpassung ausgerichteten und somit verkürzten Erziehungsverständnisses. Nehmen Disziplinierungs- und Trainingsprozesse einen derart wichtigen Platz im Erziehungsgeschehen des Kindergartens und der Schule ein, dann steht Erziehung für einen Vorgang, der nur wenig mit personaler Erziehung zu tun hat. Ein für die Zwecke der Schule vereinnahmter Kindergarten ist in Gefahr, Eigenaktivität, Spontaneität und Kreativität von Kindern zu vernachlässigen.

In welchem Maße Erzieher(innen) und Lehrer(innen) dem Druck
der Außenerwartungen nachgeben, hängt nicht zuletzt von der
beruflichen Erfahrung in der jeweiligen Erziehungs- und
Bildungsinstitution ab, wobei die Sicht der Berufsrolle bereits in der Ausbildung durch die Wahrnehmung der späteren
Berufsaufgaben geprägt wird. Mehr Wissenschaftlichkeit in
Studium und Fortbildung beinhaltet für die Beurteilung der
Berufsrolle mehr fachwissenschaftliche und unterrichtliche
Kompetenz. Der Lehrer weiß sich zuständig für Lehr- und
Lernaufgaben seiner Fächer, nicht aber für Erziehungsprobleme. Der Lehrer ist auf Unterricht, nicht auf Erziehung
spezialisiert, wobei der Grundschullehrer eine Zwitterstellung zwischen Erzieher und Lehrer einnimmt, weil das Anspruchsniveau in den von ihm vertretenen Unterrichtsfächern
gering eingestuft wird.
Zwar scheint es nach den empirischen Befunden so zu sein,
daß viele Lehrer am Anfang ihrer Berufslaufbahn zugleich
gute Erzieher und gute Unterrichtsexperten sein möchten,
aber dieser Wunsch wird im Verlauf der Berufserfahrung offensichtlich durch die institutionellen Rahmenbedingungen
deutlich zurückgenommen.
Der mütterliche oder väterliche Pädagoge ist einerseits erwünscht und andererseits suspekt. Mütterliche oder väterliche Einstellungen und Verhaltensweisen sind kein Qualifikationsnachweis; sie sind bei jenen akzeptiert, die fachlich
ausgewiesen und anerkannt sind. Nicht nur der Schüler, sondern auch der Lehrer kann und darf jeweils nur einen Teil
seiner Person in die Berufsrolle einbringen.

Nimmt sich der Lehrer eines problematischen Schülers an, so
ist das eher sein privates Interesse als seine berufliche
Pflicht. Niemand kann ein solches Engagement von ihm erwarten. Es steht dem Lehrer frei, Einstellungs- und Verhaltensprobleme einzelner Schüler von sich fernzuhalten, Schüler oder deren Eltern auf Psychologen oder Sozialpädagogen
zu verweisen.

Sobald Erziehungsanforderungen gestellt sind, die den unterrichtlichen Rahmen sprengen, taucht die Frage der Zuständigkeit und Kompetenz auf.

Aber ist es denn zutreffend, daß Erziehen im wesentlichen nur noch eine Funktion von Unterricht ist? Steht eine solche These nicht im deutlichen Gegensatz zu dem pädagogischen Engagement jener Lehrer, die den Erziehungsauftrag nicht weniger ernst nehmen als den Bildungsauftrag und die vor Ort erfahren, daß ohne vorausgehende und begleitende Erziehungsarbeit Unterricht gar nicht mehr möglich ist? Viele Lehrer erleben die einseitige Ausrichtung auf Unterricht als ein Dilemma; sie wissen, daß die Erziehungsaufgabe im Alltag der Schule zu kurz kommt.
Das beginnt mit der Frage, was die Lehrer von ihren Schülern wissen, von ihren Interessen, Aktivitäten, sozialen Kontakten, aber auch von ihren persönlichen Problemen und Schwierigkeiten.
Soll und kann der Lehrer sich auf den einzelnen Schüler näher einlassen? Probleme wie Schulschwänzen, fehlender Arbeitseifer, undiszipliniertes und aufsässiges Verhalten kommen zur Sprache. Aber wieviele Lehrer wagen es, Probleme wie Konkurrenz, Rücksichtnahme, Duldsamkeit, Verantwortung für den Mitschüler, Kontaktschwäche, Versagen und Orientierungslosigkeit anzusprechen?
Sprengen solche Themen die Möglichkeiten des Miteinanders in der Schule? Bringen derartige person- und gruppenbezogene Auseinandersetzungen den Lehrer in Bedrängnis? Muß er die persönliche Nähe und die damit verbundenen Anstrengungen fürchten? Ist die verbreitete Abstinenz in Erziehungsfragen ein Schutz vor zusätzlicher Belastung und Verantwortung oder eher ein Indiz für persönliche Unsicherheit, Angst vor persönlichen Stellungnahmen und Entscheidungen, vor der Preisgabe persönlicher Überzeugungen (Brück 1978).

Aus diesem Dilemma gibt es nur dann einen Ausweg, wenn die verhängnisvolle Aufspaltung des Lehrers in den Unterrichtsfachmann und den Erzieher theoretisch und praktisch entfällt, wenn sich der Lehrer mit seiner ganzen Person in die pädagogische Arbeit einbringt, d.h. mit seinem fachlichen und methodischen Wissen mit seinem Engagement für den jungen Menschen, das zugleich Nähe und Distanz, Offenheit und Verschwiegenheit erfordert. Die Tatsache, daß die Einheit von Erziehung und Bildung faktisch in spezialisierte Teilzuständigkeiten ausdifferenziert wurde, hat in Verbindung mit der Verwissenschaftlichung und Bürokratisierung der Schule zu einer weitgehenden Trennung von Erziehung und Unterricht geführt. Gemeint ist hier nicht die für den Unterricht funktionale Erziehung, sondern jene Einflußnahme auf den jungen Menschen, die den Sachanspruch nicht verselbständigt, sondern in den Dienst der Person stellt. In der pädagogischen Theorie wird zurecht von Denk-, Sprach- und Bewegungserziehung gesprochen, aber das Beiwort Erziehung verliert seinen Sinn, wenn der Zusammenhang zwischen Person und Denken, Person und Sprache, Person und Bewegung außer acht gelassen wird. Der Lehrer kann sich der Einflußnahme auf die Person nicht entziehen. Er ist verantwortlich für die gezielte und unbeabsichtigte Beeinflussung des Schülers.

Wird vom Lehrer erwartet, daß er Verantwortung übernimmt und sein Handeln nicht überwiegend auf Gesetze und Vorschriften abstützt, so muß er zunächst selbst wieder zuständig und verantwortlich sein für das, was in der Schule geschieht. Das erfordert den nachhaltigen Abbau einer bürokratischen Schule und des damit verbundenen bürokratischen Handelns. Dabei geht es nicht um die Aufhebung übergeordneter Rahmenvorschriften, die zum Zwecke der Einheitlichkeit, der Vergleichbarkeit und der Kontrolle notwendig sind. Die Rückverlagerung von Entscheidungskompetenzen auf die Ebene der einzelnen Schule muß vor allem in den Bereichen erfolgen, die für das pädagogische Profil einer Schule ausschlaggebend sind.

Das gilt insbesondere für die Entscheidung über die pädagogische Konzeption einer Schule, d.h. über die Erziehungs- und Bildungsziele einer Schule, für die Entscheidung über das Kollegenteam und die Leitung, für die Verteilung der Arbeitsschwerpunkte und die zeitlichen sowie pädagogisch relevanten Organisationsstrukturen, bishin zur Entscheidung über Leistungskontrollen und Leistungsbeurteilung.
Je höher der Grad der Reglementierung ist desto geringer sind die Bereitschaft und Fähigkeit zu eigenständigem und eigenverantwortlichem pädagogischen Handeln.
Soll es gelingen, daß Schule mehr leistet als zu kognitivem Lernen zu befähigen, so muß der Stellenwert des Erzieherischen im Unterricht an der Auseinandersetzung mit der Person des Schülers deutlich werden.

4. Erziehung ohne Perspektiven?

Weder die Erzieherin im Kindergarten noch der Lehrer in der Schule können sich darauf zurückziehen, Kindern das Rüstzeug, die instrumentellen Voraussetzungen für eine Erziehung zum Menschen zu geben. Sie sind weder zufällige noch entbehrliche Wegbegleiter von Kindern und Jugendlichen. Von ihnen wollen junge Menschen zum einen wissen, wie und wozu Erwachsene arbeiten und leben und sie wollen zum anderen mit ihren Lehrern in Erfahrung bringen, wie junge Menschen leben könnten und sollten, ob es lohnt sich anzustrengen, welchen Sinn Versagen, Enttäuschung und Leid haben, wie Anpassung und Kritik gleichgewichtig zur Geltung kommen können (Bahr 1982).

Ohne eine Idee vom Menschen und vom Zusammenleben der Menschen, ohne Hoffnung, ohne einen Traum von der Zukunft, verliert der Beruf des Pädagogen seinen Sinn.
Erzieher und Lehrer bewegen sich in einer Institution, sind Erwartungen und Reglementierungen ausgesetzt. Sie mögen diese pädagogischen Institutionen als Käfige mit sehr begrenztem Bewegungsraum wahrnehmen, aber vielfach ist der

Blick derart von den Stäben des Käfigs gebannt, daß die Handlungsspielräume, die Nischen für eigene Ideen, für eigenverantwortliches Handeln und für die Durchsetzung pädagogischer Konzepte und Überzeugungen nicht mehr gesehen werden. Persönliches Engagement des Pädagogen ist mit Widerständen, Konflikten und Enttäuschungen verbunden. Teilnahme und Teilhabe am Entwicklungsprozeß Heranwachsender, an den Fortschritten, Brüchen und Krisen des Erwachsenwerdens erfordern Verbundenheit und Abstand, Nähe und Distanz, solidarischen und kritischen Umgang mit den z.T. widersprüchlichen Bedürfnissen, Einstellungen und Verhaltensweisen junger Menschen.

Nicht nur in der Auseinandersetzung mit den curricularen Konzepten des Kindergartens, sondern auch in der schulpädagogischen Diskussion wird die Trennung von Lebensraum und Lernort problematisiert. Diese Trennung kann nur in dem Maße aufgehoben werden, wie Schule als Ernstfall Lernen und Leben umfaßt. Schüler und Lehrer könnten Schule auch unter den gegenwärtigen Bedingungen durchaus als Lebensraum, als Ort, wo sie einen wichtigen Teil ihres Lebens leben, erfahren, wenn Lehrende und Lernende im Lernprozeß erleben, was mit ihrer Person passiert, in welcher Weise beide, Schüler und Lehrer miteinander Erfahrungen machen und wechselseitige Achtung und Verantwortung füreinander verspüren.

Die Frage der Erziehung wozu erübrigt sich dort, wo ein Interesse aneinander besteht, wo die Wichtigkeit des anderen mehr als eine Floskel ist, wo beide sich aufeinander einlassen und verlassen. Schüler erwarten von ihren Lehrern weder Willfährigkeit noch Anpassung an ihre momentanen Interessen und Vorlieben. Sie beurteilen Lehrer nach der Fähigkeit, Schüler zu fordern und herauszufordern, Widerstand und Beistand zu leisten.

Die öffentlichen Erziehungs- und Bildungseinrichtungen sind eingebunden in das gesellschaftliche System, nicht im Sinne eines kybernetischen Regelkreises, wohl aber im Sinne der Wechselwirkung von Außenerwartungen und Selbsterwartungen. Die von außen zugeschriebenen Funktionen schränken die Bedeutung des Erzieherischen ein. Je höher das intellektuelle Anspruchsniveau einer Schule bzw. eines Schultyps, desto ausgeprägter erfolgt die Konzentration auf den Unterricht. Die ungleiche Gewichtung von Erziehung und Unterricht hat nicht nur ökonomische und gesellschaftliche, sondern auch pädagogische Gründe, wie z.B. die mangelnde Operationalisierung dessen, was Erziehung beinhaltet wie auch der fehlende Konsens in den Zielbestimmungen von Erziehung und die sie begründenden Werte und Normen.

Solange Schule jedoch ihren Erziehungsauftrag vorrangig in Orientierung am Unterricht funktionalisiert, ist kein Raum für ein Bildungsverständnis, das über bildungssoziologische und systemtheoretisch abgeleitete Sozialisationsfunktionen hinausweist.
Eine zugleich sach- und personenbezogene Schule läßt sich nicht auf die von außen zugeschriebenen Funktionen reduzieren, beschränkt sich nicht auf die gesellschaftlich erwartete kognitive und soziale Lernförderung.
Wenn die Persönlichkeitsentwicklung den Kern der pädagogischen Arbeit bilden soll, dann bedarf es der Ermutigung des Pädagogen, sich für den Heranwachsenden im Rahmen der schulischen Bedingungen zuständig und verantwortlich zu wissen.

Voraussetzung ist eine berufliche Sozialisation, in der die besondere Bedeutung des Erzieherischen in Vorschule und Schule vermittelt und erfahren werden.
Erst in dem Maße wie sich Lehrer dem einzelnen und nicht primär der Schülergruppe zuwenden, besteht die Chance, dem Individuellen Rechnung zu tragen und die Entfaltung der Person zu fördern.

Gelingt es, daß Lehrer und Schüler verstärkt ihre Person einbringen, dann geschieht Erziehung wahrscheinlich weniger als reflektiertes, methodisch geplantes und abgesichertes Handeln, sondern durch Umgang auf der Grundlage gemeinsamer Erfahrungen, vorgegebener Anforderungen und unterschiedlicher Betroffenheit. Dabei ist entscheidend, daß Pädagogen existenziell erschütternde Erlebnisse und Erfahrungen zulassen und diese weder abkürzen noch verstümmeln. Dabei kann Schule nicht nur von der pädagogischen Arbeit des Kindergartens, sondern ebenso von den anregenden Lehr- und Lernkonzeptionen des person- und sachbezogenen didaktischen Ansatzes in der Erwachsenenbildung wichtige Impulse aufnehmen.

Ist es Erzieher(innen) und Lehrer(innen) ein Anliegen, jungen Menschen Perspektiven für ihre Lebensführung zu geben, so sind sie mit der Aufgabe konfrontiert, mitzuwirken an der Fortführung und Veränderung des Erziehungs- und Bildungsauftrages. Das können Lehrer nur leisten, wenn sie lernen, sich zugleich funktional und afunktional zu verhalten, wenn sie in der Lage sind, kulturelles Wissen weiterzugeben und zu verändern, wenn sie die produktive Spannung zwischen Fachlichkeit und pädagogischer Verantwortung aushalten lernen.

Die Erziehung kann nicht durch einen unreflektierten Rückgriff auf traditionelle Werte und Normen reaktiviert werden. Notwendig ist die Hineinnahme der überkommenen Werte und Normen in die Auseinandersetzung um Wertwandel, um Begründung und Geltung von Werten und Normen sowie Wertentscheidungen.

Heranwachsende haben verschwommene und klare Vorstellungen davon, wie sie in der Altersgruppe und mit Erwachsenen leben möchten. Sie haben Optionen in bezug auf Familie, Schule, Umwelt, Frieden.
Sie nehmen in ihren Lebenszusammenhängen teil an den Auseinandersetzungen und Lösungsvorschlägen zur Gestaltung der menschlichen Umwelt, zur Verteilung der Arbeit und des Ein-

kommens, zur Verengung und Erweiterung zwischenmenschlicher Beziehungen.

Bisher haben Kinder und Jugendliche in unseren Bildungseinrichtungen jedoch zu geringe Chancen zur geistigen Auseinandersetzung und zur Mitwirkung an Gegenwartsbewältigung und Zukunftsgestaltung.
Geschieht dieses aus Angst vor Konflikten oder Niederlagen, fürchten wir die ungebrochene Phantasie und Vitalität der Jüngeren, die mit ihren Entwürfen und Experimenten die Wirklichkeit sprengen könnten? Persönlichkeitsprofil vermögen Menschen nur zu entwickeln, wenn Auseinandersetzung stattfindet, wenn sie herausgefordert sind zu Engagement und Entscheidung, wenn sie an der Erarbeitung der Zukunftsperspektiven beteiligt sind.

Wenn diese Annahmen zutreffen, hat Schule die Erziehungsaufgabe nicht nur im Rahmen von Unterricht zu verstärken, sondern zum Hauptanliegen des Pädagogen zu machen. An der Erziehung wird sich die Zukunft des einzelnen und der Gesellschaft entscheiden.

LITERATUR

Arbeitsgruppe Vorschulerziehung. Anregungen III. Didaktische Einheiten im Kindergarten. München 1978

Auwärter, M. u.a. (Hrsg.): Seminar: Kommunikation, Interaktion, Identität. Frankfurt: Suhrkamp 1976

Bahr, H.E. (Hrsg.): Wissen, wofür man lebt. Stuttgart: Kindler 1982

Benner, D.; Brüggen, F.; Butterhof, H.-W. u.a.: Entgegnungen zum Bonner Forum "Mut zur Erziehung". München 1978

Bittner, G.: Was bedeutet "Kindgemäß"? In: Zeitschrift für Pädagogik 27 (1981) 6, S. 827 - 838

Bronfenbrenner, U.: Wie wirksam ist kompensatorische Erziehung? Stuttgart: Klett 1974

Bronfenbrenner, U.: Ökologische Sozialisationsforschung. Stuttgart: Klett 1976

Brück, H.: Die Angst des Lehrers vor seinem Schüler. Reinbek: Rowohlt 1978

Bundesministerium für Jugend, Familie und Gesundheit (Hrsg.): Fünfter Jugendbericht. Bonn-Bad Godesberg 1980

Colberg-Schrader, H.: Der Erzieher vor den Ansprüchen von Bildungspolitik und Bildungsplanung. In: Moersberger, H. u.a. (Hrsg.): Der Kindergarten. Bd. 1., 2. Aufl., Freiburg: Herder 1979, S. 285 - 300 (a)

Colberg-Schrader, H.: Die Rolle des Erziehers und sein Selbstverständnis. In: Moersberger, H. u.a. (Hrsg.): Der Kindergarten. Bd. 1., 3. Aufl., Freiburg: Herder 1979, S. 301 - 314 (b)

Das Bildungswesen in der Bundesrepublik Deutschland. Reinbek: Rowohlt 1979

Derschau, v. D.: Die Erzieherausbildung. München: Juventa 1974

Derschau, v. D. (Hrsg.): Entwicklungen im Elementarbereich. München: Deutsches Jugendinstitut 1981

(Deutscher Bildungsrat) Strukturplan für das Bildungswesen. 4. Aufl., Stuttgart: Klett-Cotta 1972

Dollase, R. (Hrsg.): Handbuch der Früh- und Vorschulpädagogik. Bd. 1 u. 2. Düsseldorf: Schwann 1978

Fischer, H.: Identität in der Erzieherausbildung. Ansätze einer handlungsorientierten Ausbildungsdidaktik. Düsseldorf: Patmos 1980

Flitner, A.: Der Streit um die Vorschulerziehung. In: Bittner, G. u.a. (Hrsg.): Erziehung in früher Kindheit. 6. Aufl. München: R. Piper & Co. 1976, S. 364 - 384

Forum Zukunft der SPD. Forum Bildung: "Was sollen unsere Kinder lernen?" (8./9. Mai 1979 in Böblingen)

Fürstenau, P. (Hrsg.): Der psychoanalytische Beitrag zur Erziehungswissenschaft. Darmstadt: Wiss. Buchges. 1974

Haarmann, K.P.: Entwicklungen beruflicher Identität von Erziehern im Kindergarten. Befunde einer Untersuchung im Praxisfeld. Unveröff. Diplomarbeit. Dortmund 1982

Hebenstreit, S.: Spieltheorie und Spielförderung im Kindergarten. Stuttgart: Klett 1979

Hebenstreit, S.: Einführung in die Kindergartenpädagogik. Stuttgart: Klett 1980

Henning, G.; Menze, C.; Berglar, P. u.a.: Erziehung und Schuld. Hrsg. v. d. Fördergemeinschaft für Schulen in freier Trägerschaft e.V., Köln 1977

Höltershinken, D.: Das Spiel und seine Voraussetzungen. In: Höltershinken, D. (Hrsg.): Frühkindliche Erziehung und Kindergartenerziehung. Freiburg: Herder 1977, S. 147 - 166

Hornstein, W.: Bildungsplanung ohne sozialpädagogische Perspektiven. In: Zeitschrift für Pädagogik 17 (1971) 3, S. 285 - 314

Krappmann, L.: Kommunikation und Interaktion im Spiel. In: Deutscher Bildungsrat (Hrsg.): Die Eingangsstufe des Primarbereichs. Bd. 2/1: Spielen und Gestalten. Stuttgart: Klett-Cotta 1976

Krappmann, L.: Curriculare Erprobungsprogramme der Bund-Länder-Kommission. Unveröff. Manuskript, Max-Planck-Institut für Bildungsforschung. Berlin 1981

Krüger, H. u.a. (Hrsg.): Qualifikationen für Erzieherarbeit. DJI-Materialien. München 1981

Max-Planck-Institut für Bildungsforschung, Projektgruppe Bildungsbericht (Hrsg.): Bildung in der Bundesrepublik Deutschland. Daten und Analysen. Bd. 2: Gegenwärtige Probleme. Reinbek: Rowohlt 1980

Moersberger, H. u.a. (Hrsg.): Der Kindergarten. 3 Bde. 3. Aufl., Freiburg: Herder 1979

Pestalozzi-Fröbel-Verband (Hrsg.): Fachtagung Elementarbereich '80. Berlin o.J.

Peukert, U.: Interaktive Kompetenz und Identität. Zum Vorrang sozialen Lernens im Vorschulalter. Düsseldorf: Patmus 1979

Schrader, H.: Professionalisierung der Erzieher im Rahmen vorschulischer Curriculumentwicklung. In: Zimmer, J. (Hrsg.): Curriculumentwicklung im Vorschulbereich. Bd. 1. München: Piper 1973, S. 285 - 318

Sprey-Wessing, Th.; Süssmuth, R.: Offener Kindergarten - für wen und wozu. Theoretische Überlegungen zu einem erweiterten Offenheitskonzept. In: Welt des Kindes 60 (1982) 3, S. 180 - 192

Süssmuth, R.: Die Bedeutung der Bezugsperson als Interaktionspartner. In: Höltershinken, D. (Hrsg.): Frühkindliche Erziehung und Kindergartenpädagogik. Freiburg: Herder 1977, S. 15 - 28

Süssmuth, R.: Was hat sie gebracht? - Zehn Jahre Reform im Kindergarten - eine Bilanz. In: Welt des Kindes 59 (1981) 2, S. 123 - 133

Wellendorf, F.: Schulische Sozialisation und Identität. Zur Sozialpsychologie der Schule als Institution. 4. Aufl. Weinheim: Beltz 1974

Zimmer, J. (Hrsg.): Curriculumentwicklung im Vorschulbereich. Bd. 1. München: Piper 1973

Zimmer, J.: Kindgemäßheit und Vorschulerziehung. In: Zeitschrift für Pädagogik 28 (1982) 2, S. 315 - 318

Detlef Glowka

DER AUSGRIFF AUF DIE ZUKUNFT ALS VERFAHREN ZUR BEGRÜNDUNG
VON ERZIEHERISCHEN PERSPEKTIVEN FÜR ANGEHENDE LEHRER

0. Vorbemerkungen

Die folgenden Gedanken trage ich hier als persönliche Überlegungen vor, doch ich bin dabei überzeugt, daß viele Hochschullehrer sich mit ähnlichen Fragen beschäftigen. Die angesprochenen Probleme berühren die persönliche Existenz, die öffentliche wie die private, und sie sind so vielfältig mit den Grundfragen unserer Zeit verknüpft, daß es mir schwer fällt, dafür die objektivierende Sprache der Wissenschaft zu finden. Einfließende Voraussetzungen können nicht näher erörtert werden; vieles läßt sich nur andeuten. Um verstanden zu werden, ist man weitgehend darauf angewiesen, daß dem Angesprochenen die herangezogenen Auffassungen und ihre Grundlagen vertraut sind.

Die Frage nach der Zukunft ist eines der großen Themen unserer Zeit. Ich gehe davon aus, daß "Zukunft" auch für die Erziehungswissenschaft zu einer zentralen Kategorie werden muß. Immer mehr Pädagogen fragen sich, wie sie die Zukunft in ihrer Wissenschaft behandeln sollen; auf dem letzten Kongreß der Deutschen Gesellschaft für Erziehungswissenschaft wurde von einigen Teilnehmern ein Anlauf gemacht, um eine Kommission der DGfE zum Thema "Erziehung und Zukunft" zu bilden. Bisher jedoch ist das Thema - meines Wissens - noch nicht gründlich behandelt worden.

Ich will im folgenden versuchen, einige Probleme zu umreißen, die sich bei der Absicht einstellen, den Ausgriff auf die Zukunft in pädagogische Lehrveranstaltungen an der Hochschule hineinzutragen.

1. Die Bedeutung der Perspektive für erzieherisches Handeln

Die Aussage "Erziehung vermittelt zwischen Vergangenheit und Zukunft" gehört zu den Grundannahmen pädagogischen Denkens. Dabei wird in der Regel der Zukunftsbezug des Erziehungsprozesses aus der "Unfertigkeit" des "Zöglings" abgeleitet; er hat das Eigentliche (seine Mündigkeit) vor sich. Geht man über die formale Bestimmung hinaus und fragt, in was für künftigen Situationen sich die zu erlangende Mündigkeit wahrscheinlich zu bewähren hat, so wird relevant, welche inhaltlichen Vorstellungen von der Zukunft im gegenwärtigen Erziehungsprozeß wirksam werden. Obgleich gerade verantwortungsbewußte Erziehung den "Zögling" offenhalten soll für die Zukunft, ist doch ein Erziehungsprozeß ohne den Einfluß bewußt oder unbewußt vorhandener Leitbilder vom Charakter der Zukunft schlechthin nicht vorstellbar. Also kommt es darauf an, die im Erziehungsprozeß wirksamen leitenden Wertvorstellungen nicht zu verstecken, sondern sich ihrer zu besinnen und zu vergewissern. Nach den Werten in der Erziehung wird gegenwärtig überall gesucht. Darin spiegelt sich nicht nur die herrschende Wertunsicherheit. Es ist auch eine Reaktion auf den Versuch der Erziehungswissenschaft, die Offenheit des Menschen für alles Mögliche zum Erziehungsziel zu deklarieren: Lernbereitschaft, Umstellfähigkeit, Mobilität, Ambiguitätstoleranz und dergleichen laufen als "Qualifikationsziele" Gefahr, den Menschen zum disponiblen Objekt wechselnder herrschender Umstände zu machen und ihm ein Zentrum vorzuenthalten.

Ich gründe meine weiteren Überlegungen auf die These, daß wir eine Erziehung zum perspektivischen Denken brauchen. "Perspektivisches Denken" soll eine Art zu Leben bezeichnen, soll Handeln als Ausdruck dieses Denkens einschließen, bezeichnet also "prospektivisches Leben"; es beruht auf Visionen von der Zukunft und ist auf Wertvorstellungen gegründet. In diesem Zusammenhang das Denken zu betonen, scheint mir deshalb angebracht, weil sich die Zukunft nicht

sinnlich und erlebnishaft erschließt, sondern erst durch
die Bemühung der Verstandeskräfte ihre Konturen gewinnt. -
Zu meiner These gehört auch die Aussage: Nur Lehrer mit
Perspektive können perspektivisch erziehen. Und daraus ergibt sich für mich die Frage: Wie stellen wir es an, angehende Lehrer zum perspektivischen Denken anzuregen?

2. Einwände gegen eine Erziehung zum perspektivischen Denken

Die Idee, daß der Ausgriff auf die Zukunft ein Mittel ist,
perspektivisches Erziehen zu begründen, muß mit einer Reihe
von Einwänden rechnen. Die vielleicht wichtigsten will ich
in den drei folgenden Argumentationsfiguren andeuten:

a) Die Zukunft ist ungewiß; niemand kann sie kennen, weil
sie wirklich offen ist; denn sie wird beeinflußt von den
Entscheidungen der gegenwärtig Handelnden. Das Zusammenwirken der unzähligen Entscheidungen ist unberechenbar.
Bisherige Versuche, die Zukunft zu antizipieren, waren
nicht gerade ermutigend; Voraussagen haben sich vielfach
(sogar überwiegend?) als falsch erwiesen. Aber auch
richtige Voraussagen (wie 1933: "Hitler bedeutet Krieg")
haben auf das Verhalten der Menschen nicht größeren Einfluß als falsche (Kassandra als Urbild). Wie also soll
"Zukunft" als Orientierungshilfe dienen können?

b) Wenn perspektivisches Denken bedeutet, für bestimmte
Werte zu optieren und sich für ihr (verstärktes) Wirksamwerden in der Zukunft zu engagieren, kommt damit die
ganze Wertproblematik ins Spiel. Wie soll die Erziehungswissenschaft, wie sollen Hochschullehrer und Lehrer, wie soll die Schule mit der Wertproblematik umgehen? Der Wertehorizont unserer Gesellschaft ist pluralistisch, die verbreiteten Wertsysteme werden vermutlich
eher weiter divergieren als konvergieren. Neuere Versuche, der Erziehungswissenschaft ein konsensfähiges Wert-

zentrum zu geben, haben sich nicht als tragfähig erwiesen: Die Emanzipationsidee hat ihre Anziehungskraft verloren; sie hat sich als zu vage erwiesen (Emanzipation - wovon? wozu?). Die alten bürgerlichen Tugenden (Treue, Pflicht, Leistung, Bescheidenheit usw.) werden wahrscheinlich trotz neuer Beschwörungsversuche weiter an Schub- und Integrationskraft einbüßen; sie haben sich als mißbrauchbarer erwiesen, und sie gründen darauf, daß "die Forderung des Tages" ihren Sinn überzeugend in sich trägt. Ideologische Heilslehren (siehe Perspektive bei Makarenko) taugen nicht für die Staatsschule in einer pluralistischen Demokratie. Weltanschauungsschulen sind nicht gefragt (konfessionelle und anthroposophische Schulen beziehen ihre gegenwärtige Nachfrage nicht aus weltanschaulichen Motiven). - Soll man sich auf die Grundwerte besinnen, auf das Grundgesetz, als die konsensfähige Basis? Aber sind sie nicht nur wegen ihrer Allgemeinheit, wegen ihrer inhaltlichen Lehre gegenüber den konkreten gesellschaftlichen Problemen konsensfähig? Verhindert also nicht allein die Wertproblematik, Lehrer auf perspektivisches Denken und Erziehen zu orientieren?

c) Schließlich: Die menschliche Natur widersetzt sich dem perspektivischen Denken. Die herrschenden Erwartungen sind jeweils eine Spiegelung der gegenwärtigen Situation; ist die Gegenwart düster bzw. lichtvoll, wird erwartet, daß auch die Zukunft so sein werde. Politiker verlieren die längerfristigen Dimensionen ihrer Aufgaben nicht nur deshalb aus dem Blick, weil sie zu sehr unter dem Druck der Tagesaufgaben stehen, sondern auch, weil sie mit langfristig wirksam werdenden Aktionen ihre Wähler nicht bei der Stange halten würden. Nur besondere Lebens- und Bildungsumstände, wie sie etwa in den Hochschulen anzutreffen sind, erlauben eine perspektivische Denkweise; von der Mehrheit der Bevölkerung ist sie nicht zu erwarten. Die Handlungsweisen und Wertmuster der Individuen sind von der Vergangenheit geprägt; Kindheitseindrücke - weitgehend durch Eltern und Großeltern vermittelt - werden verhaltensbestimmend bis ins Alter. Schon den Anforderungen der Gegenwart öffnen sich die Menschen nur mit Mühe; sich bereits heute auf künftige Anforderungen einstellen zu sollen, heißt, sie zu überfordern. Die Antiquiertheit des Menschen scheint ein anthropologisches Faktum zu sein.

3. Motive für die Beförderung des perspektivischen Denkens (Gegenrede zu den Einwänden)

a) Die Notwendigkeit, perspektivisch zu denken

In vieler Hinsicht ist die Zukunft nicht ungewiß. Sie ist keineswegs völlig offen. Unsere Handlungsmöglichkeiten sind zweifellos durch die uns zugewachsenen bzw. selbst geschaffenen Umstände begrenzt. Deshalb sind auch Vorstellungen von einer völlig neuen künftigen Kultur unrealistisch; eine mögliche neue Kultur oder gar Gegenkultur mag sich in vieler Hinsicht von der tradierten unterscheiden, aber sie wird doch diese in sich "aufheben" müssen. Gerade eine Betrachtung des Zivilisationsprozesses macht deutlich, in welch hohem Maße wir langfristigen, gleichgerichteten Entwicklungen unterliegen (Elias). Jede tiefere historische Betrachtung unserer Zeit bringt ins Bewußtsein, wie sehr wir von der Vergangenheit geprägt und durch sie gebunden sind. Deshalb lernen Kinder in der Schule das Fach Geschichte. Was steht dem entgegen, diese perspektivische Betrachtungsweise von der Vergangenheit auf die Zukunft zu wenden? Wenn bisher in der Erziehung der Vergangenheit größere Bedeutung zugemessen wurde als der Zukunft, so dürfte dies weniger am ungewissen Charakter der Zukunft gelegen haben als vielmehr an herrschenden sozialen Verhältnissen und Interessen, die eine rückblickende Haltung als angemessen erscheinen ließen.

Es fällt heute nicht schwer, Argumente und Beispiele dafür zu finden, daß eine Hinwendung der Aufmerksamkeit auf die Zukunft nicht nur möglich, sondern notwendig ist. In wichtigen Dimensionen ist die Zukunft ziemlich deutlich erkennbar, und die Menschen würden ihren langfristigen Interessen besser entsprechen, wenn sie aus solchen Einsichten heraus handelten. Wir haben eindrucksvolle Fälle bestätigter Prognosen, die man nicht als Zufallstreffer bezeichnen kann. So haben viele den Zweiten Weltkrieg mit Hitlers Machantritt vorausgesagt. Die heute die Politik beherrschende Krise der Staatsfinanzen ist bereits in Zeiten der Prosperität vorausgesagt worden (Offe). Die anhaltende und zunehmende Arbeitslosigkeit war "die bestprognostizierte Krise der neueren Zeit" (Mertens). In der großtechnischen Entwicklung ist es unumgänglich geworden, die zu erwartenden Folgen im voraus absehen zu können; die "Technologiefolgenabschätzung" entwickelt sich zu einem eigenen Wissenschaftsbereich. Wir dürfen heute nicht mehr alles machen, wozu wir technisch in der Lage wären. Auf den ersten Blick so harmlos anmutende Dinge wie Treibgas für Spraydosen können über die Auswirkung der Aerosole das Leben auf der Erde gefährden. Es sind insbesondere die Auswirkungen der Technik auf die natürliche Umwelt, die langfristige und differenzierte perspektivische Analysen erfordern. Ähnlich ist es im sozialen Bereich. Bei der Einführung neuer Techniken - wie Mikroprozessoren oder Verkabelung - sind wir genötigt, über die wahrscheinlichen sozialen Folgen nachzudenken. Die Einnahme von Rauschgiften, ein hoher Anteil von nichtintegrierten Ausländern, die verbreitete Arbeitslosigkeit sind nicht Phänomene, die aktuell den Zusammenhalt unserer Gesellschaft bedrohen; doch man muß fürchten, daß sie künftig zu sozialen Sprengsätzen werden, wenn man heute nicht etwas dagegen unternimmt. Noch können die entwickelten Länder das Elend der Mehrheit der Weltbevölkerung ertragen, profitieren sogar noch davon. Doch die Nord-Süd-Kommission hat Argumente dafür beigebracht, daß ein Fortbestand dieser Verhältnisse auch die entwickelten Länder in existenzielle Gefahr bringen wird.

All dies sind nur Andeutungen für komplexe Sachverhalte, die heute bereits einer großen Anzahl von Menschen bekannt sind. Worum es geht, ist, aus diesen Informationen die rechten Schlußfolgerungen zu ziehen und ein ihnen angemessenes Alltagsbewußtsein und Alltagshandeln zu entwickeln. Die den Menschen möglichen Eingriffe in die Natur und in die sozialen Beziehungen haben Dimensionen angenommen, die zur Selbstzerstörung führen können. Wir können es uns nicht mehr leisten, aus Schaden klug zu werden, weil es dann schon zu spät sein kann oder zumindest die Reparaturkosten ungeheuerlich sind. Es handelt sich zudem um langfristig wirkende Prozesse (Atommüll muß für Jahrtausende gesichert werden).

Die angedeutete Problematik ist relativ neu, was die Größe ihrer Dimensionen angeht. Es ist in den letzten Jahrzehnten eine qualitativ neue Situation entstanden. Noch den Großeltern heutiger Kinder waren solche Horizonte in der Phase ihrer eigenen Bewußtwerdung unvorstellbar. Es ist die neue Situation, die perspektivisches Denken als Grundausstattung des Menschen erforderlich macht.

b) Zum Umgang mit der Wertproblematik

Sicher ist es zutreffend, daß die Technik sich in einer Art Eigengesetzlichkeit entwickelt, obwohl sie doch von den Menschen hervorgebracht wird. Die von ihr ausgehenden Zwänge entstehen gleichsam hinter dem Rücken derer, die sie entwickeln. Das ist die eine Seite der Sache. Auf der anderen Seite fehlt es natürlich nicht an Vorstellungen vom sinnvollen Leben, von denen man meint, aus ihnen ergäben sich die eigentlich leitenden Prinzipien, denen auch die Technik zu unterwerfen wäre. Konservative, progressive, alternative und sonstige Strömungen in unserer Gesellschaft orientieren sich an Leitbildern vom lebenswerten Leben. Es ist also nicht so, daß Werte erst neu gefunden werden müßten, wenn man das Denken auf die Zukunft richtet. Die künftigen Werte sind in der Gegenwart angelegt. Die Frage ist, welche Werte verstärkt gelten werden oder gelten sollen, was also sich in der Konkurrenz der Wertvorstellungen durchsetzen wird.

Dabei divergieren die Werte erheblich. Von einer Kultur des "Habens" zu einer Kultur des "Seins" (Fromm) zu gelangen, erfordert ein Umdenken, eine Abkehr von herrschenden Werten. Viele fühlen sich durch solche Forderungen bedroht. Die "Grünen" artikulieren Elemente einer alternativen Kultur; sie gelten der großen Mehrheit als nicht-koalitionsfähig; "Unregierbarkeit" droht. Noch dramatischer werden die Gegensätze in bezug auf die Probleme der Rüstung und der Friedenssicherung. - Läßt man sich als Lehrer oder Hochschullehrer auf perspektivisches Denken ein, wird man unvermeidlich hineingezogen in den Kampf zwischen unterschiedlichen Wertvorstellungen und ihrer politischen Gruppierungen.

Hochschullehrer und Lehrer stehen beruflich in einer besonderen Situation. Einerseits fordert die Erziehungsaufgabe von ihnen ein Engagement in der Wertfrage. Andererseits fordert ihr öffentliches Amt und die Staatlichkeit der sie tragenden Bildungsinstitutionen von ihnen politische Zurückhaltung. Auch die pädagogische Verantwortung verlangt eine Selbstkontrolle des Engagements. Es gibt Positionen, die dieses Dilemma als Pseudoproblem ansehen, aber mir scheint es ein ernsthaftes Problem zu sein.

Eine den Pädagogen angemessene Aufgabe sehe ich darin, die Wahrnehmung auf die Grundwerte der Gesellschaft zu lenken. Grundwerte sind keine Fiktion oder leere Abstraktion; ohne ein gewisses Maß an gemeinsamen Werten steht die Gesellschaft vor dem Bürgerkrieg. Demokratie und das in ihr implizierte Toleranzgebot dürfen nicht aufgegeben werden; Frieden, Freiheit, Gesundheit, soziale Sicherheit, Solidarität sind als erstrebenswerte Güter zugleich konsensfähige

Grundwerte. Wollen wir den künftigen Aufgaben gewachsen sein, brauchen wir "Feindesliebe" (zumindest Beherrschung von Feindseeligkeit), ökologische Sensibilität, Betroffenheit durch die Not auch entfernter Gruppen und Völker, Wille zur Abkehr von bestimmten Lebensgewohnheiten (z.B. Verschwendung von materiellen Gütern). Aus der Besinnung auf derartige Grundwerte eröffnet sich den Pädagogen ein genügend breiter Raum für engagiertes Handeln, ohne seine berufliche Rolle in die politischen Tageskämpfe verstricken zu müssen. Es scheinen mir in der Tat zwei unterschiedliche Positionen zu sein, ob man sich primär auf konsensfähige Grundwerte einlassen will oder auf eine der pluralistisch und kontrovers bleibenden Folgerungen aus den Grundwerten.

Unter der studentischen Jugend - so mein Eindruck - ist heute eine tiefe Skepsis gegenüber den Möglichkeiten einer Beeinflussung der politischen Willensbildung im Sinne der eigenen Wertvorstellungen verbreitet. Während unter den politisch Interessierten die Resignation vorherrscht, ist es bei der Mehrheit die Gleichgültigkeit gegenüber allen öffentlichen Angelegenheiten. In dieser Situation perspektivisches Denken befördern zu wollen, verlangt vom Pädagogen, sich zu einem Wertehorizont zu bekennen und die Überzeugung vom Sinn politischen Handelns glaubwürdig zu vertreten.

c) Perspektivisches Denken und die Natur des Menschen

Aus dem Spektrum anthropologischer Denkweisen stehen mir jene am nächsten, die den durch Gesellschaft geprägten Charakter der menschlichen "Natur" betonen. Daß diese Natur gegenüber den heutigen Anforderungen "antiquiert" ist, hat Günter Anders eindringlich dargelegt. Die gesellschaftlichen Verhältnisse bewirken also nicht eine automatische Anpassung des Menschen an die von ihm selbst geschaffenen Umstände. Die Argumente für die Notwendigkeit perspektivischen Denkens sagen noch nichts über seine Realisierbarkeit. Die Möglichkeit des Scheiterns ist inbegriffen. Schon

werden uns literarische Produktionen vorgelegt, die das von
unserer Generation zu vollziehende Inferno einer atomaren
Selbstauslöschung der Menschheit als Sinn und Ziel der Geschichte ausmalen (Ulrich Horstmann).

Stellt sich perspektivisches Denken nicht einfach im Kontext gesellschaftlicher Veränderungen ein, erhebt sich die
Frage, auf welche Weise es bewußt gefördert werden kann.
Der Club of Rome hat Lernen als die "Zukunftschance" für
die 80er Jahre herausgestellt - als Antwort auf "das
menschliche Dilemma", welches darin bestehe, daß die Menschen unserer Zeit noch nicht in der Lage seien, die Bedeutung und die Konsequenzen ihres Handelns voll zu erfassen.
Der Bericht ist eine Art Programm zur systematischen Beförderung einer neuen Lernperspektive. Es erscheint plausibel,
daß durch adäquates Lernen der schwierigen und bedrohlichen
Situation begegnet werden kann, in der sich die Menschheit
befindet.

Damit ist - wieder einmal in der Geschichte - die Erziehung
in besonderer Weise angesprochen. Sollten die Pädagogen
nicht einen wesentlichen Beitrag leisten können, wenn es
darum geht, Lernen zu befördern? Wir dürfen uns heute keiner Überschätzung der Erziehungsmöglichkeiten mehr hingeben, wenn wir historische Erfahrungen nicht ignorieren wollen. Was durch das menschliche Dilemma in neuer Weise herausgefordert ist, ist die Subjektseite des geschichtlichen
Prozesses (im Sinne einer materialistischen Gesichtsphilosophie). Über Einsichten, über Bewußtsein, über subjektive
Anstrengungen, über gewollte Selbstveränderung ist ein Ausbruch aus der "Antiquiertheit" und dem "Dilemma" am ehesten
vorstellbar. Von Erziehung, zumal vom Handeln professioneller Pädagogen, ist da wohl nicht mehr als ein Beitrag im
Rahmen einer breiteren Strömung zu erwarten; man sollte
diesen Beitrag nicht zu hoch, aber auch nicht gering veranschlagen.

Das Bewältigen unserer Zeitprobleme durch Denken und Bewußtheit - immer verstanden als Grundlagen prospektivischen Handelns und Lebens - stellt Forderungen an die Verstandeskräfte, an die Weiterentwicklung der Ratio. Wir beobachten heute jedoch unter Studenten nicht nur ein Mißtrauen gegenüber der Wissenschaft, sondern sogar eine Opposition zum rationalen Denken. In der Tat sind ja neue Formen des Rationalismus zu entwickeln, wie beispielsweise Günter Anders die Phantasie als die heute angemessene Weise der Wahrnehmung herausgestellt hat. Mir scheint, auf uns Hochschullehrer kommt es als besondere Aufgabe zu, den Studenten den Wert von Vernunft und rationaler Denkart aufzuschließen und zugleich die berechtigte Kritik am etablierten Wissenschaftsbetrieb aufzugreifen.

4. Schwierigkeiten einer Erziehung zum perspektivischen Denken

Die Problematik einer Erziehung zum perspektivischen Denken möchte ich am Beispiel der Atomkriegsgefahr konkretisieren. Die atomare Gefahr unterscheidet sich von anderen uns bedrohenden Gefahren. Mögliche künftige ökologische und soziale Katastrophen können uns nicht innerhalb von Minuten überfallen; sie erlauben wahrscheinlich auch, Mittel und Wege zu finden, mit ihnen umzugehen. Das eingelagerte Potential atomarer Sprengkraft hingegen reicht mehrfach aus, die Menschheit auszulöschen. Wir haben deshalb nicht, wie Günter Anders formuliert, eine Atompolitik neben Sozialpolitik, Außenpolitik usw., sondern Politik innerhalb der atomaren Situation. Es ist deshalb unvermeidlich, der atomaren Gefahr einen zentralen Platz im perspektivischen Denken einzuräumen.

Ich gehe von einigen Grundannahmen aus, die nicht nur in der Literatur verbreitet sind, sondern auch in den Köpfen der Studenten:

Das installierte Arsenal atomarer "Waffen" kommt einer Weltvernichtungsanlage gleich. Die Geräte sind so hochgradig automatisiert, daß ihre Bedienung im Prinzip so einfach ist, wie die eines Fernsehgerätes - es werden Knöpfe gedrückt. Es wird immer komplizierter, das riesige Arsenal unter der gebotenen Kontrolle zu halten; die Gefahr eines ungewollten Auslösens - wobei verschiedene Konstellationen eine Wahrscheinlichkeit haben - wächst. Kettenreaktionen auf eine erste Explosion können nicht ausgeschlossen werden; sie sind - etwa als Folge des Zusammenbruchs von Nachrichtensystemen - sogar zu erwarten. Eine Politik des Kriegsrisikos kann leicht außer Kontrolle geraten; nicht nur technisch, auch politisch ist mit der ungewollten Ingangsetzung von Vernichtungsanlagen zu rechnen. Die jüngste Drehung der Rüstungsspirale, wie sie die Reagan-Administration eingeleitet hat, bringt eine neue Qualität der Unsicherheit mit sich, indem sie faktisch auf Überlegenheit gegenüber der Sowjetunion abzielt. So entsteht gegenwärtig eine Situation, die es wenig wahrscheinlich macht, daß wir die 80er Jahre überleben.

Abrüstungsverhandlungen sind seit etwa 30 Jahren in unterschiedlichen Formen geführt oder versucht worden, die Aufwendungen für Rüstung jedoch ständig gewachsen. Offensichtlich bewegen sich die führenden politischen Machthaber aller Richtungen in Ost und West innerhalb eines Zirkels, den sie nicht zu durchbrechen vermögen, auch wenn sie es subjektiv wollen. Das System der Rüstung hat seine eigene Logik und gebiert fortlaufend größere Potentiale des Overkills. Nur ein "Aussteigen" aus dieser Logik, wie es die Friedensbewegung tut, kann zur Abrüstung und verbesserter Kriegsverhütung führen. Dazu ist es erforderlich, die Politiker unter den Druck von Massenbewegungen zu setzen; denn offenbar kann nur eine massive Verweigerung der Gefolgschaft sie dahin bringen, den Kurs zu ändern. Friedensbewegung und ökologische Bewegung gehören zusammen, weil der Rüstungswahnsinn nicht eine partielle und gleichsam technische Entgleisung aufgrund einiger äußerlicher und behebbarer Umstände darstellt (etwa: "Macht der Rüstungslobby in den USA", "Weltmachtstreben der Führungsgruppe in der UdSSR"), sondern die Produktion von Vernichtungsmitteln anstelle von sozialen Programmen ist ein repräsentativer Ausdruck unserer Kultur, ist zutiefst in ihr verwurzelt. Der Kampf gegen Rüstung ist aussichtsreich nur als Kampf für eine neue Kultur. Ansätze dafür sind in vielen wichtigen Bereichen und Ländern erkennbar. Es besteht eine gewisse Chance, den bedrohlichen Gang der Dinge zu wenden, dem rollenden Rad der unheilvollen Geschichte in die Speichen zu fallen.

Soweit zu dem Hintergrund der folgenden Ausführungen. Diese befassen sich mit drei Schwierigkeiten einer Erziehung zum perspektivischen Denken angesichts der atomaren Gefahr.

a) Demokratie und Friedensbewegung

Die Träger der Friedensbewegung wollen in der Welt etwas verändern, ohne es selbst verwirklichen zu können; denn nur die führenden Politiker haben es in der Hand, daß Abrüstung tatsächlich geschieht. Die Friedensbewegung aber findet außerhalb der herrschenden politischen Institutionen statt. Sie ist somit eine Art außerparlamentarischer Opposition und der Sache nach ein Ausdruck tiefen Mißtrauens gegenüber dem Denken und Handeln der Machtinhaber - jedenfalls in den Fragen der Friedenssicherung.

Die Friedensbewegung unterscheidet sich von anderen basisdemokratischen Strömungen (z.B. Bürgerinitiativen), die mehr oder weniger partikulare Interessen artikulieren. Die Anhänger der Friedensbewegung handeln aus tiefster existentieller Sorge heraus: nicht nur weil sie ihr Leben und das ihrer Angehörigen sehr real bedroht sehen (und gäbe das allein nicht schon ein Recht auf Widerstand?), sondern weil für sie die menschliche Kultur und der Bestand der "Schöp-

fung" auf dem Spiel stehen. Sie können sich deshalb nicht
damit abfinden, als Minderheit behandelt zu werden, die gefälligst
abwarten müsse, bis sie parlamentarisch mehrheitsfähig
ist. Das traditionelle Modell des demokratischen Umgangs
mit Minderheiten funktioniert hier nicht bzw. die
Idee des Minderheitenschutzes erhält eine neue Dimension.
Natürlich hat auch die Gegenseite das Recht, sich durch Abrüstungsvorschläge
bedroht zu sehen; denn man muß es ernst
nehmen, daß ein Teil der Bürger seine Sicherheit durch Waffen
und atomare Vernichtungsanlagen gewährleistet glaubt.
Somit tun sich Gegensätze auf, die potentiell über jene
Spannungen hinausgehen, um deretwillen in der Geschichte
die Bürgerkriege ausgetragen wurden.

Will man als Pädagoge perspektivisches Denken fördern und
sieht als einen dafür notwendigen Schritt die Hinwendung
zur Friedensbewegung an, so läßt man sich also darauf ein,
ein für unsere Gesellschaft gefährliches Konfliktpotential
zu verstärken. Noch vertrauen die Herrschenden auf die
Kurzlebigkeit der Friedensbewegung und rechnen mit den politischen
Mehrheiten, die sie an entscheidender Stelle besitzen.
Zwar nicht verbal, aber faktisch ist die Friedensbewegung
bisher von den Politikern ignoriert worden; sie
muß also zusehen, an Einfluß zu gewinnen, was zweifellos
mit erheblichen politischen Spannungen einhergehen wird.
Man sollte nicht übersehen, daß die Friedensbewegung einen
fundamentalen Zweifel an den etablierten Formen der Demokratie
ausdrückt: Die - demokratisch legitimiert - Herrschenden
werden als partiell nicht handlungsfähig, vielleicht
nicht einmal urteilsfähig angesehen; sie sollen
durch direkten Druck von unten - im Unterschied zu Wahlen -
zu einer Wendung der eingefahrenen Politik bewogen werden.

Bleibt der Zweifel am Tun der Herrschenden nicht partiell,
kann es rasch dahin kommen, das politische System überhaupt
in Frage zu stellen. Für jeden, dem es mit der Demokratie
und dem sozialen Frieden als ihrer Basis ernst ist, ist

dies ein beunruhigender Punkt. Daß sich partielle radikale Opposition zur etablierten Politik und Anerkennung der Demokratie nicht ausschließen, ist historisch bewiesen, und davon zeugen auch Analysen der Friedensbewegung. Doch eine Situation politischer Gradwanderung kann eintreten, in der entschiedene Opposition und Loyalität in die Balance gebracht werden müssen. Ein differenziertes Verständnis von Demokratie ist auf Seiten der Opposition gefordert, und ein neues Verständnis, das basisdemokratische Bewegungen als zur Demokratie gehörig begreift, auf der Seite der Herrschenden. Eine derartige differenzierte Sichtweise des politischen Kräftespiels erwächst schwerlich aus Alltagserfahrungen. Hier muß einiges an politischer Bildung "über den Kopf laufen". Ich sehe darin eine erzieherische Aufgabe.

b) Erziehung zum Umgang mit der Angst

Angst vor einem Atomkrieg ist heute weit verbreitet (sie hat in letzter Zeit zugenommen), und doch kann man sagen, daß sie der Situation nicht angemessen ist. Diese Angst bleibt in den meisten Fällen so oberflächlich, daß sie sich relativ leicht verdrängen läßt; sie schlägt nicht durch ins Alltagsbewußtsein, sie verändert nichts im Handeln.

Die atomare Gefahr in das perspektivische Denken einzuschließen heißt, sich die Wirkungen von möglichen atomaren Katastrophen im Detail bewußt zu machen. Es gilt, Szenarios, Filme, Romane usw. nutzbar zu machen, um jene Phantasie anzuregen, die allein die hier angemessene Wahrnehmung ist. Unzureichend bekannt sind offensichtlich jene Analysen, in denen die ungewollte Auslösung eines Krieges als wahrscheinlich nachgewiesen wird. Noch weniger wird durchschaut, warum die bisherigen Abrüstungsgespräche erfolglos geblieben sind und aus welchen Gründen sich das Rüstungschaos beschleunigt. In all diesen Fragen kann das perspektivische Denken durch ein Heranführen an entsprechende Informationen angeregt werden.

Offensichtlich gibt es im menschlichen Denken Sperren gegen die Wahrnehmung der Atomkriegsgefahr. Das Ausmaß der uns bedrohenden Katastrophe übersteigt alle Fassungs- und Vorstellungskraft. Raketen und Atompilze kennt man nur von Bildern; von ihnen geht, paradoxerweise, eine ästhetische Faszination aus. Die Gefahr ist nirgends sinnlich erfahrbar. Selbsterhaltungstrieb legt es nahe, das Wissen um die Gefahr zu verdrängen; in der Gegenwart lebt es sich angenehm, die Zukunft wirft keine Schatten herein. Hier gilt es, Lernsituationen zu schaffen, in denen man von der Gefahr derart gepackt wird, daß Verdrängung nicht mehr recht gelingen will. H.E. Richter hat versucht, dafür das psychoanalytische Modell der paradoxen Intervention anzuwenden: Der Patient wird weiter in eine bereits vorhandene negative Gefühlslage hineingetrieben, bis sich seine Abwehrkräfte dagegen aufbäumen. In diesem Sinne haben Viele (die Meisten?) noch nicht genug Angst vor der Atomkriegsgefahr. Daran dachte Günter Anders, als er sagte: "Wir müssen den Mut haben, uns und anderen Angst zu machen."

Aber muß man nicht damit rechnen, daß Angst nicht Handeln provoziert, sondern resignierte Untätigkeit? Wir haben Anhaltspunkte dafür, daß unsere Kultur ohnehin einen resignativen und narzistischen psychischen Habitus vermehrt hervorbringt. Das ist keine gute Voraussetzung, wenn öffentliches Engagement in einer wenig aussichtsreichen Sache gefordert ist. Schon der normale Tod durch biologische Alterung wird aus dem Alltagsbewußtsein verbannt, das Sterben hinter die Kulissen verlegt. Wie schwierig muß es erst sein, Menschen auf die Möglichkeit eines "vorzeitigen" Todes einzustellen. Daß jedoch Todesbewußtsein keineswegs lähmend sein muß, können wir von zahlreichen Vorbildern erfahren. Ein Leben im Angesicht des Todes - als daseinssteigernde Kraft und als Anstoß der Hinwendung zum Eigentlichen - ist einst sogar als pädagogische Gnade von Gott erbeten worden: "Herr, lehre doch mich, daß es ein Ende mit mir haben muß und mein Leben ein Ziel hat und ich davon muß"

(Psalm 39, 5). Derselbe Gedanke ist in verschiedenen Weisheitslehren zu finden. Angst vor der atomaren Vernichtung kann also - vielleicht - Kräfte wecken und auf das Eigentliche lenken: es gibt nichts wichtigeres als Verhinderung des Krieges.

An dieses "vielleicht" knüpfe ich den Gedanken, daß es wohl wesentlich darauf ankommt, in welchen Zusammenhängen die Angst an einen herantritt. Das ist bei Kindern anders als bei Erwachsenen, beim Labilen anders als beim Starken. Jemandem Angst zu machen - das will pädagogisch reflektiert und verantwortet sein.

c) Perspektive und Hoffnung

Es stünde schlimm, wenn perspektivisches Denken darauf hinauslaufen müßte, dem Untergang gefaßt entgegenzusehen. Die Chance, daß die Friedensbewegung den Rüstungswahnsinn anzuhalten vermag, sollte man jedoch für sich genommen noch nicht als kraftspendende Perspektive ansehen. Denn die drohende Vernichtung schreckt nur den, der ein sinnerfülltes und auf die Zukunft gerichtetes Leben führt. Die Gefahr des Atomtodes bleibt zu abstrakt, als daß sie die Kräfte des Überlebenstriebes zu mobilisieren vermöchte. Sie packt deshalb eher denjenigen, dessen Alltag lebensbejahend verläuft, dessen "libidinöse Besetzungen" stark sind und über das Ich hinausgehen auf Angehörige, auf Teile der menschlichen Kultur und der "Schöpfung". In diesem Falle vermag die Vorstellung von der vorbereiteten Vernichtung zu einem Stachel im Bewußtsein zu werden.

Auf diesem Hintergrund sind Untersuchungen beunruhigend, die wachsenden Narzismus und ein Schwinden der Kraft zu lieben konstatieren. Für viele, die unsere Kultur kritisch sehen, verbindet sich dies nicht mit der Vorstellung von Alternativen; der Weg in die Zukunft erscheint ihnen als ein Prozeß fortlaufender Verschlechterungen (z.B. "immer mehr Umweltzerstörung"). Ein großer Teil der Bevölkerung, darunter viele Jugendliche, leben unter deprimierenden Umständen: ohne Arbeit, ohne Beruf machen sie die Erfahrung, daß diese Gesellschaft sie nicht braucht. An Terrorismus und Drogenkonsum als herausragende Symptome eines offenbar verbreiteten negativen Lebensgefühls sei nur erinnert. All dies kann einen Boden dafür abgeben, dem möglichen Untergang der Zivilisation gleichgültig gegenüber zu bleiben - bis hin zu Wahngebilden, ihr den Todesstoß versetzen zu wollen (wie viele Menschen sind eigentlich faktisch in der Lage, Atomraketen in Gang zu setzen?).

Es erscheint mir plausibel, daß prospektivisches Leben sich nicht allein auf die Hoffnung gründen kann, eine Katastrophe werde sich abwenden lassen. Die Hoffnung muß sich verbinden können mit Utopien des real Möglichen. Ich sehe keinen Grund dafür, wieso die Extrapolation von Möglichkeiten unserer Kultur nicht die Visionen zu wecken vermag, die den persönlichen Einsatz für die Zukunft stimulieren: Weiterentwicklung der Technik zum Wohle der Menschen, Abschaffung von Hunger und Elend, Verbesserung der sozialen Beziehungen, Minimierung der für entfremdete Arbeit erforderlichen Zeit, Erweiterung der kulturellen Möglichkeiten für immer mehr Menschen, Leben im Einklang mit der Natur. Unsere Epoche ließe sich auch begreifen als Schwelle zum "Reich der Freiheit", oder wie immer man den Eintritt in eine neue, bessere Phase nennen mag.

Von einem "Geist der Utopie" (Bloch) ist heute wenig zu spüren. Es ist meine Überzeugung, daß dies weniger an den in der Gegenwart beschlossenen Möglichkeiten liegt, als vielmehr an einer Stimmung des Zeitgeistes, die eine Reihe von negativen Aspekten übersteigert. Der Zeitgeist kann sich wieder ändern. Aber auch in der Frage utopischen Denkens scheint es so zu sein, daß Utopie sich nicht aus Alltagserfahrungen aufdrängt und nicht ohne Unterstützung durch die die Unmittelbarkeit überschreitende Reflexion zu entfalten vermag. Wiederum ist die Subjektseite des historischen Prozesses angesprochen und damit die Rolle von Erziehung und Pädagogik.

Ist eine Erziehung zur "libidinösen Besetzung", zur "Liebesfähigkeit" möglich? "Liebe wecken" ist wahrscheinlich schwieriger als "Angst machen". Ich will den Gedanken hier nicht weiter verfolgen. Ich wollte nur herausstellen, daß perspektivisches Denken an positive Zukunftserwartungen gebunden sein muß und daß Erziehungsprozesse nicht ohne wesentlichen Einfluß auf die Entstehung solcher Erwartungen sein dürften.

5. Schlußbemerkung

Mit meinen Ausführungen wollte ich auf eine Dimension von Erziehung aufmerksam machen, die - nach meinem Eindruck - nicht genügend beachtet wird: auf den in Erziehung immer anwesenden Ausgriff auf die Zukunft. Ich habe versucht zu verdeutlichen, was perspektivisches Denken beinhalten könnte, warum man es braucht, wie man es befördern könnte, und auf welche Probleme man dabei stößt. Die Schwierigkeiten liegen teils in der Sache (ungewisser und nicht-erfahrbarer Charakter der Zukunft), teils in den Problemen unserer Zeit (vor allem: Atomkriegsgefahr), teils in den Lernvoraussetzungen auf Seiten der Studenten (wie gehen junge Menschen mit Zukunftsangst um?). Meine Gedanken sind zu verstehen als Vorüberlegungen für die bewußte Herbeiführung einer Lernsituation: die Behandlung des perspektivischen Denkens im Rahmen einer Lehrveranstaltung für Pädagogik-Studenten.

Sicherlich fordern einige der hier vorgetragenen Auffassungen zu einer kontroversen Diskussion heraus, andere habe ich vielleicht nicht hinreichend deutlich machen können. Meine eigentliche Frage ist, wie man solche Annahmen zur Grundlage von Lernprozessen an der Hochschule machen kann, wie man sie "didaktisch" aufzubereiten vermag. Es geht um ein Lernen, das äußerste Betroffenheit erzeugen könnte und auch sollte. Wie kann man damit in pädagogischer Verantwortung umgehen?

LITERATUR

Anders, G.: Die Antiquiertheit des Menschen. 5. Aufl. München: Beck 1980

Anders, G.: Endzeit und Zeitende. München: Beck 1980

Elias, N.: Über den Prozeß der Zivilisation. 6. u. 7. Aufl. Frankfurt/M.: Suhrkamp 1979, 1980

Fromm, E.: Haben oder Sein. München: Deutsche Verlags-Anstalt 1976

Horstmann, U.: Das Untier. Konturen einer Philosophie der Menschenflucht. Berlin: Medusa 1983

Länderbezogene Fallbeispiele zum Verhältnis von
Erziehungstheorie, Erziehungspolitik
und Erziehungspraxis

Vladimir Mužić

PÄDAGOGISCHE NORMEN UND LEBENSREALITÄT .- WEGE UND HINDERNISSE IN THEORIE UND PRAXIS, DARGESTELLT AM BEISPIEL JUGOSLAWIENS

Die gesellschaftliche Grundlage

Pädagogische Normen entwickeln sich in Jugoslawien aus den Werten, deren Grundlage die Idee des Aufbaues einer Gesellschaft ist, in der man zur Realisierung des Marx'schen Gedankens die Befreiung des Menschen anstrebt. Die gegenwärtige gesellschaftliche Form, mit der man diesem Grundwert näherzukommen trachtet, ist die sozialistische Selbstverwaltung. Eine ihrer Voraussetzungen, aber keine Gewähr dafür, ist die Wirtschaftsentwicklung und der daraus folgende materielle Lebensstandard.

Diese Bestrebungen lassen sich jedoch nicht immer geradlinig verwirklichen, dem Fortschritt folgen hie und da auch Rückschläge. Bei letzteren spielen auch externe Ursachen eine Rolle, denn die jugoslawische Wirtschaft, die sich gegenüber den äußeren Trends offen zeigt, reflektiert auch die gegenwärtige Rezession. Das wirkt sich auf den gesamten gesellschaftlichen Bereich, einschließlich des Schulsystems aus. Weit öfter resultieren die Rückschläge aber aus den zahlreichen inneren Gegensätzen, die die jugoslawische Gesellschaft durchdringen. Sie sind gekennzeichnet durch die großen Unterschiede zwischen den einzelnen Gebieten (Republiken, Provinzen): in ihrer Entwicklungsstufe, in kulturgeschichtlicher und nationaler Hinsicht usw. ... Ausschlaggebend ist dabei der Gegensatz zwischen den sehr widerstandsfähigen der etatistischen[1], und damit verbundenen bürokratischen und technokratischen Tendenzen auf allen Ebenen - von der Föderation bis zu Gemeinde - und den Trägern der Selbstverwaltungstendenzen.

Die Entfaltung der Selbstverwaltungsformen setzt nämlich einen offenen, transparenten und möglichst geringen Einfluß des Staates sowie ein progredierendes Absterben der Staatsfunktionen voraus. Während der Rezessionsperioden jedoch bewirkt auch in Jugoslawien die Sorge der Staatsexekutive um die ökonomische und allgemeine gesellschaftliche Stabilität eine Stärkung des staatlichen Einflusses. Dies geschieht z.B. durch Preisbegrenzungen und Eingriffe in den Außenhandel (Ausfuhrbegünstigungen, Einfuhrrestriktionen etc.). Das ist, oder vermittelt zumindest den Anschein einer Minderung des Vertrauens gegenüber den Selbstverwaltungsmechanismen, die mehr an die freie Geltung ökonomischer Gesetze gebunden sind. Das führt zwangsläufig zu Gegenvorstellungen und Kritiken z.B. einzelner Wirtschaftskammern und Wirtschaftstheoretiker.

Die Situation ist auch dadurch belastet, daß die Konzentration auf den Aufbau des Lebensstandards bei vielen, auch jungen Menschen zu einer Verschiebung der Werte in Richtung auf die materiellen Aspekte des Lebens geführt hat. Zwar prägte während des Befreiungskampfes (1941-1945) die Vision einer gerechteren Gesellschaft auch die Meinung, daß der revolutionäre gesellschaftliche Umbruch gleichzeitig eine entscheidende, reelle (nicht nur "prinzipielle") Lösung wichtigster gesellschaftlicher Gegensätze und eine wesentliche Vervollkommnung der Moral der Menschen mitbringen werde. Jedoch stellte sich, obwohl es nicht möglich ist, eine diesbezügliche Wirkung genau festzustellen (Kriminalstatistiken sind hier wohl irrelevant), der Glaube an eine entscheidende Wandlung als Illusion heraus. Will man den Spruch des kroatischen Schriftstellers M. Krleža, daß die menschliche Dummheit auch im Sozialismus dumm bleibt (nach Matvejević 1969, S. 15) paraphrasieren, so könnte man über die gegenwärtige Übergangsperiode unserer gesellschaftlichen Entwicklung etwas ähnliches auch für die menschliche Bosheit sagen. Da jedoch auch dies mit der gegensätzlichen Entwicklung verbunden ist, kann man eine stufenweise und asymptotische Lösung der Probleme, auch im ethischen Bereich, voraussehen.

Dies spiegelt sich auf typische Weise in den einzelnen
Gebieten des Gesellschaftslebens und der Gesellschaftsarbeit wider. In der Erziehung und Bildung[2] sowie in ihrem
theoretischen Bereich der Pädagogik, ist dies besonders
ausgeprägt. Die Erfahrung gibt auch hier Makarenkos Gedanken recht, daß die Pädagogik die dialektischste aller Wissenschaften sei. Dies deutet sowohl auf den pädagogischen
Aspekt der genannten gesellschaftlichen Gegensätze hin, die
aber auch mit den traditionellen pädagogischen Antinomien
zusammentreffen können.

Bestrebungen zur inneren Umwandlung der Erziehung und Bildung

Obwohl der Nachdruck in Jugoslawien z.Zt. auf der sogenannten äußeren Schulreform liegt, sind für unsere Erwägungen deren "innere" Aspekte, die schrittweise an Bedeutung
gewinnen, weit wichtiger. Dabei ist u.a. eine besondere Betonung der Frage der menschlichen Beziehung im Erziehungsgeschehen festzustellen, die auch als eine der Grundlagen
für die Erziehung zu Selbstverwaltungsbeziehungen gilt. Da
dieser Problemkreis besonders relevant ist für Fragen der
Normensetzung, soll er im folgenden näher behandelt werden.
Ansätze, in denen insbesondere im Westen emanzipatorische,
antiautoritäre und auf Selbstverwirklichung gerichtete Züge
zum Ausdruck kommen oder kamen, erscheinen auch im jugoslawischen Erziehungsgedanken, wobei sie jedoch der Idee der
sozialistischen Selbstverwaltung entsprechend interpretiert
werden (s. Skizze). Dabei findet man auch einen ausdrücklichen Bezug auf diese Theorien i.V.m. einer kritischen Beurteilung, z.B. in einer Arbeit über die Relevanz des antiautoritären Erziehungsgedankens für die Umwandlung des jugoslawischen Erziehungs- und Bildungswesens (Mužić, 1981). öfters sind jedoch diese Ideen in davon scheinbar unabhängigen Forderungen zu finden, z.B. daß der Zögling (Schüler,
Student u.a.), "Subjekt" und nicht mehr "Objekt" des Erziehungs- und Bildungsprozesses sein soll[3] (s. dazu z.B. Šuvar
1977 u. 1982).

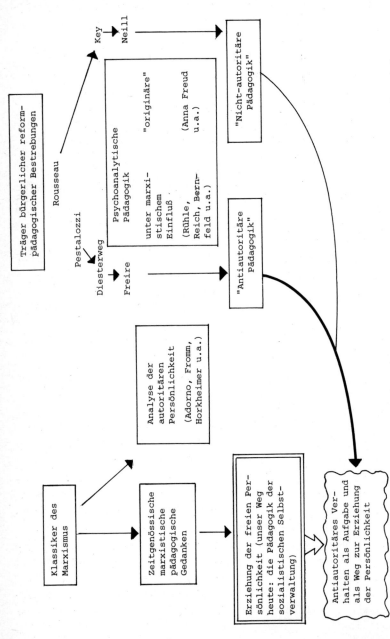

Skizze von Entwicklungsrichtungen, die mit antiautoritärem Verhalten und Erziehung verbunden sind

Das eigentliche Problem ist jedoch der schwierige Weg
bei der Verwirklichung dieser Ansätze. Dabei kommt es auch
zu Situationen, wo solche Veränderungen allein durch äußer-
liche "Wechsel" gehemmt werden, manchmal nur durch einen
Wechsel des Namens, der Benennung, ohne daß dadurch das Wesen der Erscheinung verändert wird. Manchmal geschieht dies
im guten Glauben, manchmal ist ein wenig Demagogik dabei
nicht auszuschließen. Dies ist bei den jugoslawischen Verhältnissen besonders gefährlich. Ohne eine Transparenz der
tatsächlichen Verhältnisse werden die Bemühungen um tatsächliche Änderungen behindert und die konservativen, meist
etatistisch gerichteten Standpunkte gestärkt.

Das alles kommt auch zum Ausdruck bei der Stellungnahme
zu verschiedenen allgemeinen und besonderen Fragen der Entwicklung des Schulwesens. So sagt man z.B., daß es sich bei
uns nicht um eine Reform sondern eine Umwandlung, eine Umwälzung des Erziehungs- und Bildungswesens handelt. Dabei
geht es oft um Umstände, die man nicht einmal als eine Reform,sondern nur als ein Wechseln der äußeren Form betrachten muß. Dies betrifft auch die allgemeine Stellungnahme
zur Schule. Die Entschulungsidee im Sinne von Illichs Des-
institutionalisierung (1980) wird für die Selbstverwal-
tungsideologie als unannehmbar eingeschätzt, dennoch bemüht
man sich um eine "Entschulung" der Schule selbst, im Sinne
der Abschaffung ihrer Geschlossenheit, ihres Öffnens gegenüber der assoziierten Arbeit und dadurch der ganzen Gesellschaft. Das hat zur Folge, daß man, besonders in einigen
Kreisen der Bildungspolitiker (nicht aber bei der Schüler-
und Lehrerschaft),dem Ausdruck "Schule" ausweicht. Daher
findet man, z.B. im Gesetz über das Fachschulwesen (Schüler: 15 Jahre und älter),diesen Begriff gar nicht vor, sondern nur die ungeschickte Umschreibung: "Organisation asso-
ziierter Arbeit im Erziehungs- und Bildungsbereich"! Dadurch allerdings wird die Schule noch nicht verändert,ge-
nausowenig wie eine Änderung der Benennung "Schüler" in
"Besucher der Organisation.." dessen Stellung im Unterrichtsprozeß beeinflußt.

Im engeren erzieherischen Bereich wurde beispielsweise die "Klassenleiterstunde" in "Stunde der Klassengemeinschaft" umbenannt. In dieser Unterrichtsform soll vorwiegend erzieherische Arbeit, hauptsächlich im Bereich der Moralerziehung, geleistet werden. Der neue Name hatte zum Ziel, die Schüler als gleichberechtigte "Subjekte" zu bekräftigen. Doch wie sich die Schüler bei der alten Benennung unter günstigen Bedingungen in jeder Hinsicht artikulieren konnten, sind unter den neuen Namen immer noch Fälle mehr oder minder versteckten autoritären Verhaltens des Klassenleiters zu finden.

Diese Erscheinungen sind oft Reflexe der vielfältigen Gegensätze, die die Entwicklung unseres Erziehungs- und Bildungswesens begleiten. Dabei werden manche Gegensätze als trivial beurteilt, jedoch ist ihre erzieherische Relevanz deshalb keinesfalls geringer. Einer von ihnen ist die Koinzidenz der Einprägung gewisser Moralnormen durch den Erzieher und sein Bemühen, sein moralisches Vorbild auch dann aufrecht zu halten, wenn er die geforderte Norm selbst nicht erfüllt. Solche Fälle lassen sich i.d.R. nicht vor den Schülern verheimlichen. Darf man mangels verbaler Reversibilitätsmöglichkeit diese Frage z.B. nicht zur Diskussion in der Klassengemeinschaft stellen, wird dies unvermeidlich negative Folgen nach sich ziehen, sei es die Herausbildung heuchlerischer Züge beim Schüler, sei es die Entwicklung destruktiv-kritischer Einstellungen, einer allgemeineren Tendenz Moralnormen nicht einzuhalten. Überhaupt darf man die hartnäckige Gültigkeit und das Weiterbestehen des Spruches "Quod licet Iovi, non licet bovi" (wobei der Zögling natürlich der Ochse und der Erzieher Jupiter ist) bei dessen gleichzeitiger verbaler und demagogischer Verneinung nicht unterschätzen[4].

Eigentlich handelt es sich in diesen Fällen um Normenkonflikte, bzw. Wertkonflikte, die sich in solchen zwiespältigen Situationen zeigen. Der einzige Ausweg scheint in ihrer Relativierung zu liegen. Dies wiederum birgt die latente Gefahr einer zumindest indirekten Befürwortung von

Normenverstößen oder des Suchens nach "eleganten" Wegen,
einem normengerechten Verhalten auszuweichen. Ein typisches
Beispiel dafür ist die Relativierung der Aufrichtigkeit.
Die darauf beruhende Norm muß sich z.B. auch mit der Frage
auseinandersetzen, wann und wo der Zögling aufrichtig bzw.
sogar unaufrichtig sein darf ("Sei aufrichtig, falls du dadurch deine Eltern, Freunde, Schule, Heimat usw. nicht gefährdet"). Um dabei keine Heuchler zu erziehen, muß man
die spezifischen Zwiespälte solcher Fälle offen darlegen,
selbstverständlich nicht im Sinne eines "Kataloges entsprechender Verhaltensweisen", sondern orientiert an den altersbedingten Fähigkeiten der Zöglinge, moralische Urteile zu
fällen.

Bei diesen Problemen kann man, zumindest im weiteren
Sinne, auch eine Parallele zwischen den pädagogischen und
gesellschaftlichen Gegensätzen ziehen. Der Emanzipations-
und Selbstverwirklichungsgedanke, das Streben nach Transparenz des Erziehungsgeschehens sowie einige Ansätze der antiautoritären Erziehung sind in ihrer Idee verwandt mit dem
System der Selbstverwaltung. Damit verbunden ist auch die
Bestrebung nach einer direkten Verbindung des Schulwesens
mit der assoziierten Arbeit in der materiellen Produktion
und den Dienstleistungen.

Im Gegensatz dazu könnte man den Etatismus, verbunden
mit dem Bürokratismus und Technokratismus, zu den autoritären Tendenzen im Erziehungs- und Bildungswesen in Beziehung
setzen, deren Bestrebungen dahingehen, statt direkter Verbindungen der Schule mit dem gesellschaftlichen Leben, dieses durch Staatsbehörden bzw. im Rahmen ihrer starren Verordnungen zu lenken. Selbstverständlich kann es sich wie
bei allen solchen Vergleichen, wo abstrakte Begriffe im
Spiel sind, nur um sehr allgemeine Parallelen handeln, die
bei einer genaueren Einsicht auch Mängel zeigen würden.

Dies bezieht sich auch auf die vorherrschenden Meinungen
über Unterschiede zwischen den pädagogischen Gedanken in
Jugoslawien und anderen sozialistischen Ländern Europas,
insbesondere bei den antiautoritären Ideen.

Tatsächlich ist die Einstellung der Pädagogen aus den Ländern des "realen Sozialismus"[5] gegenüber der antiautoritären pädagogischen Bewegung im Westen vorwiegend skeptisch bis negativ. Man kann überlegen, ob dies dadurch bedingt wird, daß die "westlichen" Anhänger des Antiautoritarismus die etatistischen Grundlagen der realsozialistischen Pädagogik ablehnen. Relevanter sind in diesem Zusammenhang jedoch zwei andere Überlegungen: Einerseits findet man in den im "Ostblock" geäußerten Gedanken über die antiautoritäre Pädagogik manche gerechtfertigte Kritik. So z.B. bei Sielski (1977, S. 45 f.) über voluntaristische Tendenzen, die unrealistische Hoffnung, daß sich emotionelle Erhebung spontan zur revolutionären Bewegung entwickeln wird, die Orientierung an Erscheinungen im Gesellschaftsüberbau, wobei die Wirtschaftsbasis fast gänzlich unbeachtet bleibt, die anarchistischen Tendenzen des bürgerlichen Individualismus u.a.

Andererseits findet man auch dort, allerdings seltener, Elemente des antiautoritären Ansatzes, z.B. im Buch des sowjetischen Autors Azarov (1979). Im Kapitel: "Die Überwindung der Elemente des Autoritarismus - eine unerläßliche Bedingung der Demokratisierung des innerschulischen Lebens" (S. 50 - 66), wird u.a. festgestellt, daß die "typische Verhaltensweise autoritärer Pädagogen sich insbesondere darin ausdrückt, die Fähigkeit des Schülers, seine Überzeugung zu verteidigen, zu ersticken und alle Schüler ausschließlich seinem Willen zu unterwerfen, ohne Rücksicht auf die Art und Weise wie diese Abhängigkeit zum Ausdruck kommt ...". Die Bedeutung seiner Ideen liegt auch in der Betonung der Gefährlichkeit einer Tarnung des Autoritarismus durch demagogisches Gerede und demokratische Leerformeln. Interessant sind die Beispiele solchen Verhaltens sowie die Darstellung einiger Erscheinungsformen autoritärer Erziehung (versteckter oder mittelbarer, grober oder unmittelbarer, demagogischer, liberaler und administrativer Autoritarismus). An dieser Stelle ist vielleicht eine Erläuterung zu Azarovs Auffassung des "liberalen Autoritarismus"

nötig. Darunter werden Situationen verstanden, wo, neben
der Achtung äußerer Selbständigkeitsformen des Zöglings
(Selbstverwaltung, Clubs usw.), doch im vollen Ausmaß der
Wille des Erziehers und eine vollständige "Gleichschaltung" der Zöglinge zustandekommt.

Der wissenschaftliche Ansatz

   Obwohl die Tragweite des wissenschaftlichen Ansatzes bei
der Förderung der Erziehung und Bildung begrenzt ist, ist
er doch unumgänglich, um objektiv und nachprüfbar festzustellen, ob seine wunschgemäße Verwirklichung nicht nur
einem subjektiven Anschein entspringt. Das bezieht sich
insbesondere auf den Bereich der Erziehungsnormen, der mit
den hier betonten Problemen der Emanzipation und vielseitigen Entwicklung des Zöglings verbunden ist.
   In diesem Rahmen kommen folgende Forschungsbereiche zur
Anwendung:
1. Eine - unter den gegebenen Umständen möglichst genaue -
   Feststellung (bezgl. der Meßgültigkeit, -zuverlässigkeit, -objektivität u.a.) aller relevanten Erscheinungen, insbesondere derjenigen, die das Verhalten aller
   Interaktionspartner der Erziehung (Schüler, Lehrer, andere Erzieher) betreffen, die man als Ausgangssituationen für etwaige Änderungen kennen muß.
2. Eine Ausarbeitung der Situations- und Verfahrensmodelle,
   die am effizientesten zu den gewünschten Zielen führen
   können und entsprechende Rückkoppelungen enthalten.
3. Die Überprüfung der Effizienz dieser Modelle durch experimentelle und quasiexperimentelle pädagogische Forschung und dazu geeignete statistische Verfahren zur
   Verifikation (bzw. Falsifikation) der entsprechenden
   Hypothesen.

   Der wissenschaftliche Ansatz ist selbstverständlich auch
bei der Ziel- bzw. Normensetzung gerechtfertigt, wobei dort
philosophische, antropologische, psychologische und soziologische Aspekte eine besondere Bedeutung erlangen. Dies

soll jedoch im Rahmen dieses Beitrags nicht weiter ausgeführt werden.

Zu 1. Einleitend soll hier auf ein verbreitetes Problem hingewiesen werden:

Das Aufdecken des wahren Sachverhalts, der manchmal für gewisse Erziehungs- und Bildungsinstanzen, aber auch für die finanziellen Träger der Forschung, unangenehm sein könnte; man stößt hier auf ein Unbehagen bei der Begegnung mit der unangenehmen Wahrheit, daß der "Istwert" viel unzulänglicher und weiter vom "Sollwert" entfernt ist, als es in den parapädagogisch-politischen Aussagen steht.

In der Geschichte ist das besonders häufig beim Höhepunkt des autoritären Druckes vorzufinden. Es ist kein Zufall, daß die N S - Zeit in Deutschland einen krassen Rückgang der empirischen Tatsachenforschung brachte, die vorher unter dem Einfluß von Meumann und Lang in Deutschland eine beträchtliche Rolle spielte. Andererseits wurde in der UdSSR, wo sich während der frühen Phase der Entwicklung der sowjetischen Pädagogik die pädagogische Tatsachenforschung rege entfalten konnte, diese in der Ära Stalins bis hin zum Ende der fünfziger Jahre fast gänzlich unterbrochen.

Dagegen ist in einer demokratischen Gesellschaft, insbesondere dort, wo direkte Demokratie erstrebt wird - wie es im Selbstverwaltungssozialismus der Fall ist -, immer vorteilhaft, die wahre Lage zu erforschen und offen darzulegen, um damit ihre progressive Wandlung zu ermöglichen. Doch gibt es auch hier gesellschaftliche Kräfte - besonders des Etatismus -, dessen Vertreter meinen, dies sei gefährlich. Solche Tendenzen treten auch im Erziehungs- und Bildungswesen Jugoslawiens auf und erschweren, vielleicht auch unabsichtlich, den wissenschaftlichen Beitrag zu seiner progressiven Umwandlung.

Bei den Problemen des Datensammelns ist anzumerken, daß am geeignetsten dazu verschiedene Instrumente und Techniken der systematischen Beobachtung mit den dazu gehörenden Indexen sind, die bei der Auswertung der Protokolle errechnet werden. Dies umfaßt z.B. die Relationen einzelner

Kategorien der Flanders'schen u.ä. Protokolle (s. Medley u. Mitzel, 1963), die Reversibilitätsrelationen von Tausch und Tausch (1971) usw., um mit ihrer Hilfe u.a. auch die Feststellung der Symptome einzelner Eigenschaften der autoritären Persönlichkeit (z.B. nach Adorno 1973) zu deuten.

Da sich in diesem Bereich viele Variablen auf Einstellungen stützen, spielen in diesem Zusammenhang Meinungsumfragen eine gewisse Rolle, jedoch können auch andere Forschungsverfahren dabei nützlich sein (semantische Differentiale, Tests, Soziogramme, Inhaltsanalysen der Dokumente, Schulbücher usw.).

In Jugoslawien gibt es entsprechende Forschungen, die, von Tatsachen ausgehend, auch eine theoretische Vertiefung der Problematik enthalten. Üblicherweise sind es aber Arbeiten einzelner Forscher, manchmal im Rahmen ihrer Dissertationen, oft ohne entsprechende finanzielle Unterstützung und mit begrenzter Generalisierbarkeit aufgrund unzureichender Stichproben. Umfangreichere generalisierbare Forschungen sind meistens noch im Entwurf.

Nun sollen einige diesbezügliche Untersuchungen aus dem Forschungskreis, in dem der Autor dieses Beitrags arbeitet, erwähnt werden. Bei den Arbeiten, die von systematischen Beobachtungen ausgingen, wurde meistens das schon erwähnte Flanders'sche Protokoll gebraucht. In einer solchen Arbeit (Bratanić-Vukelić 1979) wurde festgestellt, daß der Unterricht wenig schülerzentriert und weit mehr lehrerzentriert ist. Obwohl es sich auch hier um keine repräsentative Stichprobe handelte, weist dieses Forschungsergebnis doch hin auf die Diskrepanz zwischen den proklamierten Grundsätzen und der tatsächlichen Lage und kann als Ausgangspunkt für einen Wechsel dienen.

Eine Meinungsumfrage unter Pädagogikstudenten und bereits tätigen Pädagogen befaßte sich mit einem ähnlichen Bereich (Maleš und Mužić 1981). Diese Umfrage gehört eigentlich ins Gebiet der pädagogischen Zukunftsforschung. Auf diese Weise wurde jedoch erreicht, daß die Antworten, durch ihre Projektion auf das Jahr 2000, vielleicht eher die wahren Meinungen der Befragten wiedergeben.

Eine Frage betraf die Meinungen über die heutige Emanzipationsmöglichkeit der Schüler bzw. ihre Verwirklichung i.J. 2000 (Tabelle 1).

Tabelle 1

Schüler - Emanzipation

	Gruppe	Pädagogikstudenten		Pädagogen		Insgesamt	
		n	(%)	n	(%)	n	(%)
heute	zu verwirklichen	38	(58)	98	(79)	136	(72)
	noch nicht verwirklicht	15	(23)	19	(15)	34	(18)
	pädagogische Demagogik	12	(18)	7	(6)	19	(10)
	Insgesamt	65	(100)	124	(100)	189	(100)
Jahr 2000	verwirklicht	52	(80)	113	(91)	165	(87)
	noch nicht verwirklicht	9	(14)	8	(6)	17	(9)
	pädagogische Demagogik	4	(6)	3	(2)	7	(4)
	Insgesamt	65	(100)	124	(100)	189	(100)

Die Antworten der ordentlichen ("full-time") Studenten und derjenigen, die schon im Dienst sind, wurden gesondert analysiert. In beiden Gruppen sind ungefähr zwei Drittel der Befragten der Meinung, daß es schon heute möglich wäre, den Emanzipationsgedanken in der Schule zu verwirklichen und 87 Prozent meinen, daß dies i.J. 2000 verwirklicht sein werde. Die Anzahl derer, die dies für einen unreellen Wunsch bzw. pädagogische Demagogik erachten, ist überall relativ klein. Dabei gibt es aber sichtbare Unterschiede zwischen den genannten Gruppen, die auch statistisch signifikant sind. In der "heute" sowie auch in der "i.J. 2000" Kategorie sind die Studenten skeptischer als jene, die schon im Dienste sind. Vielleicht weil sie noch immer auf der "Schulbank" sitzen und der Ausblick von dort realistischer ist, oder weil auch hier unser altes Sprichwort "der Satte glaubt dem Hungrigen nicht" gilt.

Eine Streuungsanalyse der Antworten auf zwei Fragen derselben Umfrage gab interessante Ergebnisse zum Problem der "deklarativen" Meinungen. Die bereits erwähnte Frage über die Verwirklichung des Schülers als Subjekt wurde mit der Meinung dieser Befragten zur Abschaffung der körperlichen Züchtigung in der Schule verglichen. In Jugoslawien ist diese Züchtigung zwar verboten und wird als moralisch zu verabscheuen verurteilt, jedoch ist sie keinesfalls gänzlich abgeschafft.

Die Daten zeigen, daß einerseits mehr als die Hälfte der Befragten sowohl die Verwirklichung des Schülers als "Subjekt" als auch die gänzliche Abschaffung der körperlichen Züchtigung vorhersagt. Andererseits meint aber fast ein Drittel jener, die die Verwirklichung des Schülers als "Subjekts" prognostizieren, daß die körperliche Züchtigung nicht gänzlich ausgerottet oder gar in gleichem Maße wie heute ausgeübt werde (Tabelle 2).

T a b e l l e   2

Jahr 2000: Schüler-Emanzipation / körperliche Züchtigung

Körperliche Züchtigung Schüler-Emanzipation	ebenso wie heute	seltener	abgeschafft	insgesamt
verwirklicht	5	47	111	163
noch nicht verwirklicht	1	7	11	19
pädagogische Demagogik	2	3	2	7
Insgesamt	8	57	124	189

Um eine Erklärung für dieses widersprüchliche Ergebnis zu bekommen, wurden die Aussagen hinsichtlich des Begriffs des Schülers als "Subjekt" analysiert. Dabei stellte man eine vorwiegend deklarative Einstellung bzw. eine Unklarheit des Begriffs "Subjekt" fest, der sogar die Autorität des Lehrers bzw. die Pflichten des Schülers beinhaltete. So wurde relativ oft auf die "Selbstarbeit" des Schülers hingewiesen; ein Student meinte, daß man mit dem Anspruch, der Schüler sei ein "Subjekt", eigentlich verlange, daß "der Lehrer ein Vorbild sein soll, der den Schüler führt und ihm hilft". Man fand aber auch in dieser Gruppe mit den sich widersprechenden Antworten die Forderung, daß die Interessen und Fähigkeiten des Schülers der Ausgangspunkt der Erziehung sein sollten.

Zu 2. Der Begriff des Modells ist oft mit der Kybernetik verbunden. Deshalb sollen unsere Überlegungen zunächst auf einer abstrakteren Ebene gemacht werden, die als ein kybernetisches System mit sich kontinuierend anpasser Rückkoppelung (nach Casali 1981, S. 22, 23) betrachtet wird. Dieses System, unserem Problemkreis angepaßt (Bild 1, S. 197), ist geprägt von einer ständigen Interaktion auch zwischen den Emanzipations- und Effizienzbestrebungen. Dies geschieht im ständigen Bestreben, die Wirklichkeit (den Istwert) den Zielen (dem Sollwert) einer auch in emanzipatorischer Sicht effizienteren Erziehung und Bildung anzunähern.

Selbstverständlich kann eine Mitwirkung des emanzipatorischen u.ä. Ansätze bei der empirischen Forschung nur dort zustandekommen, wo dies die Werteinstellung des Pädagogen ermöglicht. Letzteres scheint zwar selbstverständlich zu sein, ist jedoch weniger leicht zu verwirklichen. Einige westliche Vertreter der emanzipatorischen Pädagogik, der antiautoritären Pädagogik, der Antipädagogik lehnen die empirische Forschung generell ab, weil sie unter dem Vorwand der "Wertfreiheit" eigentlich den Werten und dadurch auch den Interessen der herrschenden Gesellschaftsschicht diene. Andererseits ist die Illusion der Wertfreiheit der pädago-

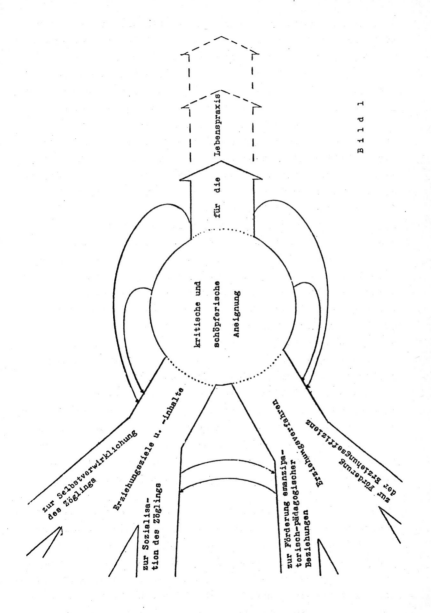

Bild 1

gischen Forschung immer seltener zu finden, obwohl sie noch nicht erloschen ist, z.B. im Unterscheiden der "Pädagogik" von der "Erziehungswissenschaft" bei W. Brezinka (1971)[6].

Gelegentlich kommen auch in der pädagogischen Öffentlichkeit Jugoslawiens Meinungen zum Ausdruck, die eine mögliche Mitwirkung des emanzipatorischen und des wissenschaftlichen Ansatzes leugnen. Da das Effizienzbestreben oft inhumanen Zwecken dient, lehnen sie den auf kontrollierte Effizienz gerichteten Unterricht und die dabei angewandten unterrichtsobjektivierenden Medien als unerwünscht ab. Dies kommt jedoch nicht so kraß zum Ausdruck wie bei den deutschen "Antipädagogen", z.B. bei H. Kupfer (1976, S. 132). Doch fanden seine Ideen z.B. bezüglich der pädagogischen Anwendung der Kybernetik stellenweise auch in Jugoslawien Beifall, so wenn er meint, daß das kybernetische Prinzip des feed-back "... für einen großen Fortschritt gehalten wurde, denn das Kind erfuhr ja jetzt sofort, was es richtig oder falsch gemacht hat. An Stelle der Fremdkontrolle trat die Selbstkontrolle, das Motiv der Kontrolle als solches blieb aber nicht nur bestehen, sondern wurde sogar intensiviert ...". Dies steht im Widerspruch zur Einstellung, daß "das Kind ein Recht darauf hat, nicht einem technokratischen Lernsystem geopfert und nach den Vorstellungen von Erwachsenen frühzeitig an der Bildungsfront verheizt zu werden". Dabei wird aber vergessen, daß der Zweck jeder Arbeitsaktivität deren Wirkung ist, also auch jeder Erziehung, auch der emanzipatorischen. Wichtig ist dabei jedoch die Frage der Richtung, des Zwecks des Effizienzstrebens.

Geht man davon aus, daß der rationale Kern der genannten Bestrebungen auf die Humanisierung der Erziehung gerichtet ist, dann ist es wünschenswert, sogar notwendig, dies in einer effizienten Weise zu verwirklichen und das Ergebnis möglichst genau festzustellen. Dazu ist pädagogische Forschung notwendig, ihre Theorie und ihr Werkzeug, die Meß- und Feststellungsinstrumente, statistische Verfahren u.a. .. Es handelt sich also um eine interaktive Synthese des humanistischen und wissenschaftlich-technischen Ansatzes, wie es die linke Seite des Bildes 1 anschaulich darzustellen versucht.

Trotz gelegentlich ablehnender Standpunkte zur genannten Interaktion sind die bejahenden Meinungen doch häufiger. Diesbezügliche Fragen in der erwähnten Umfrage betrafen die Koinzidenz der Verwirklichung der Emanzipation des Schülers und den geschätzten Anteil der "objektivierten" Unterrichtsmedien i.J. 2000. Also zwei Kategorien, die man auch als "humanen Optimismus" bzw. "technologischen Optimismus" bezeichnen kann (Tabelle 3).

T a b e l l e   3

Jahr 2000: Humaner Optimismus / Technologischer Optimismus

% Schüler-Emanzipation "objektivierter" Unterricht	verwirklicht		noch nicht verwirklicht oder pädagog. Demagogik		insgesamt	
	n	(%)	n	(%)	n	(%)
0 - 25	43	(80)	11	(20)	54	(30)
50	63	(86)	10	(14)	73	(39)
75	48	(94)	3	(6)	51	(27)
100	7	(88)	1	(12)	8	(4)
Insgesamt	161	(87)	25	(13)	186	(100)

Entgegengesetzt zu manchen Erwartungen zeigte sich eine Tendenz zur Übereinstimmung dieser Kategorien. Die erste Spalte der Tabelle zeigt, daß bei den "humanen Optimisten" die häufigste Nennung bei der 50 prozentigen "Objektivierung" liegt. Sie ist weitaus stärker als die beiden niedrigen Kategorien (0 und 25 Prozent). Die 75 Prozent Kategorie ist zwar etwas geringer, doch immer noch stärker als die zwei niedrigsten zusammen. Der extreme und unrealistische Standpunkt eines hundertprozentig objektivierten

Unterrichts spielt - wie zu erwarten - eine völlige untergeordnete Rolle. Derselbe Trend, natürlich in entgegengesetzter Richtung, zeigt sich auch beim "humanen Pessimismus". Es überwiegt also die Meinung, daß eine Mitwirkung der modernen Erziehungs- und Bildungsmedien für die Humanisierung des Unterrichts notwendig sei.

Dazu sei gesagt, daß ein humaner Einsatz der kybernetisch-pädagogischen Technologien in erster Linie durch Computer-, besonders Mikrocomputereinsatz, evtl. verbunden mit einer rückkoppelungsfähigen Television, wo dies angebracht erscheint, schon heute ermöglicht, daß der Lehrer von einem großen Teil langwieriger, mühsamer und langweiliger Tätigkeiten befreit wird und dies nicht in einer technologisch entfremdeten sondern humanen Weise. Der Lehrer wird dadurch von vielen Administrationsaufgaben aber auch von mehr oder minder routinemäßigen Lehraktivitäten befreit, z.B. vom Einüben verschiedener Fertigkeiten, reinen Vortragens von Tatsachenwissens, Erläutern nicht allzu komplizierter Zusammenhänge u.ä. Dadurch erhält er mehr Zeit für eine menschliche Kommunikation auf einer höheren (eigentlich "tieferen") sowie auch schöpferischen Ebene. Dies hat selbstverständlich auch eine emanzipatorische Wirkung, indem sie den entfremdenden Einfluß der Schule auf die Lehrer und die Schüler mildert.

Für die Verwirklichung solcher Änderungen ist aber auch hier die Einstellung des Lehrers maßgebend. Die Medien, einschließlich der kybernetisch-pädagogischen, sind dabei nur objektive Voraussetzungen, können aber auch zu einem Alibi für autoritäre oder nur träge Lehrer dienen. Dabei wäre es ein Irrtum zu glauben, daß es möglich sei, eine allgemeine Einstellungsänderung schnell und leicht zu bewirken. Zureden allein führt fast nie zu einem Ergebnis. Auch ein Überzeugen durch unwiderlegbare Forschungsergebnisse ist oft nicht viel erfolgreicher, doch ist seine Wirkung unter gewissen Voraussetzungen wahrscheinlicher. Es müßte sich in diesen Fällen um Menschen handeln, die für einen relativ objektiven Ansatz sensibel sind und deren psychologische Schutzmechanismen bei einer Begegnung mit einem reicheren Arbeitsanspruch nicht allzu stark ausgeprägt sind.

Da der Weg zur Einstellungsänderung im Grunde - wie auch die Einstellung selbst - etwas subjektives ist, kann sie erst erreicht werden, wenn der Betroffene die vorgeschlagene Neuerung für sich als günstig empfindet, als etwas, das die Arbeit leichter, interessanter, erfüllender macht.

Zu 3. Dieses Gebiet ist am wenigsten erforscht. Da sich eine Konkretisierung solcher Modelle im Sinne operationeller Ausarbeitungen einzelner Forschungsmodelle erst im Anfangsstadium befindet, kann man ihre Effizienz noch nicht feststellen. Es gibt allerdings einige experimentelle Forschungen bzw. "Forschungs- und Entwicklungsvorhaben", sie betreffen jedoch nicht die von uns erörterten Fragen bzw. die entsprechenden Erziehungsbereiche, sondern elementare kognitive und psychomotorische Probleme.

Auf der verbalen Ebene gibt es jedoch einen allgemeinen Konsens, daß die Kategorien des Tatsachen-, Regel- u.ä. Wissens sowie der elementaren intellektuellen und psychomotorischen Fertigkeiten nur wichtig sind als unumgängliche Ausgangspunkte, daß das eigentliche Ziel jedoch die Aneignung höherer kognitiver und psychomotorischer Prozesse und affektiver Persönlichkeitsmerkmale sowie eine höhere Synthese einer vielseitigen und harmonischen Entwicklung aller dieser Gebiete ist; und daß dabei besonders die Kreativität in den für die gegebene Persönlichkeit geeignetsten Aktivitätsfeldern entfaltet werden muß. Dies ist übrigens eine weltweite und nicht nur zeitgenössische Erscheinung. Das jeweilige gesellschaftliche System bedient sich seiner spezifischen Kennzeichen und Begründungen. Ohne einen geschichtlichen Exkurs vornehmen zu wollen, ist es doch interessant festzustellen, daß diese Ideen in der Geschichte des pädagogischen Gedankens hauptsächlich im Bereich des Gewünschten blieben, nur ausnahmsweise praktisch realisiert und dann als eine besondere Leistung geschätzt wurden. Oft wird in diesem Zusammenhang die Schule angeprangert, viel

seltener geht man auf konkrete Probleme ein. Manchmal
bleibt man auf der Terminologieebene stehen, die zwar
grundsätzlich wichtig ist, aber nur als eine Voraussetzung
für einen konstruktiven Zugang zu Problemen und nicht als
deren Lösung. Manchmal begnügt man sich mit Trivialitäten
begleitet von einigen anekdotenähnlichen Beispielen. Das
Wichtige, aber auch das Schwierigste, ist jedoch das vertiefte Herantreten an das Problem, wobei seine reelle Erscheinung der Ausgangspunkt ist. Dadurch wäre auch der Weg
zu seiner praktischen Lösung findbar und machbar. Die Erscheinungen, die der Gegenstand unserer Erörterungen sind,
äußern sich hauptsächlich als Einstellungen; Emotionen, Interessen, Wünsche u.ä. gehören also zum affektiven Gebiet
(nach der Bloom'schen Taxonomie). Diese Variablen sind
"empfindlicher", "subjektiver" und dadurch schwerer greifbar für die auf Objektivität gerichtete pädagogischen Erkenntnis. Hierin gründet sich auch die Gefahr eines unangemessenen wissenschaftlichen Eingreifens - etwa als wollte
man mit einer Güterwaage ein Goldkettchen wägen oder mit
einer Schlosserzange ein empfindliches Armbanduhrwerk reparieren.

Diese Schwierigkeiten führen auch zu solch apodiktischen
Behauptungen, daß es sich hier prinzipiell um gänzlich unmeßbare Variablen handelt. Sollte diese Behauptung richtig
sein, wäre allerdings der Sinn aller erzieherischen Bemühungen auf diesem Gebiet höchst fraglich. Sie paßten dann
eher in den Bereich der Magie als zu einer durchdachten und
organisierten Arbeit. Selbst die Umwandlung der ethischen,
humanistischen, gesellschaftlichen u.ä. Werte in Erziehungsziele wäre dann höchst fragwürdig. Es hätte auch wenig
Sinn, einen solch komplizierten, teuren und zeitraubenden Arbeitsprozeß, wie es das hier erörterte Gebiet der Erziehung ist, überhaupt in Gang zu setzen, wenn das Erreichen
dieser Ziele gänzlich unverifizierbar wäre.

Da die Resultate der empirischen pädagogischen Forschung
bestätigen, daß dies nicht der Fall ist, ist es notwendig,
die zur Zeit bestehenden Möglichkeiten auszunutzen aber

auch die gegenwärtig bestehenden Grenzen in Betracht zu ziehen, und - im methodologischen Bereich - diese Grenzen allmählich zu erweitern. Dies ist ein asymptotischer Prozeß, bei dem trotz ständigen Fortschreitens glücklicherweise immer "weiße Flecken" bleiben werden. Denn eine grenzenlose Möglichkeit objektiven Kennens und Wertens aller Persönlichkeitszüge wäre ein Schritt zu ihrer lückenlosen Kontrolle. Die grenzenlose Manipulation von Menschen würde sogar über Orwells Schreckensvisionen hinausreichen.

Für die Lage der Forschung auf diesem Gebiet in Jugoslawien ist es vielleicht kennzeichnend, daß wahrscheinlich die einzige Untersuchung jugoslawischer Pädagogen zur emanzipierenden Unterrichtskommunikation als Erziehungszielvariable in der B.R. Deutschland durchgeführt wurde (Spoljar 1980). Dabei wurde untersucht, ob eine veränderte Zielsetzung (auf die Förderung der emanzipierenden Unterrichtskommunikation gerichtet) auch eine Veränderung der erforschten Variablen fordert. Dies führte auch zur Überprüfung bisher allgemein angenommener Standpunkte bezüglich des traditionellen Dilemmas zwischen dem einsprachigen ("Direktmethode") und zweisprachigen Fremdsprachenunterricht.

Bisher wurde diese Frage meistens zugunsten der Einsprachigkeit beantwortet, unterstützt durch Ergebnisse, die nur der Sprachaneignung Rechnung trugen. Etwas anderes ergibt sich aber, wenn man als Kriterium und damit auch als Ziel eine demokratische, nichtautoritäre Unterrichtskommunikation annimmt. Systematische Beobachtungen mittels eines dem Fremdsprachenunterricht angepaßten Flanders'schen Protokoll stellten fest, daß die Zweisprachigkeit im Vergleich zur Einsprachigkeit einen klaren, wenn auch kleinen Unterschied bezüglich des Anteils der Lehrersteuerung (den die Autorin, S. 172, als autoritäre Unterrichtssteuerung interpretiert) aufzeigt, wobei die Einsprachigkeit autoritärer erscheint (Tabelle 4, S. 204)

Dieser Unterschied wird jedoch ausgesprochen deutlich im Anteil der Schülerinitiative, die als emanzipatorisch gedeutet wird. Erkennbar ist auch ein beträchtlicher Unter-

Tabelle 4

Lehrersteuerung - Schülerinitiative

Klasse		Lehrersteuerung %	Schülerinitiative %
zwei-sprachig	A	45,47	14,49
	B	50,79	6,52
ein-sprachig	C	58,52	0,50
	D	57,50	0,08

schied zwischen den Lehrern derselben Gruppe, besonders beim Anteil der Schülerinitiative. Dabei ist bemerkenswert, daß die einzige Klasse, wo der Lehrer auf die spontanen Schüleräußerungen einging, eine zweisprachige Klasse war (desgl. S. 199).

Die hier erörterte Problematik betrifft auch das Verhältnis zwischen den Kommunikationstypen, die bei den Innovationsexperimenten zustande kommen, und den damit verbundenen kognitiven, affektiven und psychomotorischen Zielvariablen. Ist z.B. der emanzipierende Unterricht auch kognitiv effizienter? Ist dabei die Aneignung höherer Bildungsebenen (Fähigkeit zum Begreifen des Wesentlichen, zur Analyse und Synthese der Sachverhalte, zur Wertung, zum schöpferischen Denken) begünstigt im Vergleich zum Einprägen von Tatsachen, zu der Aneignung einfacher Fähigkeiten? Und wie steht es dabei mit der Aneignung von Einstellungen und anderen Unterrichtszielen aus dem affektiven Bereich?

An solchen Forschungen wird von den jugoslawischen Pädagogen noch nicht systematisch, auf experimenteller Grundlage gearbeitet. Allerdings sind sie auch in der pädagogischen Literatur anderer Länder nicht allzu häufig zu finden, obgleich sie es doch gibt. Am bekanntesten, wenigstens in Mitteleuropa sind die schon genannten Forschungen über das Reversibilitätsphenomen. Eine Voruntersuchung zu diesem

Thema in Jugoslawien deutet eine Reversibilitätsmöglichkeit an und brachte ähnliche Ergebnisse wie die von Tausch und Tausch.

Am Ende sei auch die Frage der Anwendung künftiger Forschungsergebnisse auf diesem Gebiet erwähnt. Bei einer so geringen Zahl von Forschungsergebnissen scheint diese Frage heute vielleicht noch unpassend. In der Zukunft jedoch wird man an ihr nicht vorbeigehen können. Auch die gegenwärtige Ablehnung, die auf der schon erwähnten Annahme beruht, dieses Gebiet sei für den empirischen Aspekt der pädagogischen Forschung unzugänglich, wird dann seine Grundlage durch die Begegnung mit bestehenden Forschungsergebnissen verlieren. Die Frage einer pädagogischen Fruchtbarkeit dieser Begegnung wird jedoch offen bleiben. Der Spruch, daß keiner so taub ist wie derjenige, der nicht hören will, wird sich wahrscheinlich auch hier bestätigen. Diese "Taubheit" zu beseitigen ist die Aufgabe der Lehrerbildung und -fortbildung. Nimmt man in diesem Zusammenhang eine Synthese des pädagogischen Emanzipationsgedankens und der wissenschaftlichen Einstellung bei der Verwirklichung dieses Gedankens als etwas Nützliches für den Fortschritt der Erziehungs- und Bildungsaktivitäten an, dann kann man das Zustandekommen dieser Synthese auch als eine, für unsere Arbeit spezifische Norm betrachten. Denn die Verwirklichung der Normen einer progressiven Erziehungs- und Bildungsgestaltung ist eine wesentliche Bedingung für die Verwirklichung der Erziehungs- und Bildungsnormen, die auf die Entwicklung einer freien und selbstverwirklichten Persönlichkeit gerichtet sind.

ANMERKUNGEN

1) Nach Auffassung jugoslawischer Staatstheoretiker bedeutet Etatismus das Streben nach Stärkung der Staatsfunktionen als Mittel der Herrschaft über die Menschen und ist daher immer, mehr oder weniger, von den Menschen entfremdet.

2) Sowohl in der deutschen als auch in der jugoslawischen Literatur wurde keine Übereinstimmung zwischen den Begriffen der Erziehung und der Bildung gefunden. In Jugoslawien hat die Bildung an erster Stelle überwiegend eine kognitive und teilweise psychomotorische Konnotation. Dabei werden oft die höheren kognitiven Prozesse betont. Der Begriff Erziehung hat zwei Bedeutungen. In der einen, die man als "Erziehung im engeren Sinne" begreifen kann, kommt eine vorwiegend affektive Konnotation zum Ausdruck: die intentionell gelenkte Entwicklung von Einstellungen, Interessen, Emotionen, Wünschen u.ä.. Bei der anderen, die man auch als "Erziehung im weiteren Sinne" auffassen kann, wird die übergreifende Bedeutung angesprochen, die den gesamten Bereich des intentionellen Einflusses auf die Persönlichkeit umfaßt, also auch die Bildung. Da in diesem Beitrag der pädagogische Problembereich Jugoslawiens behandelt wird, beziehe ich mich im folgenden auf diese Bedeutungserläuterungen, insbesondere die "Erziehung im engeren Sinne".

3) Der Begriff "Subjekt" ist eigentlich in dieser Bedeutung etymologisch nicht gerechtfertigt und deshalb sowohl in der kroatischen als auch in der deutschen Sprache in diesem Zusammenhang unpassend, da "subiectus" (lat.) unter etwas liegend, unterwürfig bedeutet. Hinzu kommt, daß das Wort in beiden Sprachen im verächtlichen Sinne an Stelle von Person gebraucht werden kann und im schulischen Kontext mit Grammatik verbunden ist.

4) Auf jeden Fall war die Situation transparenter, als mich mein Gymnasialprofessor bei einer diesbezüglichen Gelegenheit offen mit diesem Zitat belehrte. In dieser Hinsicht war damals die doppelte Moral eine akzeptierte Tatsache. Damit war jedes diesbezügliche Verhalten, war es nun normgerecht oder eine "Kampfansage" durch Mißachtung o.ä. an diese Norm, eindeutig.

5) Die Bezeichnung "realer Sozialismus" für die Gesellschaftsordnung in den sog. "Ostblockstaaten" (wie sie im Westen genannt werden) kann irreführend sein, da dadurch andere Länder ausgeklammert werden, die - auf ihre Weise - in der Realität auch sozialistisch sind.

6) Einen interessanten Eingliederungsversuch für dieses Problem in das pädagogische Wissenschaftssystem unternimmt auch H. Frank (1978, S. 27). Er geht aus von einer gänzlich wertfreien "Kybernetischen Pädagogik", die er dann,

vereinfacht gesagt, in einen weiteren Rahmen einer nicht
mehr wertfreien "Prospektiven Bildungswissenschaft" einordnet, mit der Begründung, daß "der Verzicht auf die
Forderung nicht zu werten" der prospektiven Bildungswissenschaft "sehr große Arbeitsbereiche" ermöglicht.

LITERATUR

Adorno, Th.W.: Studien zum autoritären Charakter. Frankfurt
a.M.: Suhrkamp, 1973

Azarov, Ju.P.: Iskusstvo vospityvat. Moskva:
Prosweschtschenie, 1979

Bratanić-Vukelić, M.: Osposobljavanje nastavnika i analiza
interakcija u nastavnom procesu. Im Sammelband:
Savremena koncepcija i perspektive obrazovanja
nastavnika. Novi Sad: Pedagoški zavod Vojvodine, 1979
S. 507 - 512

Brezinka, W.: Von der Pädagogik zur Erziehungswissenschaft.
Weinheim: Beltz, 1971

Casali, A.: "Sistemi artifici e naturali" Civiltà
cibernetica (San Marino) 1, Nr. 16 - 25, 1981

Frank, H.: Vorkurs zur prospektiven Bildungswissenschaft.
Paderborn: FEoLL, 1978

Illich, I.: Entschulung der Gesellschaft. Reinbek b. Hamburg: Rowohlt, 1980

Kupfer, H.: Das Kind in der öffentlichen Erziehung. In:
Braunmühl, E. u.a.: Die Gleichberechtigung des Kindes.
Frankfurt a.M.: Fischer, 1976, S. 111 - 169

Maleš, D. und Mužić, V.: Predvidjanja o realizaciji nekih
zahtjeva za odgojno-obrazovnim preobražajem do kraja
stoljeća. Im Sammelband: Odgoj i samoupravljanje, Nr. 1.
Zagreb: Zavod za pedagogiju, 1981, S. 203 - 233

Matvejević, P.: Razgovori s Miroslavom Krležom. Zagreb:
Naprijed, 1969.

Medley, D.M.; Mitzel, H.E.: Measuring Classroom Behavior by
Systematic Observation. Im Sammelbuch: Gage, L.N. (Hrsg.)
Handbook of Research on Teaching. Chicago: Rand McNally,
1963, S. 247 - 328

Mužič, V.: Antiautoritarnost u preobražaju našeg odgoja i
obrazovanja. Im Sammelband: Odgoj i samoupravljanje,
Nr. 1. Zagreb: Zavod za pedagogiju, 1981, S. 59 - 90

Sielski, G.: Kritik der "antiautoritären" Erziehung. Berlin
(DDR): Volk und Wissen, 1977

Spoljar, K.: Lernziel "Kommunikationsfähigkeit" und Interaktion im Fremdsprachenunterricht, Tübingen 1980. Diss.

Šuvar, S.: Škola i tvornica. Zagreb: Školska knjiga, 1977

Šuvar, S.: Vizija i stvarnost u socijalističkom preobražaju
obrazovanja. Osijek: Pedagoški fakultet, 1982

Tausch, R. und Tausch, A.: Erziehungspsychologie. Göttingen:
Hogrefe, 1971

Mieczysław Pęcherski

ERZIEHUNG IM JUGENDALTER IN DER VOLKSREPUBLIK POLEN UNTER BESONDERER BERÜCKSICHTIGUNG DES ÜBERGANGS VOM BILDUNGSSYSTEM IN DAS BESCHÄFTIGUNGSSYSTEM

Mit meinem Referat möchte ich - an Hand der Situation in Polen - dazu beitragen, die Hauptfrage unseres Symposiums "Kann die Schule erziehen?" zu beantworten. Den Begriff "Erziehung" verstehe ich in einem weiten Sinne: nicht nur als Prozeß der moralisch-gesellschaftlichen, sondern auch der geistigen, ästhetischen und physischen Erziehung, also auch als Prozeß der allgemeinen und beruflichen Bildung sowie der Vorbereitung auf die beruflliche Arbeit.
Die Erforschung der bildenden und vor allem erziehenden Rolle der Schule begegnet einer Reihe Schwierigkeiten methodologischen Charakters. Die erste Schwierigkeit bilden eine Vielzahl von Institutionen und Faktoren, die die Einstellungen und Anschauungen der Jugendlichen beeinflussen: Familie, Umwelt, konfessionelle Institutionen, "peergroups", Massenmedien und Schule. Wie kann man aus diesen vielfältigen erzieherischen Einflüssen denjenigen der Schule und die Wirksamkeit ihrer erzieherischen Bemühungen herausfinden? Ja, ist es überhaupt möglich, den erzieherischen Erfolg der Schule zu bestimmen und welchen Maßstab soll man dazu anwenden?
Die zweite Schwierigkeit kann man in einer Frage zusammenfassen: Ist es möglich, die Diskussion der positiven und negativen Rolle der Schule bei der Erziehung zu verallgemeinern? Schulen sind verschieden, sowohl hinsichtlich der Anzahl als auch der Qualifikation ihrer Lehrer. Es gibt Schulen, an denen authentische Erzieher unterrichten aber auch solche, wo die Mehrheit der Lehrer ihre Aufgabe nur in der Wissensvermittlung sieht. Aus diesem Grund darf auch die Meinung über den erzieherischen Wert der Schule nicht verallgemeinert werden.

Der dritte Faktor, der bei der Analyse der Frage "Kann die Schule erziehen?" berücksichtigt werden muß, ist die Funktion des Schulwesens unter bestimmten politischen, gesellschaftlichen und ökonomischen Verhältnissen, in einer bestimmten historischen Tradition, also, allgemeiner gesagt, die Problematik der Bedingungen und Faktoren, die das Schulwesen beeinflussen. Diese Bedingungen und Faktoren sind veränderbar, deshalb muß die Erforschung der erzieherischen Rolle der Schule jeweils in einer bestimmten Zeit und an einem bestimmten Ort vorgenommen werden. Die französische Staatsschule, die im zentralistischen System der Schulverwaltung funktioniert, übt einen anderen erzieherischen Einfluß aus als die englische "public school" mit dem ihr eigenen Erziehungssystem, das einen besonderen Wert auf die Gestaltung des Charakters und die Haltung eines "gentleman" legt.

Bei der Analyse der erzieherischen Möglichkeiten der Schule ist deshalb notwendigerweise das ihr entsprechende Erziehungssystem mit zu berücksichtigen. Aber auch an den Schulen, in denen ein bestimmtes Erziehungssystem angewendet wird, können unterschiedlich orientierte pädagogische Gruppierungen und Lehrer unterrichten. Es ist bekannt, daß Versuche Makarenkows oder Korczaks Erziehungssystem anzuwenden, unterschiedliche Erfolge gebracht haben, abhängig davon, wie pädagogische Gruppierungen dieses System realisiert haben.

Viel greifbarer ist in Untersuchungen die bildende Rolle der Schule, insbesondere deren quantitative Seite. Das Material hierzu erhält man aus statistischen Analysen. Bei diesen Fragen stößt man aber auch auf die Grenzen solcher Statistiken, z.B. mangelnde Zahlen über die Bildung der Kinder und Jugendlichen einzelner Jahrgänge, sowie unzureichende Angaben über die Dorf- und Stadtjugend selbst. Dennoch ist es trotz aller dieser Schwierigkeiten gelungen, diejenigen Angaben zu sammeln, die die Rolle der polnischen Schule in den Bildungsprozessen in einer Makro-, das heißt das ganze Land betreffenden Skala charakterisieren. Das

Material zur Analyse der Meinungen polnischer Jugendlicher
über die erzieherische Funktion der Schule heute haben mir
Forschungen geliefert, die Teilnehmer eines von mir gelei-
teten Doktorandenseminars in Form einer diagnostischen Untersuchung mit Umfragen im September und Oktober 1982
durchgeführt haben.
Die Angaben über die Rolle der Berufsschule bei der Vorbereitung auf die berufliche Arbeit und die Relation zwischen
Schul- und Beschäftigungssystem habe ich dagegen entweder
aus Veröffentlichungen zu diesem Thema oder aus Forschungen
meiner Doktoranden, die unter meiner Leitung durchgeführt
wurden, entnommen. Bei diesen Untersuchungen, die in den
Jahren 1981 - 82 stattfanden, wurden die folgenden Methoden
angewandt: Beobachtung, Dokumentenanalyse, diagnostische
Untersuchung und statistische Analyse. Objekte der Forschung waren in beiden Fällen Jugendliche im Alter von 15
bis 19 Jahren, Schüler der allgemeinbildenden und beruflichen Mittelschulen.

Die Bemerkungen 15 bis 19-jähriger Jugendlicher über die
erzieherische Rolle der Mittelschule in der VR Polen

Die Schule wirkt unter dem Einfluß konkreter Verhältnisse:
in einem bestimmten politisch-gesellschaftlichen System, in
einer bestimmten wirtschaftlichen Situation, sie ist verbunden mit bestimmten historischen Traditionen und der nationalen Kultur. Diese Beziehungen zwischen der Schule und
den anderen Systemen einer Gesellschaft beeinflussen das
Modell der Schule als Institution hinsichtlich der Ziele,
Inhalte und Lehrpläne ihrer didaktisch-erzieherischen Arbeit, hinsichtlich der Haltung und Einstellung der Lehrer,
des Verhältnisses der Schulverwaltung zu Schule und Lehrer
und dadurch schließlich auch hinsichtlich der Wirksamkeit
ihrer erzieherischen Funktion. Ich beabsichtige nicht, diese Fragen theoretisch zu behandeln, denn das ist bereits
geschehen. Interessant erscheint es mir dagegen zu klären,
in welchem Grade diese Bedingungen und Faktoren, die die

Wirksamkeit der erzieherischen Funktion der Schule beeinflussen, von den 15 bis 19-jährigen Jugendlichen gesehen werden, und wie sie selbst die erzieherische Rolle der Schule einschätzen. Das Material für meine Analyse erhielt ich aus Äußerungen von Schülern und Schülerinnen einiger allgemeinbildender Lyzeen und beruflicher Mittelschulen in einer anonymen Umfrage zum Thema "Kann die Schule erziehen?". Es handelt sich um Aussagen von Schülern aus IV. Klassen allgemeinbildender Mittelschulen und aus III. und IV. Klassen beruflicher Mittelschulen, also Jugendliche im Alter von 17 bis 19 Jahren. Charakteristisch ist, daß in keiner Aussage eine ausschließlich positive erzieherische Rolle der Schule festgestellt wird, obwohl man ihren Beitrag zur Bildung und Erziehung nicht bestreitet. In den Vordergrund tritt jedoch für die Jugendlichen die bildende Funktion der Schule, ihre Rolle in der Vermittlung von Wissen und Vorbereitung auf den Beruf. Im folgenden sollen einige charakteristische Äußerungen wiedergegeben werden:

"Die Schule spielt eine große Rolle im Leben eines jungen Menschen. Sie lehrt Disziplin, formt Charakter und Persönlichkeit und entwickelt Talente. Ihr Hauptzweck ist die Vermittlung von Wissen."
"Die Schule kann erziehen. In der Schule treffen wir ja Menschen unterschiedlicher Herkunft, formen unseren Charakter und unsere Verhaltensweisen. Wir erwerben hier Wissen und lernen, wie wir im Leben handeln sollen."
"Meiner Meinung nach hat die Schule zu meiner Erziehung beigetragen. Sie lehrt Kultur und wie man sich unter Menschen verhalten soll. Außerdem erwirbt man Wissen. Ich verdanke der Schule meine Gewandheit unter Menschen, richtiges Sprechen und Schreiben, persönliche Gesundheitspflege, Sorge um Ordnung und Sauberkeit der Umwelt."

In vielen Äußerungen wird neben der positiven Rolle der Schule auch ihre negative Rolle in der Erziehung betont. Hier einige Beispiele:

"Ich meine, daß die Schule eine erzieherische Rolle spielt, weil die Lehrer uns unterrichten, gut zu handeln, ältere Menschen zu ehren, für das Gemeingut zu sorgen... In der Schule kann man aber auch schlechte Gewohnheiten erlernen: Zigarettenrauchen, Alkoholtrinken. Daran sind jedoch nicht die Lehrer und Erzieher schuld, sondern schlechte Kollegen und Kolleginnen."

"Die Schule erzieht, weil sie uns richtiges Verhalten zu Hause, in der Schule, in der Öffentlichkeit beibringt. Sie lehrt Achtung vor dem Alter... Man kann dort aber auch in schlechte Gesellschaft kommen und auf Abwege geraten."
"Nach meiner Meinung erzieht die Schule bestimmt, aber nur zu einem gewissen Grade. In der Schule lernen wir auch Schlauheit, Zigarettenrauchen. Unsere Charaktere werden schlechter. Die Professoren zeigen uns gegenüber kein Wohlgefallen, sie belügen uns oft. Manchmal haben wir von all dem genug und überlegen, wer eigentlich diese Schule erdacht hat."

Auffallend ist, wie richtig die Beobachtungen der Jugendlichen sind, wenn es um Bedingungen und Faktoren geht, die die unterschiedliche erzieherische Wirksamkeit schulischer Bemühungen zur Folge haben. Besondere Aufmerksamkeit wird auf die Bedeutung des Milieus gelenkt. Dazu eine typische Äußerung:

"Ich weiß nicht, ob die Schule erziehen kann. Wohl nicht jeden Schüler. Das hängt mit der Disposition und den Anlagen eines Menschen zusammen. Vom Milieu, seiner Kultur und seinem Entwicklungsgrad hängt ab, wie ein Mensch seine Persönlichkeitszüge entwickelt."

Der Befragte lenkt hier richtigerweise die Aufmerksamkeit auf den Einfluß des Milieus für die Wirksamkeit der Schulerziehung. Diese Tatsache wird in der soziologischen Literatur erläutert, denn Soziologen haben festgestellt, daß der Prozeß der Sozialisation in verschiedenen Milieus unterschiedlich verläuft. Es werden sechs Haupttypen des Milieus genannt: das normale Dorf, das Dorf in einer industrialisierten Gegend, Ortschaften im Einzugsbereich grösserer Städte, kleine Städte, wenig industrialisierte Städte, Großstädte (Winclawski 1976). In Dörfern und kleineren Städten sind die geistige Erziehung und das Heranführen der Kinder und Jugendlichen zur kulturellen Partizipation mit Schwierigkeiten verbunden. Die Fortschritte im Unterricht sind kleiner und das Bildungsniveau ist niedriger im Vergleich mit Schülern aus Großstädten. Aus diesen Gründen sind auch die Weiterbildung dieser Jugendlichen und ihr Zugang zu den Hochschulen erschwert.
Eine andere Situation finden wir in den Großstädten und industrialisierten Gegenden, wo die in der Mehrzahl

gebildeten Eltern die kulturelle und geistige Entwicklung ihrer Kinder wirksam zu fördern wissen. Die Erforschung dieser Umstände läßt die folgenden Feststellungen zu:
1) Das Schulsystem spiegelt in der Regel die bestehenden gesellschaftlichen Strukturen wider und trägt nur in geringem Maße zur Egalisierung der Gesellschaft bei.
2) Eine erfolgreiche geistige Erziehung ist abhängig von der Ausbildung und gesellschaftlichen Stellung der Eltern, sowie von Wohnort und -gegend (Miller 1979).

Ein wichtiger Faktor, der die erzieherischen Erfolge der Schule beeinflußt, sind, nach Aussagen der Schüler, die individuellen Unterschiede in der Persönlichkeit. In der Äußerung einer Schülerin der IV. Klasse eines allgemeinbildenden Lyzeums lesen wir:

"Die Erziehung der Schüler durch die Schule wird von ihnen unterschiedlich angenommen und ist abhängig vom Naturell und Charakter des einzelnen Schülers. Unterschiedliche Charaktere bedingen auch unterschiedliche Erziehungsergebnisse."

Nach Meinung der Jugendlichen ist der Erfolg der erzieherischen Bemühungen abhängig von dem Alter der Schüler und der jeweiligen Schulstufe: Der erzieherische Einfluß der Grundschule wird stärker bejaht als der einer Mittelschule, und in der Grundschule erkennt man eine positive Wirkung der Erziehung, besonders in den Klassen I bis V, d.h. bei den Kindern im Alter von 7 bis 11 Jahren.

Auch hierzu ein Beispiel:

"Auf die Gestaltung meines Charakters hat die Schule ihren Einfluß gehabt; sowohl die Grundschule als auch die Mittelschule, aber jede von ihnen ganz anders. In der Grundschule habe ich mich wie ein Fisch im Wasser gefühlt. Ich bin voller Energie gewesen. Die Schule hat mir Gelegenheit gegeben, meine Interessen zu entwickeln, weil es dort verschiedene Interessenzirkel und Pfadfindergruppen gab; die Atmosphäre in dieser Schule war zwangloser. In der Mittelschule habe ich keine Möglichkeit, die freie Zeit angenehm zu verbringen. Die kulturelle Aktivität beginnt und endet mit der Diskothek, als ob es keine anderen Formen des Freizeitvertreibs gäbe. In der Oberschule gibt es keine Gelegenheiten für Herzlichkeit und wahre Freundschaft, es gibt nur Wettstreit."

Die Jugendlichen sehen die unterschiedliche Wirksamkeit der Erziehung auch abhängig von der Art der Schule und des in ihr angewandten didaktisch-erzieherischen Systems. In Polen hat sich historisch ein Schultyp entwickelt, der hauptsächlich auf die Vermittlung von Lehrbuchwissen eingestellt ist und der der Schule von Herbart ähnelt. Aus diesem Grund sehen die Lehrer ihre Hauptaufgabe im Unterrichten, in der Vermittlung von möglichst vielen Informationen, die in überladenen Curricula enthalten sind, und sie haben keine Zeit, die Schüler kennenzulernen, sie individuell zu erziehen und mit den Eltern zusammenzuarbeiten. Eine entsprechende Einschätzung findet sich auch in den Äußerungen der Schüler wieder:

"Heute kann die Schule meiner Meinung nach nicht erziehen. Der Kontakt des Schülers mit der Schule ist nämlich zu kurz und zu seicht. Die Lehrer haben dafür keine Zeit oder keinen Willen. Es besteht eine mangelhafte Bindung zwischen den Schülern und der Schule."

"Das heutige Unterrichtssystem stellt solch hohe Forderungen an uns, daß wir keine Zeit mehr finden, unsere eigenen Interessen zu entwickeln, um uns selbst verstehen zu können. Statt uns dabei zu helfen, drängt die Schule unser "Ich", unsere Bestrebungen und Bedürfnisse zurück und bewirkt, daß wir davon träumen - damit wir normal und ohne Mühen leben können -, uns in Automaten, Computer zu verwandeln, die voll von Wissen und Klugheit sind, aber unfähig zu menschlichen Gefühlen, zur Aufopferung, und sich immer weiter von der Natur entfernen... Manchmal sind die Lehrer selbst nicht imstande, die Wahrheit herauszufinden, was können sie uns also vermitteln? Was für moralische und gesellschaftliche Werte beibringen, wenn man sie bei ihnen selbst vermißt?"

Diese Meinungen bestätigen die in der polnischen pädagogischen Literatur zu findende Beurteilung der heutigen Schule:

"Die sich des Wissens aus dem Lehrbuch bedienende Schule kann nicht an das vorhandene Wissen der Schüler anknüpfen, sie macht keine Versuche, Themen des täglichen Lebens zu diskutieren, infolge mangelnder offizieller Informationen fühlt der Lehrer sich auf eine solche Diskussion nicht vorbereitet und vermeidet deshalb heikle Diskussionen. Immer häufiger wird in den Schulen ein mündlicher Vortrag verallgemeinert: die Schüler stellen keine heiklen Fragen und bedienen sich, entsprechend der Forderung der Lehrer, der Sprache aus dem Lehrbuch" (Miller 1979, S. 9).

Aber auch diese, in hohem Maße traditionelle Schule kann Unterschiede aufweisen, die sich auf den Grad der Erziehung auswirken. Dies unterstreichen auch die Schüler:

"Die Frage, ob die Schule erzieht, kann nicht eindeutig beantwortet werden, weil es Schulen mit verschiedenem Unterrichtsniveau gibt, wo dann auch der erzieherische Prozeß mit unterschiedlichem Erfolg realisiert wird."

Es fehlt auch nicht an scharfer Kritik der Schule, so z.B. in der folgenden Bemerkung:

"Für mich verbindet sich der Begriff "erziehen" mit dem Versuch, dem jungen Menschen einen richtigen Lebensweg zu zeigen.... In der Schule gibt es niemand, der diese Aufgabe übernehmen würde. Für den Lehrer sind wir eine anonyme Masse, eine Gruppe von Menschen, die ihm untersteht. Er kennt unsere Namen, Vornamen und Noten nur aus dem Klassenbuch ... und das ist alles. Wie kann hier noch die Rede von Erziehung sein? Es gibt einfach zu viele Schüler in der Klasse. In die Schule müssen wir schon morgens um 8 Uhr. Wir zählen dann, wieviele Stunden wir noch haben, damit wir es nur aushalten. Von uns wird nicht gesprochen. Sogar während der Pausen vertauschen wir unsere Hefte, essen unser Frühstück, wiederholen den Stoff usw. Erst nach dem Unterricht beschäftigen wir uns mit dem, was uns interessiert. Aber nicht nur wir setzen uns Masken auf. Während des Unterrichts tragen auch die Lehrer Masken des Ernstes, der Feindseligkeit und der Gleichgültigkeit. Deshalb meinen wir, daß uns die Lehrer nichts mehr vermitteln können außer Fachwissen."

Unabhängig jedoch von der im allgemeinen kritischen Beurteilung der erzieherischen Werte der gegenwärtigen Schule schätzen die Schüler die Bedeutung des Lehrers, und besonders die des Klassenlehrers, hoch ein für den Prozeß der Persönlichkeitsbildung. Die Schüler schätzen bei den Lehrern besonders Gerechtigkeitssinn, Beherrschung, Freundlichkeit, Heiterkeit, Sinn für Humor, Sorgsamkeit und Geduld beim Zuhören, wenn die Schüler von ihren Leiden und Sorgen berichten. Sie sind sich dessen bewußt, daß die richtige Erfüllung der Lehrerpflichten mit der allgemeinen politischen und ökonomischen Situation, mit Arbeitsbedingungen und Forderungen der Schulverwaltung zusammenhängt. Zu den hauptsächlichen Schwierigkeiten der Lehrer gehören: überladene Curricula, Druck auf Unterrichtsleitungen, wenig Zeit für das Kennenlernen der Schüler, für einen persönli-

chen Kontakt mit ihnen oder ihren Eltern.
Einer der Befragten meint hierzu:

"Meiner Meinung nach hat die Schule einen großen Anteil an
der Erziehung der Jugend. Den größten Einfluß haben jedoch
die Klassenlehrer. Wenn der Lehrer einer bestimmten Klasse
seine Aufmerksamkeit immer auf das Verhalten der Schüler
lenkt, sie immer an ihr richtiges Verhalten gegenüber den
anderen Lehrern erinnert, an ein entsprechend kulturinter-
essiertes bei Exkursionen - so übt das einen großen Einfluß
auf die Jugendlichen aus. Eine wichtige Bedeutung hat auch
das Verhalten der Lehrer und Erzieher."

In den Angaben wird auch der positive Einfluß der außerschulischen Aktivitäten auf die Erziehung unterstrichen,
vor allem der freiwilligen Interessenzirkel. Manche der Befragten schätzen das Internat als Erziehungsanstalt höher
ein als die Schule. Im allgemeinen ist der Rang der Schule
als erzieherischer Einrichtung nicht hoch. In keiner der
Äußerungen erscheint die Mittelschule als Hauptfaktor im
Erziehungsprozeß. Für die Befragten hat die Familie die
größte Bedeutung in der Erziehung, es folgen: für einige
die Kirche und der Glaube, für andere die Kollegen und
Gruppen der Altersgenossen. Die Schule findet sich an dritter oder vierter Stelle. Diese ungünstige Position der
Schule wird hauptsächlich von drei Faktoren beeinflußt:
1) Als erste tritt die wachsende Distanz zwischen den
schnellen und dynamischen Veränderungen im heutigen Leben
und dem statischen, traditionellen, den Bedürfnissen unserer Gesellschaft nicht angepaßten Modell der Mittelschule
hervor.
2) Zum zweiten wird der Widerspruch zwischen den durch die
Schule lancierten Erziehungsidealen und anderen wirksamen
und hinlänglich als positiv beurteilten Persönlichkeitsvor-
bildern. Die in der Schule erworbenen Kenntnisse weichen ab
von den Beobachtungen des täglichen Lebens. Die vom Sozialismus verkündeten Perspektiven sollten zur Verwirklichung
der Ideale von Gleichheit, gesellschaftlicher Gerechtigkeit
und Freiheit führen. In Wirklichkeit hat die Jugend Schwierigkeiten mit dem Verständnis des Lebens; sie orientiert
sich nicht an Kriterien wie Aufstieg, Anerkennung,

Schaffung von Vermögen und gesellschaftlicher Bedeutung. Anstelle von Gleichheit vertiefen sich die Unterschiede in den Lebensverhältnissen der Menschen. Das moralische Niveau sinkt, und es wächst die Bedeutung von Unterstützung, Beziehungen und günstigen Positionen. Mehr als ordentliche Arbeit und Ehrlichkeit werden Geschicklichkeit und Schlauheit geschätzt.

3) Zum dritten Faktor für einen begrenzten Einfluß der Schule werden die Schwierigkeiten für ein Verständnis der Lebensmechanismen, des Widerstreits zwischen Ideal und Wirklichkeit. Diese Hindernisse nehmen den Jugendlichen die Lust am Kampf um die Verwirklichung von Idealen. Sie verstärken ihre Passivität und bewirken eine konformistische Einstellung, auch haben sie zur Folge, daß die Planung von Lebenszielen und diesbezügliche Anstrengungen kaum noch in Angriff genommen werden.

"Die Jugend ist davon überzeugt, daß es keine Möglichkeit gibt, die gesellschaftliche Wirklichkeit mitzugestalten und glaubt nicht daran, daß es möglich ist, auf die Außenwelt einzuwirken, aber auch eigenes Schicksal zu beeinflussen. Damit begründet sie ihre Flucht in die Sphäre der Privatangelegenheiten, die Erscheinung der "Desideologisierung", der Verbreitung von Konsumeinstellungen."

Die bildende Rolle der Schule

Die positive Rolle der heutigen Schule bei der Vermittlung von allgemeiner und beruflicher Ausbildung steht außer Zweifel. In der Volksrepublik Polen sind - ebenso wie in anderen Ländern - in der Zeit nach dem II. Weltkrieg große Veränderungen im Ausbildungsniveau der Bürger eingetreten. Dies ist die Folge einer sich in den entwickelten Ländern immer weiter ausbreitenden Mittelschulbildung.

In der Volksrepublik Polen hat sich die Zahl der Bürger mit Hochschulbildung in den Jahren 1960 bis 1981 verdreifacht: von 415 000 in 1960 auf 1.398 000 in 1981. In diesen 21 Jahren ist die Zahl derjenigen mit vollständiger und unvollständiger Mittelschulbildung von 2.676 000 in 1960 auf 10.976 000 in 1981 gestiegen. Noch größer ist die Zahl derjenigen, die eine Ausbildung in der achtklassigen Grundschule erhalten haben: von 7.838 000 in 1960 auf 12.098 000 in 1981 (vgl. dazu Tabelle 1). Diese positiven Veränderungen in der Ausbreitung und Anhebung des Ausbildungsniveaus können beobachtet werden, wenn man den Ausbildungsstand der in der vergesellschafteten Wirtschaft beschäftigten Personen (ohne selbständige Bauern und Handwerker) analysiert (die Daten in der Tabelle 2 spiegeln den Fortschritt in den Jahren 1964 bis 1977 wider). In dieser kurzen Zeit von 13 Jahren hat sich die Zahl der Beschäftigten mit Hochschulbildung mehr als verdoppelt: von 310 400 auf 778 200. Prozentual gab es im Jahre 1964 2,4 % Beschäftigte mit Hochschulbildung in der vergesellschafteten Wirtschaft, 1977 dagegen bereits 6,7 %. Verdreifacht hat sich die Zahl der Beschäftigten mit Mittelschulbildung von 912 000 auf 2.934 900 (prozentual von 12,8 % auf 25,1 %). Auch die Zahl der Beschäftigten mit abgeschlossener achtklassiger Grundschulausbildung hat zugenommen, jedoch nicht im gleichen Ausmaß: von 3.212 000 auf 4.707 400. Abgenommen hat dagegen die Zahl derjenigen, die die Grundschule nicht beendet haben: von 1.576 900 auf 817 400. Im Jahr 1977 haben nur noch 7 % aller Beschäftigten die Grundschule nicht abgeschlossen.

Unbestritten ist die Rolle der Schule bei der Verbreitung der Ausbildung auf einem mittleren Niveau. 1970 haben sich 87 % aller Absolventen der achtklassigen Grundschule in Mittelschulen weitergebildet, 1981 - 97,1 %. Die Anziehungskraft der gegenwärtigen polnischen Schule ist jedoch nicht so groß, um sich auf die gesamte Jugend im Alter von 15 bis 19 Jahren auszuwirken. Die von M. Kozakiewicz an Hand des Materials der Allgemeinen Volkszählung im Jahr 1970 durchgeführten Untersuchungen haben ergeben, daß ein Teil der Jugendlichen weder lernt noch arbeitet, und zwar: bei den Unter-15-jährigen - 37 926, 16-jährigen - 48 122, 17-jährigen 72 372, 18-jährigen - 73 721 und 19-jährigen - 82 059, insgesamt also 314 200 (Tabelle 4). Die neueren statistischen Angaben weisen eine sinkende Tendenz dieser

Erscheinung auf. 1975/76 wurden nur noch 30 554 Personen im Alter von 15 bis 18 Jahren registriert, die weder eine Schule besuchten noch einer Arbeit nachgingen, 1978/79 waren es sogar nur noch 15 975. Vielleicht ist dieser Rückgang mit der in vielen Wojewodschaften eingeführten Schul- oder Arbeitspflicht für Jugendliche unter 18 Jahren verbunden.

Die Rolle der Berufsschulen im Ausbildungsprozeß der Arbeitskräfte

Eine besonders große Rolle für die Ausbildung der Arbeitskräfte spielen in der Volksrepublik Polen die Berufsschulen. Diese Schulen und nicht die Betriebe gehören zu den wichtigsten Einrichtungen, in denen eine Vorbereitung der Fachkader stattfindet. Dies bezeugen die nun folgenden statistischen Angaben: In der Zeit von 1960 bis 1980 (also in 20 Jahren) hat sich die Zahl der Berufsschulen fast verdoppelt und die Zahl der dort lernenden Jugendlichen mehr als verzweifacht: 1960 betrug sie 784 227, 1980/81 - 1.851 000 (Tabelle 6). Die Zahl der Berufsschulabsolventen ist fast um das vierfache gestiegen: von 142 205 in 1960, auf 527 200 in 1980/81.

Den aktuellen Stand der Verbreitung des Berufsschulwesens spiegelt der Vergleich zwischen der Anzahl der Berufsschüler und derjenigen aller Schüler im Alter von 15 bis 18 Jahren wider. Von insgesamt 1.788 700 Schüler und Studenten dieser Jahrgänge haben 1980/81 - 1.314 677 - also 73,5 % - Berufsschulen besucht, allgemeinbildende Lyzeen dagegen lediglich 364 922 - also 20,4 % (Tabelle 7). Relative Vergleichszahlen bezeugen ebenfalls diese große Entwicklung des Berufsschulwesens. Im Jahr 1946 kamen auf 10 000 Personen 121 Berufsschüler, 1981 betrug der entsprechende Anteil bereits das vierfache, also 469. Noch deutlicher drückt sich die Verbreitung der Berufsschulen in der Zahl ihrer Absolventen aus, wiederum umgerechnet auf 10 000 Personen: 1946 betrug der entsprechende Anteil 11 Absolventen, 1981 146 Absolventen.

Die Verbreitung des Berufsschulwesens hat keine große Tradition in der Volksrepublik Polen. In der Zeit zwischen den beiden Weltkriegen war es nur schwach entwickelt. Die Mehrheit der Arbeiter, Bauern und Handwerker hat ihre berufliche Qualifikation direkt in Betrieben gewonnen und ihre Ausbildung in sog. "Fortbildungsschulen" ("szkoły dokształcające") ergänzt, die jedoch im Schulsystem eine "Sackgasse" bildeten, da sie nicht zum Zugang zu den Mittelschulen berechtigen. Diese Fortbildungsschulen spielten damals die Rolle wie heute die Berufsschulen in der Bundesrepublik Deutschland.
Die Entwicklung des Berufsschulwesens in der Volksrepublik Polen ist eine Folge der zielgerichteten Bildungspolitik und des Drucks der ökonomischen Bedürfnisse, vor allem der schnellen Industrialisierung des Landes.
Hierin liegt aber ein Problem, das erst in der letzten Zeit diskutiert wird: welche gesellschaftlichen und ökonomischen Folgen hat die überwiegende Vermittlung der beruflichen Bildung in Berufsschulen und nicht in Arbeitsbetrieben? In welchem Grad kann die Vorbereitung der Berufskader im starren Schulsystem den Bedarf an Kadern unter den Bedingungen der schnellen Veränderung des Arbeitsmarktes verbunden mit dem Fortschritt von Wissenschaft und Technik befriedigen?

Das Verhältnis von Berufsschulwesen und Beschäftigungssystem in der Volksrepublik Polen

In der Volksrepublik Polen finden Berufsausbildung und Vorbereitung der Kader hauptsächlich in den verschiedenen Arten von Berufsschulen mit unterschiedlicher Ausrichtung statt. Die unterste Stufe bilden die unvollständigen Berufsmittelschulen, die sog. Berufsgrundschulen ("zasadnicze szkoły zawodowe" (ZSZ)). Dort werden Arbeiter und das Personal für Dienstleistungen ausgebildet. Die Berufsmittelschulen ("Technika" und berufliche Lyzeen) bereiten auf Berufe im industriellen Bereich vor und verleihen nach erfolgreichem Abschluß - Matura - die Qualifikation eines

"Technikers", während die Berufslyzeen "Facharbeiterzertifikate" vergeben. In den letzten Jahren haben sich sog. "Postlyzeale Berufsstudien" gebildet, die Absolventen der allgemeinbildenden Oberschulen aufnehmen. Hier wird außerdem das mittlere Personal für den Produktions- und Dienstleistungsbereich ausgebildet. Es wurde bereits davon gesprochen, daß in den Jahren 1981/82 insgesamt 469 300 Absolventen der achtklassigen Grundschule - also 78 % - mit dem Unterricht in Berufsschulen begannen: 23,3 % in vollständigen Berufsmittelschulen (mit Matura) und 54,7 % in Berufsgrundschulen (Tabelle 3). Dies sind Schulen mit vollem Wochenstundenplan. So gibt es z.B. in der Berufsgrundschule für Drechsler 31 - 35 Unterrichtsstunden wöchentlich, davon entfallen auf den praktischen Berufsunterricht in der I. Klasse 12 Stunden und in der III. Klasse 21. Diese praktische Ausbildung findet hauptsächlich in Schulwerkstätten und nur zu einem Teil in Betrieben statt. Dieses Ausbildungssystem unterscheidet sich grundsätzlich von demjenigen in Ländern wie der Bundesrepublik Deutschland, England und der Schweiz, in denen der Betrieb die hauptsächliche Ausbildungsstätte ist und sich keine Schüler sondern Lehrlinge um ihre berufliche Qualifikation bemühen. Sie besuchen nur einmal wöchentlich die "Berufsschule".

In der Volksrepublik Polen haben von insgesamt 736 500 Schülern der Berufsgrundschulen nur 181 000 derjenigen, die Schulen für junge Arbeiter besuchten, in Betrieben gelernt, dies sind 24,4 %. Wie man sieht, haben in Polen die Schulen und nicht die Betriebe die Hauptaufgabe bei der Berufsausbildung übernommen.

Dies hat besondere Konsequenzen sowohl hinsichtlich der Bildungsergebnisse als auch der Anpassung dieses Systems der Kadervorbereitung auf die Situation des Beschäftigungsmarktes. Eine erste Folge ist die Tatsache, daß ein Teil der Berufsschulabsolventen nicht den Beruf ausübt, für den er ausgebildet wurde und Qualifikationen erworben hat. 1977 haben 588 300 Arbeiter mit Mittelschulbildung (28,5 %) nicht in ihrem erlernten Beruf gearbeitet. Von 2.265 800

Arbeitern haben 61,2 % ihren erlernten Beruf ausgeübt und
21,9 % einen anderen (Tabelle 8). Einer der Gründe ist das
starre System der Berufsausbildung. Der Absolvent einer
Grundschule geht meistens dort, wo er wohnt, auch in die
Berufsschule, unabhängig davon, ob er dann auch in diesem
Beruf Arbeit findet oder ob dieser seinen Interessen und
Fähigkeiten entspricht. Es ist außerdem schwierig, die Ausbildungsrichtung einer Berufsschule zu verändern, da sie
von Anfang an durch die Auswahl der Lehrer und Einrichtung
festgelegt wurde. Das bedeutet, daß das Berufsschulsystem
auf die schnellen Produktionsänderungen und den Bedarf an
Kadern nicht rechtzeitig reagieren kann.
Eine zweite Konsequenz der Berufsausbildung in der Schule
ist die Unangepaßtheit der in der Schule erworbenen Kenntnisse und Fähigkeiten an die Bedürfnisse einer modernen und
vor allen Dingen industriellen Produktion. Dies bezeugen
sowohl die Aussagen der Absolventen als auch die der Verantwortlichen in den Betrieben. Die Absolventen stellen
folgende Mängel bei ihrer Vorbereitung auf die Arbeit im
Beruf fest:
1) ungenügende Ausbildung in praktischen und fachlichen
   Fertigkeiten;
2) veraltete Unterrichtsprogramme, die den Fortschritt von
   Wissenschaft und Technik nicht berücksichtigen;
3) unzureichende praktische Vorbereitung in den Arbeitsbetrieben;
4) ungenügende Druckmittel, um das Organisieren der Arbeit
   und das Miteinanderleben und -arbeiten in den Arbeitsgruppen der Betriebe zu erlernen.
Hierzu die typische Meinung eines solchen Absolventen:

"Meine Fähigkeiten wichen stark von dem ab, was die vorhandenen Anlagen an Kenntnissen erforderten, und ich mußte
mich weiterbilden. Mängel ergaben sich vor allem aus meiner
kurzen Berufspraxis und der falschen Vorbereitung auf die
praktische Arbeit durch die Schule."

Die Untersuchung der Meinungen von Berufsschulabsolventen,
die in dem chemischen Betrieb "Oświęcim" als Techniker,
Elektriker und Chemiker arbeiten, konnte ihre unzureichende

praktische Vorbereitung nachweisen. Etwa 50 % gaben an, daß ihre Praktika schlecht organisiert und Schutzmaßnahmen für Lehrlinge von Seiten der Schule und des Betriebes zu schwach gewesen seien.
Mängel bei der praktischen Vorbereitung der Absolventen stellten auch die Betriebe fest. Bei einer Untersuchung über die Eignung von Berufsschulabsolventen wies man auf folgende Fehler der Schulen bei der Berufsausbildung hin:
1) Mangel an praktischer Gewandheit, der die Aneignung beruflicher Fertigkeiten und Kenntnisse erschwert und eine geringe Arbeitsleistung zur Folge hat;
2) ungenügende Vorbereitung auf die organisatorische Seite der Arbeit, Schwierigkeiten bei der Führung von Menschen, Mängel bei der Arbeitsmoral;
3) mangelnde Kenntnisse über Grundsätze der Arbeitsgestaltung, über übliche Systeme der Technologie- und Konstruktionsdokumentation, ungenügende Kenntnisse der vorbeugenden Unfallverhütung bei der Arbeit.

Diese hier aufgezählten Mängel des gegenwärtigen Berufsschulwesens sind zu einem festen Bestandteil dieses Systems geworden und waren bereits den Verfassern des "Berichts über den Stand der Ausbildung in der Volksrepublik Polen" bekannt:

"Die Mängel bei der Vorbereitung der Absolventen dieser (d.h. berufsorientierten) Schulen finden sich hauptsächlich bei der Fähigkeit, das erworbene Wissen in der Praxis anzuwenden, bei den Kenntnissen über moderne Anlagen und Technologien, wie sie in den Betrieben benutzt werden. Bei den Absolventen der technischen Mittelschulen, die zumeist positiv eingeschätzt werden in ihrer Funktion als Kader, der darauf vorbereitet ist, Stellungen mittlerer Verantwortung zu übernehmen, wurde mangelnde Erfahrung im Beruf und bei der Zusammenarbeit mit anderen festgestellt. Desweiteren fand man bei allen Absolventen unerwünschte gesellschaftliche und berufliche Einstellungen, unzureichende Ausbildung in den Bereichen Betriebslehre, Arbeitsrecht und Materialkunde bei den Technikern, bei allen stellte man eine mangelhafte technische Vorbereitung, bei den Wirtschaftswissenschaftlern ungenügende Vorbereitung in den Bereichen Organisation des Arbeitsplatzes und der Arbeit und mangelnde Flexibilität in der Zusammenarbeit mit Vorgesetzten fest" (Bericht über den Stand der Ausbildung in der VR Polen 1973, S. 135 f.).

Es wird angenommen, daß diese Mängel durch zwei Faktoren verursacht werden: erstens, die übermäßige Verschulung der Berufsausbildung und zweitens, die mangelhafte Beteiligung der Betriebe an der praktischen Vorbereitung der Berufsschüler auf die moderne Technologie und Arbeitsorganisation.

Die beabsichtigte Reform des polnischen Bildungssystems hat sich die Aufgabe gestellt, diese Mängel zu beheben, um erfolgreicher als bisher das Berufsbildungssystem an das Beschäftigungssystem anzupassen, es vor allem flexibler zu gestalten und die Betriebe als Faktoren in das Berufsbildungssystem einzubeziehen.

Tab. 1

Das Bildungsniveau der polnischen Bevölkerung ab dem 15. Lebensjahr

Quelle: Rocznik statystyczny 1982 (Statistisches Jahrbuch). Warszawa 1982, S. 41

Ausbildung	Jahr					
	1960	1970	1981	1960	1970	1981
	in Tausenden			%		
Hochschulbildung	415	655	1398	–	2,7	5,1
Mittelschulbildung	2046	3188	5895	–	13,4	21,7
unvollständige Mittelschulbildung	630	2531	5081	–	10,6	18,7
Grundschulbildung	7838	11620	12098	–	48,8	44,6

Tab. 2

Die Ausbildung der Beschäftigten in der volkseigenen Wirtschaft in den Jahren 1964 und 1977

Quelle: H. Retkiewicz: (Die Diskrepanz zwischen dem erlernten und ausgeübten Beruf der Absolventen) Niezgodność zatrudnienia absolwentów z wyuczonym zawodem. Szkoła Zawodowa 1980 Nr. 7/8, S. 3

Ausbildung	Jahr	
	1964	1977
Zahl der Beschäftigten	7 137,3	11 678,0
%	100	100
Hochschulbildung	310,4	778,2
%	2,4	6,7
Mittelschulbildung	912,0	2 934,9
%	12,8	25,1
unvollständige Mittelschulbildung	1 266,5	2 440,1
%	17,7	20,9
Grundschulausbildung	3 212,0	4 707,4
%	45,0	40,3
unvollständige Grundschulbildung	1 576,9	817,4
%	22,1	7,0

Tab. 3

Bildungswege Nichtwerktätiger nach Abschluß der achtjährigen Grundschule (ohne Sonderschüler)

Quelle: Rocznik statystyczny 1982, Warszawa 1982, S. 400

Schulen	Jahr			
	1970		1981	
	in absoluten Zahlen	%	in absoluten Zahlen	%
	Absolventen der Grundschulen (in Tausenden)			
	649,8	100,0	469,3	100,0
	davon besuchen weiterführende Schulen			
insgesamt	566,7	87,2	455,9	97,1
davon				
unvollständige Mittelschulen	348,4	53,6	256,5	54,7
Allgemeinbildende Lyzeen	114,2	17,6	89,8	19,1
Berufsmittelschulen	104,1	16,0	109,6	23,3

Tab. 4

Polnische Jugendliche zwischen 15 und 19 Jahren, die im Jahr 1970 die Schule besuchten und/oder arbeiteten und solche, die weder eine Schule besuchten noch arbeiteten.

Quelle: M. Kozakiewicz, Zróżnicowanie dostępu młodzieży do kształcenia w 1970 r. Warszawa 1975, S. 63

Lebens-jahr	Gesamtzahl der Jugend-lichen	besuchen Schulen			sind berufs-tätig	arbeiten nicht und besuchen keine Schule	Scholarisations-faktor
		insgesamt	arbeiten	arbeiten nicht			
15	720 453	657 325	4 532	652 793	29 734	37 926	91,2
16	697 507	600 362	10 832	589 530	59 855	48 122	86,1
17	693 684	507 876	20 054	487 822	133 490	72 372	73,2
18	688 924	342 024	42 538	299 486	315 717	73 721	49,6
19	676 674	189 142	50 108	139 034	455 581	82 059	28,0
Gesamt-zahl al-ler 15-19-jährigen	3 477 242	2 296 729	128 064	2 168 665	994 377	314 200	66,0

Tab. 5

Polnische Jugendliche zwischen 15 und 18 Jahren, die weder eine Schule besuchen noch arbeiten

Quelle: Rocznik statystyczny 1978/79, Warszawa 1979, S. 23

Jahr	1975/76	1978/79
Registrierte	30 554	15 975
Jungen	19 545	10 433
Mädchen	11 009	5 542
davon ohne Grundausbildung	11 581	5 566
Nach der Registrierung zugewiesen:	24 041	13 317
8jähriger Grundschule	6 071	2 456
Berufsschule und weiterbildenden Kursen	9 447	4 891
anderen Bildungsformen	3 482	3 058
Arbeit	5 041	2 912
davon zu freiwilligen Arbeitsbrigaden (Ochotnicze Hufce Pracy)	2 757	1 721

Tab. 6

Die Entwicklung der Berufsschulen in der VR Polen

Jahr	1960/61	1980/81
Zahl der Berufsschulen	5 709	10 441
Schüler in den Berufsschulen	784 227	1 851 000
Absolventen der Berufsschulen	142 205	527 200

Tab. 7

Schüler und Studenten im Alter von 15 bis 18 im Jahr 1979/80 in der VR Polen

Quelle: Rocznik statystyczny 1980, Warszawa 1981, S. 397

Schulen	Zahl der Schüler u. Studenten	%
Grundschulen	103 974	5,8
unvollständige Mittelschulen	755 160	42,2
Mittelschulen		
allgemeinbildende	364 922	20,4
berufliche	559 517	31,3
Postlyzeale Studien	1 691	0,1
Hochschulen	3 436	0,2
Insgesamt	1 788 700	100,0

Tab. 8

Beschäftigte, die in ihrem erlernten oder einem fremden Beruf arbeiten (in %)

Quelle: H. Retkiewicz. Niezgodność zatrudnienia absolwentów z wyuczonym zawodem. Szkoła Zawodowa 1980 Nr. 7/8, S. 4

Bildungsniveau	Beschäftigte, die			unter ihrem Bildungsniveau arbeiten
	entsprechend ihrem Bildungsniveau arbeiten			
	insgesamt	in ihrem erlernten Beruf	in einem fremden Beruf	
Hochschulbildung	95,0	79,9	15,1	3,8
Mittelschulbildung	71,1	52,0	19,1	28,6
unvollständige Mittelschulbildung	83,1	61,2	21,9	8,2

LITERATUR

Bericht über den Stand der Ausbildung in der VR Polen. Warszawa 1973

Kozakiewicz, M.: Zróźnicowanie dostępu młodzieży do kształcenia w 1970 r. Warszawa 1975

Miller, R.: Sytuacja młodzieży w społeczeństwie wychowujacym (Die Situation der Jugendlichen in der erziehenden Gesellschaft). Warszawa 1979

Retkiewicz, H.: Niezgodność zatrudnienia absolwentów z wyuczonym zawodem (Die Diskrepanz zwischen dem erlernten und ausgeübten Beruf der Absolventen) Szkoła Zawodowa 1980 Nr. 7/8

Rocznik statystyczny 1978/79 (Statistisches Jahrbuch 1978/79). Warszawa 1979

Rocznik statystyczny 1980 (Statistisches Jahrbuch 1980). Warszawa 1981

Rocznik statystyczny 1982 (Statistisches Jahrbuch 1981). Warszawa 1982

Wincławski, W.: Typowe środowiska wychowawcze współczesnej Polski (Typische Erziehungsmilieus im gegenwärtigen Polen). Warszawa 1976

György Ágoston

DIE ERZIEHUNGSFUNKTION DER SOZIALISTISCHEN SCHULE UND DIE
BEDINGUNGEN IHRER VERWIRKLICHUNG

Gleich zu Beginn dieser Ausführungen möchte ich der Frage,
ob die Schule zu erziehen vermag, unsere Antwort entgegensetzen: die Schule muß erziehen, und zwar viel mehr als
bisher. Wir können unmöglich auf die Zukunft vertrauen,
wenn wir in unserem problembeladenen Zeitalter, in dem die
Jugend nur allzu leicht den Boden unter den Füßen verliert
und sich gegen menschliche Grundwerte, gegen die Welt der
Erwachsenen wendet und in Negativismus verirrt, keine dazu
berufene Institution fänden, die alle Verantwortung für die
Erziehung der Jugend übernimmt. Die Frage ist eigentlich
garnicht, ob die Schule erziehen kann, sondern, wozu sie
erziehen muß, worin ihre erzieherischen Aufgaben heute bestehen, um effektvoll positiv wirken und die Persönlichkeit
der Schüler tatsächlich formen zu können. Die Fragen, wozu
die Schule erziehen, und wie sie erziehen muß, sind dabei
untrennbar miteinander verbunden.
Die erzieherische Funktion der sozialistischen Schule von
heute kann mit der Kategorie der Totalität, der Vollständigkeit charakterisiert werden. Die Schule kann in unserer
Zeit ihrer erzieherischen Funktion nur dann gerecht werden,
wenn sie voll bewußt und mit voller Verantwortung die Gestaltung der vollen Persönlichkeit der Schüler zur vollständigen Lebenserfüllung, ihre Vorbereitung zur vollen gesellschaftlichen Praxis übernimmt. Wenn die Schule heute
lediglich die Verpflichtung zur Gestaltung einiger Teile
der Persönlichkeit übernähme, wie z.B. die Vermittlung bestimmter Kenntnisse zur Entwicklung der intellektuellen Fähigkeiten, und die Erziehung der übrigen Persönlichkeitssphären an andere Institutionen abgäbe, würde sie auf die
Jugend, die heute einem komplizierten gesellschaftlichen

Wirkungssystem ausgesetzt ist, einen unsicheren, ja sogar
zweifelhaften Einfluß ausüben, und diese damit chaotischen
und untereinander konträren Strömungen preisgeben.

Aus dem eben Gesagten soll noch einmal der zentrale Gesichtspunkt hervorgehoben werden: die sozialistische Schule
hat heute ihre Schüler auf die volle gesellschaftliche Praxis vorzubereiten. Der Begriff der vollen gesellschaftlichen Praxis umfaßt nach unserer Ansicht diejenigen Bereiche
gesellschaftlicher Tätigkeiten, in denen alle Mitglieder
einer demokratischen, sozialistischen Gesellschaft Aktivitäten zu entfalten haben, die zusammen die Vollständigkeit
des Lebens ausmachen. Man kann den Menschen als eine vielseitige Persönlichkeit ansehen: er besitzt Fähigkeiten, die
es ihm ermöglichen, Funktionen auf einem immer höheren Niveau in den Hauptbereichen gesellschaftlicher Aktivitäten
auszuüben, so wie es von ihm erwartet wird. Welche sind
diese Hauptsphären der gesellschaftlichen Aktivität und die
ihnen entsprechenden menschlichen Fähigkeiten und persönlichen Charakterzüge?

1. Da ist vor allem das Lernen zu nennen, ferner alle
diejenigen Fähigkeiten, die zum selbständigen, schöpferischen Studieren, zur permanenten Selbstbildung notwendig
sind. Wohl kaum bedarf die Gültigkeit des Titels, "Apprendre
à être", den Faure und die anderen Autoren für ihren Bericht
gewählt haben, heute noch einer Begründung (Faure u.a.
1973). Die Bedürfnisse unserer Entwicklung in allen Abschnitten des Lebens zu erkennen, über die Fähigkeiten der
Aneignung der diese Bedürfnisse befriedigenden Kenntnisse
und Tätigkeiten zu verfügen und die geeignetsten Mittel der
Aneignung zu finden, das alles gehört heute schon zu den
Voraussetzungen des Lebens. Das permanente Lernen, die
Selbstbildung werden daher nicht zufällig an der Spitze der
Hierarchie gesellschaftlicher Aktivitäten erwähnt.

Ob der Mensch in den anderen gesellschaftlichen Tätigkeitsbereichen zu Aktivitäten fähig ist, und auf welchem
Niveau das geschieht, ist in großem Maße von der Qualität
und Beständigkeit seines Lernens abhängig.

2. Die grundlegende Tätigkeit im menschlichen Leben war und bleibt die Arbeit. Arbeit ist einerseits das Mittel zur Subsistenz, zum Unterhalt des Lebens, andererseits der wichtigste Bereich der Selbstverwirklichung, der Realisierung der schöpferischen Kräfte des Menschen. Während in früheren Zeiten der erstgenannte Aspekt in überwältigendem Ausmaß dominierte, entstehen heute infolge der demokratischen und sozialistischen Veränderungen der Gesellschaft sowie als Auswirkung des wissenschaftlichen und technischen Fortschritts die Bedingungen für die Entfaltung und Realisierung des anderen Aspekts. Arbeit ist kein Zwang und gilt als persönlichkeitsfördernd, wenn sie den jeweiligen Eigenschaften entsprechend frei gewählt wird und schöpferische Möglichkeiten bietet. Auf diese Weise kann die Arbeit dem Spiel, dem Hobby nahekommen, jedoch nicht damit identisch werden, denn Arbeit kann Persönlichkeitsmerkmale wie Pflichtbewußtsein, Disziplin und Pünktlichkeit niemals entbehren.

3. Für die Mitglieder einer demokratischen und sozialistischen Gesellschaft besteht die grundsätzliche Forderung, sich am öffentlichen Leben zu beteiligen und imstande zu sein, auf den verschiedenen Ebenen (am Arbeitsplatz, in den demokratischen, politischen und gesellschaftlichen Instanzen des Wohnortes, bei den lokalen, bzw. allgemeinen Wahlen, als gewählte und den Wählern verantwortliche Funktionäre der verschiedenen politischen, gewerkschaftlichen und sonstigen gesellschaftlichen Institutionen usw.) die öffentlichen Angelegenheiten (die Wirtschaftspolitik, die Verteilung des Einkommens, die Sozialpolitik, die Bildungspolitik, die kommunale Politik usw.) mitzugestalten, Vorschläge zu unterbreiten, sich an Entscheidungen mit Verantwortung zu beteiligen und Kritik zu üben. Die Entwicklung der sozialistischen Gesellschaft ist in nicht geringem Maße von der sozialistischen, demokratischen Entfaltung, also von der öffentlichen Aktivität ihrer Bürger abhängig, deren Vorbedingung die politische Bildung sowie das Vorhandensein

jener Fähigkeiten, Fertigkeiten, Gewohnheiten und Persönlichkeitsqualitäten ist, die zur öffentlichen Aktivität unerläßlich sind. Öffentliche Aktivität bedeutet Hinwendung zu den Problemen der Welt und Beteiligung an gesellschaftlichen Bewegungen und Aktionen, die sich die Erhaltung des Weltfriedens, die Förderung des Verständnisses, des Zusammenwirkens der Völker, die Solidarität mit dem politisch und wirtschaftlich Unterdrückten zum Ziel gesetzt haben.

4. Einen immer größer werdenden Raum nehmen in unserer Zeit - und wahrscheinlich noch mehr in der Zukunft - die Betätigungen im gesellschaftlichen Tätigkeitssystem ein, die zusammenfassend Freizeitgestaltungen genannt werden. Obwohl sich diese Sphäre in unserer Gesellschaft zweifelsohne widerspruchsvoll entwickelt - noch sind viele gezwungen, zusätzliche Arbeit zu leisten, um ein Einkommen zu erlangen, mit dem sie ihre Bedürfnisse befriedigen können -, ist es dennoch eine Tatsache, daß immer mehr Leute über eine zunehmende Freizeit verfügen. In Ermangelung der nötigen Bildung, des nötigen Interesses sowie der früher entstandenen und hartnäckig fortdauernden gesellschaftlichen Traditionen und Gewohnheiten gilt die Freizeit für die überwiegende Mehrheit der Menschen als eine primitive und oft schädliche Sphäre zur Befriedigung ihrer Bedürfnisse, die sowohl die Arbeitstätigkeit als auch die öffentliche Aktivität und das Familienleben in negativer Richtung beeinflußt. Im Interesse der vielseitigen Bereicherung der Persönlichkeit des einzelnen Menschen, der Erhöhung des moralischen und ästhetischen Wertes ihres individuellen Lebens, der Erhaltung ihrer psychischen und körperlichen Gesundheit, der Entfaltung ihrer schöpferischen Kräfte sowie im Interesse der Entwicklung der Gesamtheit der Gesellschaft, der Kultur wächst die Erziehung der Menschen zur kultivierten Gestaltung ihrer Freizeit zu einem der größten gesellschaftspolitischen und pädagogischen Probleme unseres Zeitalters heran.

Obwohl die Möglichkeiten der Freizeitgestaltung unerschöpflich sind, lassen sich doch einige Kategorien ermitteln, für die man mit der bereits heute vorhandenen Bildung bei allen Menschen eine Bereitschaft erwarten kann, die sich einerseits in der Aufnahme unserer persönlichkeitsbereichernden kulturellen Werte, andererseits in der Schaffung von Werten realisiert.

- Interesse für die wissenschaftliche Entwicklung, für die neuesten Erkenntnisse der Wissenschaft, wissenschaftliches Forschen. Diese Betätigungen können eng mit der Arbeit verknüpft sein - vorausgesetzt, daß sie mit Lust und Freude verrichtet wird -, sie können aber auch auf einen völlig anderen Inhalt ausgerichtet sein und nur zum Vergnügen erfolgen.

- Anspruch auf die Rezeption der Werte der Kunst, die Suche nach der Konfrontation mit Kunstwerken, die Entfaltung einer aktiven künsterlischen Tätigkeit in dem Bereich, der der individuellen künstlerischen Begabung am meisten entspricht, z.B. im Rahmen einer künstlerischen Amateurbewegung.

- Eine schöpferische manuelle Tätigkeit, durch die schöne und nützliche Gegenstände hergestellt werden, Gegenstände, mit denen man sein Heim und dessen Umgebung adäquater und menschlicher gestalten kann. Im Zeitalter moderner Massenproduktion halten wir das für eine Freizeitgestaltung von herausragender Bedeutung. So sehr auch die moderne Technik, die moderne Produktion der Großindustrie zum Fortschritt, zur Erhöhung des Lebensstandarts der Volksmassen beigetragen haben, ihre verunmenschlichenden Wirkungen, vor denen der große deutsche Dichter Johann Wolfgang Goethe die Menschheit bereits vor 200 Jahren gewarnt hat, zeichnen sich immer deutlicher ab. Es geht nicht nur darum, daß unsere Welt durch die Massenprodukte verödet und sich uniformiert (uniforme Wohnsiedlungen, Häuser, Einrichtungsgegenstände, Bekleidung usw.) und wir uns in ihr immer unwohler fühlen, sondern auch darum, daß die moderne Technik die menschlichen Glieder (die Hände, die Beine, die Muskelkraft), seine körperliche Gewandheit immer überflüssiger macht und seine Umgebung verschmutzt und zerstört. Diese sich beschleunigenden negativen Auswirkungen sind unabsehbar, wenn man nicht bewußt und weitsichtig für eine Kompensation sorgt, die die Gliedmaßen beschäftigt und unsere manuellen Fähigkeiten bewahrt und entwickelt. Auf diese Weise ist die mit Hilfe der Glieder verrichtete schöpferische Tätigkeit nicht nur eine wichtige Freizeitgestaltung, sondern auch als eine Vorbedingung zur Aufrechterhaltung unserer menschlichen Vollständigkeit anzusehen.

- Im Zusammenhang mit dem eben Dargelegten muß man die regelmäßige körperliche Abhärtung in all ihren Formen als eine für alle Menschen unentbehrliche Freizeitgestaltung ansehen. Dabei soll nicht nur ihre Bedeutung für die Entwicklung und Erhaltung der körperlichen Fähigkeiten betont werden, sondern auch ihre Bedeutung für die Bewahrung der Gesundheit. Der Mensch, der von der modernen Technik allmählich der Notwendigkeit beraubt wird, seine Glieder zu benutzen, dessen Nervensystem durch den schnellen Rhythmus unseres Lebens strapaziert wird, muß sich seine Lebensweise derart gestalten, daß sie ihm Schutz vor körperlichen und seelischen Schäden gewährt.

- Freiwillige, soziale Aktivitäten, die im öffentlichen Interesse geschehen und in denen sich die edelsten Eigenschaften des Menschen manifestieren: regelmäßige Hilfe für die Kranken, für die Alten, für diejenigen, die auf charitative Unterstützung angewiesen sind; Engagement im Kinderschutz und Teilnahme an pädagogischen Aktivitäten (in der Schule, in den Jugendorganisationen, am Wohnort, in der Erwachsenenbildung).

Die Arten der Freizeitgestaltung könnten noch weiter differenziert werden, da man jedoch die aufgezählten Kategorien im weitesten Sinne - der auch Übergänge zuläßt - interpretieren kann, ist diese Einteilung vielleicht doch zur Klassifizierung der Freizeitgestaltung ausreichend.

Bisher ist der Tätigkeitsbereich noch nicht genannt worden, in dem allen Menschen neben der Arbeit eine ernste und verantwortungsvolle Rolle zuteil wird, der Verantwortungsgefühl und Pflichtbewußtsein von ihnen erfordert, der eine Quelle des Glücks aber auch des Unglücks ist: es ist dies der große Kreis der mit dem Familienleben zusammenhängenden Tätigkeiten. Die oben aufgezählten gesellschaftlichen Aktivitäten können natürlich nicht unabhängig vom Familienleben gesehen werden, denn es kommt oft vor, daß sie einen organischen Bestandteil desselben ausmachen, besonders dann, wenn die Familie Offenheit gegenüber der Gesellschaft zeigt. Zu den spezifischen Tätigkeiten, die eng an das Familienleben geknüpft sind, gehört z.B. die Erziehung der Kinder.

Wir hoffen, daß es uns mit der Erläuterung des Begriffs der gesellschaftlichen Praxis, des vollständigen Lebens auch gelungen ist, die erzieherischen Aufgaben der Schule von heute zu verdeutlichen. Es ist ersichtlich geworden, was die Forderung an die Schule, die Schüler zum vollständigen Leben, auf die volle gesellschaftliche Praxis vorzubereiten, beinhaltet.

Im folgenden wollen wir darlegen, wie wir diese vorbereitende pädagogische Tätigkeit verstehen. Dabei muß ausdrücklich betont werden, daß sich diese vorbereitende Tätigkeit nicht auf die Vermittlung und Aneignung von Kenntnissen, die mit den oben genannten Aktivitäten verknüpft sind, beschränken kann. Diese Aktivitäten müssen in unseren Schülern zum Bedürfnis werden, und die Schule hat dazu beizutragen, daß sich bei ihnen die notwendigen Fähigkeiten, Eigenschaften, Charakterzüge und Gewohnheiten herausbilden. Diese Zielsetzung läßt sich nur dann verwirklichen, wenn die Erziehung die pädagogische Reproduktion der wirklichen, tatsächlichen gesellschaftlichen Praxis ist. Die Struktur des Erziehungsprozesses muß identisch sein mit der Struktur der gesellschaftlichen Praxis: das Lernen, die Arbeit, die Aktivitäten im öffentlichen Bereich und die Freizeitgestaltung der Schüler müssen den Erziehungsprozeß ausmachen. Es sind dies alles Tätigkeiten, die gerade dadurch einen erzieherischen Effekt erzielen und auf die Zukunft vorbereiten, weil sie für die Schüler von existentieller Wichtigkeit sind, weil diese Tätigkeiten ihren tatsächlichen späteren Aufgaben im Leben entsprechen, also ihr vollständiges Leben ausmachen.

Es soll jedoch nicht der Eindruck erweckt werden, daß wir uns mit der Ansicht identifizieren, die die Erziehung in die Gesellschaft integrieren möchte und danach trachtet, die Gesellschaft der Schule zu berauben; wir betonen noch einmal nachdrücklich, daß der Erziehungsprozeß die pädagogische Reproduktion der gesellschaftlichen Praxis ist und somit eine spezifische gesellschaftliche Praxis für die Schüler darstellt, die von Experten (auf dem Gebiet der Erziehung) mit pädagogischer Zielsetzung geplant, organisiert und geleitet wird. Für die Organisation und Leitung des in diesem Sinne durchgeführten Erziehungsprozesses, für die gezielte und wirksame Vermittlung seiner inhaltlichen Elemente muß die Schule - wie bereits festgestellt - die volle Verantwortung tragen.

Der Erziehungsprozeß ist also nicht identisch mit dem "Leben", aber seine enge Beziehung zum Leben, zur gesellschaftlichen Realität und den Produktionsvorgängen gehören allerdings zu seinen wesentlichen Merkmalen. Die Mauern der Schule werden nicht einstürzen, aber die Schule sperrt das Leben auch nicht aus: Sie läßt das "stürmische Leben", die "harte Wirklichkeit" in ihre Mauern, in die Klassenräume eindringen, sie bietet ihren Zöglingen auch keinen Schutz vor dieser Konfrontation, vor ihrer Teilnahme daran, vielmehr gewährt sie den Schülern Hilfe und Leitung zur Bearbeitung, zur Bewußtmachung ihrer Erfahrungen.

Die Konfrontation der Schüler mit dem "stürmischen" Leben, die Hilfestellung zur Herausbildung eines eigenen Standpunkts sind der Schlüssel zur erzieherischen Aufgabe der Schule von heute. Wenn die Schule die Wirklichkeit verschönert, sie im Rosenschimmer erscheinen läßt - die Schule war dazu schon immer geneigt - verliert sie jegliche Glaubwürdigkeit und Ansehen, denn die Schüler erkennen sehr schnell, daß es Widersprüche gibt zwischen der Wirklichkeit und dem, was sie in der Schule gelernt haben. Das soll jedoch nicht bedeuten, daß die Schule auf die Vermittlung humanistischer Werte und Ideale zu verzichten hat, aber sie muß imstande sein, die Widersprüche zwischen der Wirklichkeit und den Idealen erkennen zu lassen, die Ursachen für diese Widersprüche aufzudecken und auf die Erscheinungen hinzuweisen, die die wirtschaftliche und gesellschaftliche Entwicklung lähmen und hindern, die die sozialistische Demokratie und Moral verletzen. Zu den wichtigsten Aufgaben der Schule gehört es jedoch, daß sie für die Schüler Möglichkeiten schafft, die Wirklichkeit durch ihr Tun positiv zu verändern. Wenn die Schüler nur kritisieren, sich aber nicht an einer verantwortungsvollen Lösung der realen politischen, gesellschaftlichen, kulturellen Probleme und Aufgaben beteiligen, können sie zu zynischen Betrachtern unserer Welt werden, die alle positiven Anstrengungen der Erwachsenen geringschätzen und alle gesellschaftlichen Werte verneinen.

Es ist unbestritten, daß sich die Schule erneuern und umgestalten muß, damit sie den Erziehungsprozeß als pädagogische Reproduktion der gesellschaftlichen Praxis organisieren kann. Wesentlich ist in diesem Zusammenhang, daß sich die Schule von einer unterrichtenden zu einer erzieherischen Institution, zur "erziehenden Schule" verändern muß.

Der Begriff der erziehenden Schule darf jedoch nicht falsch oder zu frei verstanden werden. Unterricht und Erziehung stellen keinen Gegensatz dar. Unterricht und Lernen sind unerläßliche Teile des Erziehungsprozesses ebenso wie das permanente Lernen in der gesellschaftlichen Praxis, dem wir, wie bereits beschrieben, eine außerordentlich wichtige Rolle beimessen. Dies muß ausdrücklich betont werden, denn es gibt zahlreiche Theoretiker der "erziehenden Schule", die die Bedeutung der regelmäßigen Aneignung von Kenntnissen gering schätzen und den organisierten und regelmäßigen Unterricht aus der Schule zu verbannen suchen. Auch in der erziehenden Schule gibt es Unterricht und es wird ihn auch in der Zukunft geben, denn es ist nach wie vor von elementarer Bedeutung, daß sich die Jugend all die Kenntnisse aneignet, die die derzeitige Allgemeinbildung und das entsprechende Fachwissen ausmachen. Auch als Anhänger der erziehenden Schule sind wir für einen anspruchsvollen und Anforderungen stellenden Unterricht, der Leistungen der Schüler fördert und sie gerecht bewertet.

Es genügt jedoch nicht festzustellen, daß der Unterricht einen unerläßlichen und organischen Teil der Erziehung ausmacht. Zweifellos hat nicht jeder Unterricht zugleich auch eine erzieherische, eine persönlichkeitsfördernde Wirkung, sondern nur der, der den Schülern die Möglichkeit zu kreativer Tätigkeit bietet, die sie zur selbständigen Lösung von Problemen und Aufgaben befähigt, bei der sich ihr Denkvermögen und ihre Fähigkeit zum selbständigen Lernen entwickeln und die in ihnen ein breites Interesse und Wissensdrang erweckt, also all die Fähigkeiten, ohne die die permanente Selbstbildung nicht möglich ist.

Im Schulunterricht muß dem Interesse und den persönlichen Ambitionen der Schüler auch insoweit Rechnung getragen werden, daß ihnen Wahlmöglichkeiten unter den verschiedenen theoretischen und praktischen Fächern geboten werden. Der Unterricht soll bewirken, daß sich die Schüler entsprechend ihren Fähigkeiten freiwillig für weitergehende Studien und Beschäftigungen entscheiden. Um dieses Ziel zu erreichen, ist es erforderlich, alle nützlichen Elemente aus der Fachliteratur über den kreativen Unterricht und das Lernen ebenso wie aus der internationalen Forschung in der erziehenden Schule zu verwerten.

An dieser Stelle müssen jedoch einige Erläuterungen gegeben werden, um Mißverständnissen vorzubeugen. Einige Theoretiker der permanenten Erziehung degradieren den Unterricht in der Schule zu einem "Präludium", die "eigentliche" Bildung oder Selbstbildung erfolgt bei ihnen erst hinterher. Die einzige Funktion dieses Präludiums soll - nahezu unter Mißachtung des Unterrichtsinhalts - in der Entwicklung jener Fähigkeiten bestehen, die die "eigentliche"

Bildung und Selbstbildung ermöglichen. Einerseits besteht
ein offensichtlicher Zusammenhang zwischen dieser Theorie
und der einseitigen und auch übertriebenen Verallgemeinerung, daß die Kenntnisse unserer Zeit, "in der Zeit der immer schnelleren Veränderungen" so schnell veraltern, daß
der Aufwand für die gründliche und dauerhafte Aneignung von
Kenntnissen überflüssig ist. Andererseits handelt es sich
hierbei um die ebenfalls einseitig verallgemeinernde Theorie, daß die Schule heute, wo Wissen und Informationen immer schneller zunehmen, nur die Fähigkeit zur Orientierung
unter den Informationsträgern und -vermittlern zu entwickeln hat und nicht darauf bestehen soll, daß Wissen
selbst angeeignet wird.

Wenn wir auch selbst wiederholt betont haben, daß man
nur den Unterricht als modern und erziehend ansehen kann,
der die beschriebenen Fähigkeiten zu entwickeln imstande
ist, müssen wir nun nachdrücklich auf die Gefahren hinweisen, die man in den modernen Variationen der formellen Bildung finden kann und schon gefunden hat, wenn sie den Wahrheitsgehalt des Unterrichtsinhalts geringschätzen. Im
Schulunterricht muß eine hervorragende Bedeutung dem Inhalt
beigemessen werden, der die gegenwärtige und historische
Entwicklung der Menschheit, durch die auch die Zukunft bestimmt wird, wahrheitsgetreu darstellt. Besonders gilt dies
für einen Unterricht, der ein Bestandteil des die gesellschaftliche Praxis reproduzierenden, mit dem Leben, mit den
wirklichen gesellschaftlichen Vorgängen eng verknüpften Erziehungsprozesses ist. Der kreative Unterricht stellt in
erster Linie kein methodologisches sondern ein inhaltliches
Problem dar. Das Kriterium des kreativen Unterrichts, in
dem die Schüler ihre Fähigkeiten entwickeln können, ist vor
allem dessen Wahrheitsgehalt und Wahrheitstreue: Haben die
Jugendlichen im Laufe des Unterrichts die Möglichkeit, die
Fragen und Probleme zu behandeln, die sie interessieren,
die sich aus ihren eigenen Erfahrungen ergeben; bekommen
die Jugendlichen aufrichtige Antworten von ihren Lehrern,
haben sie die Möglichkeit, Antworten auf diese Fragen

gemeinsam mit den Lehrern zu suchen? Weicht der Unterricht der Behandlung gesellschaftlicher Gegensätze und den daraus resultierenden Problemen, den sogenannten heiklen Fragen aus, indem er die Illusion einer heilen Welt erweckt, oder schaut er ihnen ins Auge? Wenn die Schule sich für das Letztere entscheidet, wird sie auch imstande sein, wirksam durch den Unterricht zu erziehen, und kann hohe Anforderungen an das Lernen ihrer Schüler stellen.

Ein unerläßlicher Bestandteil des die gesellschaftliche Praxis reproduzierenden Erziehungsprozesses ist die Beteiligung der Schüler an der Produktion, an der Herstellung effektiver materieller Werte. Die Produktion an sich hat noch keine erzieherische Funktion, sie erhält sie erst dann, wenn den Schülern im Prozeß des "Wirtschaftens" eine aktive Rolle eingeräumt wird, das heißt, wenn sie mitbestimmen können, was produziert werden soll, wenn sie in die Organisation der Produktion, in die Kalkulation, in den Absatz der Produkte einbezogen werden, wenn sie über die Verwendung des Gewinns selbst entscheiden können (was und wieviel für die Erweiterung der Produktion, für Neuanschaffungen der Schule, für die Befriedigung der kulturellen Bedürfnisse ihrer Gemeinschaft verwendet, wieviel und nach welchen Kriterien an die Einzelnen als Lohn ausgezahlt werden soll?).

Logische Konsequenz dieser Überlegungen ist, daß eine Selbstverwaltung der Schüler - die ihre demokratische Form, ihre gewählten und verantwortlichen Funktionäre hat - zur Leitung der Wirtschaft und der Produktion unter der beratenden Aufsicht erwachsener Fachleute geschaffen werden muß.

Das Niveau der Organisation der Produktionstätigkeit ist heute in unseren Schulen sehr unterschiedlich. Dies ist in geringerem Maße dem Zustand der Schulbauten und sonstigen materiellen Bedingungen als vielmehr der Anschauungsweise der Pädagogen zuzuschreiben, die sich der erzieherischen Rolle der produzierenden Arbeit noch nicht ausreichend bewußt geworden sind. Es ist allerdings auch eine Tatsache,

daß sich die Schüler in den Schulen, in denen man (zum Teil
versuchsweise) die Wirtschaft und die Produktion organisch
in den Erziehungsprozeß zu integrieren vermochte - so daß
sie imstande waren, auch eine effektive Selbstverwaltung
der Schüler ins Leben zu rufen -, nicht mehr bloß als Schüler, als Zöglinge, betrachtet haben, sondern als Mitglieder
einer Gemeinschaft ihrer Gesellschaft, der Verpflichtungen
aufgebürdet sind und die Verantwortung trägt, bestimmte
Aufgaben zu verrichten.

Der obligatorische Lehrstoff der allgemeinbildenden
Schule kann zwar dazu beitragen, zur kultivierten Freizeitgestaltung zu erziehen, jedoch ist der Unterrichtsrahmen
dafür schon lange nicht mehr ausreichend. Im Zusammenhang
mit ihren eigenen erzieherischen Aufgaben mißt die Schule
deshalb der organisierten Freizeitgestaltung im außerschulischen Bereich große Bedeutung bei. Wenn die Schule die
Hilfe ehrenamtlicher und verantwortungsbewußter Pädagogen,
die gerne mit der Jugend arbeiten (wie Eltern, Spezialisten, Wissenschaftler, Künstler und Sportler), sowie die
Hilfe der verschiedensten Institutionen und gesellschaftlichen Gruppen im Aufgabenbereich der Erziehung und auch in
allen anderen in Anspruch nimmt, kann sie mannigfaltige,
abwechslungsreiche und flexible Möglichkeiten der Freizeitgestaltung sowohl inhaltlich als auch organisatorisch
schaffen.

Wie schon erwähnt, ist die Freizeitgestaltung Ausdruck
freier Selbstentfaltung und -verwirklichung der Persönlichkeit. Auch die Schüler müssen ihre Freizeitgestaltung ihren
Interessen, ihrer Vorliebe und ihren Fähigkeiten entsprechend frei wählen. Es sind aber gewisse Anforderungen und
Erwartungen an sie zu stellen, damit sich die in ihrer Persönlichkeit ruhenden Anlagen allseitig entfalten und sich
ihr Interesse vielseitig entwickelt. In allen Schülern muß
eine Neigung zum Lesen geweckt werden. Es ist natürlich
eine Aufgabe des Unterrichts, Anregungen zum Lesen zu geben, aber es gibt schon viele Schulen, in denen auch außerhalb des Unterrichts ausgezeichnete Methoden und Mittel für

die Erziehung zum Lesen existieren.(Z.B. die Lesebewegung, die sich selbst verwaltet, und von der regelmäßig empfehlende Bibliographien zusammengestellt und Bücherenqueten, oft mit Teilnahme der Autoren,veranstaltet werden. Für die Entwicklung der Lesebewegung spielen die Schulbibliothek und die Bibliotheken im Einzugsbereich der Schule eine unerläßliche Rolle.)

Es ist in unserer Zeit eine überaus wichtige Aufgabe der Erziehung, bei den Schülern Fähigkeiten zu entwickeln, mit denen sie imstande sind, ihre Persönlichkeit zu bewahren und sie keinen Manipulationen preiszugeben. Heute besteht in der Tat die Gefahr, daß das Anschauen von Fernsehprogrammen zur einzigen Freizeitgestaltung der Menschen wird, und daß das Fernsehen ihnen das Lesen, den Besuch von Theatern, Museen und Kunstausstellungen, jegliche aktive, geistig anregende, gesellige und kulturelle Tätigkeit und auch den Sport abgewöhnt. Man kann es nur bedauern, daß bereits Kinder und Jugendliche - wie in zahlreichen Untersuchungen bewiesen wurde - unverhältnismäßig viel Zeit vor dem Bildschirm verbringen. Die Massenmedien können nur dann die Persönlichkeit bereichern, wenn wir in uns selektive Fähigkeiten und eine kritische Einstellung hinsichtlich ihrer Sendungen entwickeln. Einige Schulen haben bereits Methoden zur Entwicklung solcher Fähigkeiten ausgearbeitet, und man kann nur zu ihrem Nacheifern auffordern.

Alle Schüler müssen dazu angeregt werden, aktiv an drei Arten der Freizeitgestaltung teilzunehmen:
- Tätigkeiten, die ihr wissenschaftliches Interesse fördern und vertiefen,
- Tätigkeiten, die die Empfänglichkeit für die Künste fördern,
- regelmäßige körperliche Abhärtung und Sport.

Gute Schulen bieten ihren Schülern innerhalb und außerhalb ihrer Räume Möglichkeiten zu einer Vielfalt von schöpferischen Fachzirkeln: für Naturwissenschaften, für Naturschutz, für Technik, für Gesellschaftswissenschaften, für Geschichte, zur Entwicklung von Forschungsinteresse, zur wertvollen Sammlertätigkeit. Es entstehen Museen über lokale Geschichte und Ethnographie, deren Material von Schulkindern gesammelt und bearbeitet wurde. Die Schüler der höheren Klassen in den Mittelschulen können den örtlichen Behörden durch soziologische Untersuchungen und Forschungen zum Naturschutz behilflich sein. Auf diese Weise entsteht ein Berührungspunkt zwischen ihrer Forschungstätigkeit und öffentlichen Aufgaben.

Viele Schulen zeichnen sich aus durch ihre Chöre, Orchester, Schülerbühnen und ihre Zirkel für Kunst und Volkskunst. Zweige der Volkskunst und des alten Handwerks, die bereits am Aussterben waren, werden zu neuem Leben erweckt und finden, durch Anregungen ihrer Meister und der Lehrer, begeisterte Nachfolger bei begabten Schülern.

Die herausragenden unter den Kunst-Zirkeln fördern nicht nur die künstlerische und moralische Entwicklung ihrer Mitglieder, sondern sie üben mit ihren Vorstellungen, Produktionen und Ausstellungen auch einen großen Einfluß auf die übrigen Schüler aus und leisten darüber hinaus oft eine Kulturmission für die Arbeiter und Bauern. Ihre Tätigkeit nimmt in diesem Fall ebenfalls einen öffentlichen Charakter an.

Die eben beschriebenen positiven Erfolge der "guten" Schulen werden in den meisten Schulen jedoch nur ansatzweise erreicht, da ihre generelle Verwirklichung durch mangelnde moderne pädagogische Betrachtungsweise und spärliche Beziehungen zur Umwelt verhindert wird. Auch eine Massenbewegung der Jugend für den Sport - die wir hier trotz ihrer Bedeutung nicht weiter erörtern können - ist noch lange nicht erreicht.

Bei der Beschreibung der Freizeitgestaltungen der Schüler dürfen auch die eigenartigen Produkte der jugendlichen Subkultur - z.B. die Beat- und Rockmusik, die modernen Gesellschaftstänze - nicht vergessen werden. Sie sind den Erwachsenen oft fremd, ja sogar unsympathisch, aber die Jugendlichen mögen sie und hängen an ihnen. Diese Beliebtheit müssen wir zwar akzeptieren, jedoch den Jugendlichen als anderen Maßstab den guten Geschmack empfehlen. Unser Akzeptieren ermöglicht uns - es ist sogar die Vorbedingung -, die Jugendlichen zum Verständnis der Werte klassischer Kunst hinzuführen.

Der Wissenskomplex, der auf das Ausüben der sozialistischen Demokratie vorbereitet - historische, staatsbürgerliche, rechtliche, soziologische, ökonomische und ethische Kenntnisse -, muß eine entsprechende Stelle im Lehrstoff der Schule einnehmen. Das lebendige Übungsgelände der sozialistischen Demokratie, das den angeeigneten Kenntnissen einen Sinn gibt, den Wunsch nach Aktivitäten im öffentlichen Leben weckt und das die dafür erforderlichen Fähigkeiten und Fertigkeiten herausbildet, ist die Schule selbst mit ihrer demokratischen Organisation, durch ihr Selbstverständnis als eine demokratisch organisierte Gemeinschaft, für die die lebendige Selbstverwaltung der Schüler das charakteristischste Merkmal ist. Diese Selbstverwaltung kann sich in Verbindung mit umfangreichen Aktivitäten der Schüler zu einem ausgedehnten System der Selbstverwaltung entwickeln.

Die Selbstverwaltung gewährt durch ihre demokratischen Foren (Klassenversammlung, Gruppenversammlung, Jahrgangsversammlung, Schulversammlung, sowie die Foren der Jugendorganisationen der Schule) allen Schülern die Möglichkeit, sich zu den ihre kleineren und größeren Gemeinschaften betreffenden Anliegen zu äußern, über Zielsetzungen ihrer Tätigkeiten und die dahin führenden Wege und Methoden zu diskutieren, Entscheidungen und Entschlüsse zu treffen, ihre Verwirklichung zu kontrollieren und die Beträge zu bewerten, die die Mitglieder der Gemeinschaft leisten, um das gesetzte Ziel zu erreichen. Diese demokratischen Foren wählen führende Organe, ständige oder ad hoc-gebildete Kommissionen für die laufende Geschäftsführung und bestimmen Führungskräfte und Mitarbeiter für einen entsprechenden Arbeits- und Wirkungskreis. Alle gewählten Organe und Personen entfalten ihre Tätigkeit im Auftrag ihrer Wähler und sind verpflichtet, ihnen darüber Rechenschaft abzulegen.

Grundlegendes Kriterium für das lebendige Funktionieren des Selbstverwaltungssystems ist, daß all die darin auszuführenden Tätigkeiten für die Schüler einen Bezug zur Vielfältigkeit des täglichen Lebens aufweisen. Kein Selbstverwaltungssystem darf um seiner selbst willen geschaffen werden, sondern nur, wenn es die gemeinschaftliche Arbeit erfordert. Das Selbstverwaltungssystem muß gut organisiert und, so kompliziert es auch sein mag, leicht überschaubar sein. In diesem System hat jedes Organ seine genau bestimmte Funktion und Position. Die Beziehungen der Organe untereinander sind ebenfalls genau geregelt. Mit unserer Hilfe müssen die Schüler lernen, ihre Selbstverwaltung mit wenig Zeit- und Schreibaufwand effektiv zu betreiben.

Die Pädagogen der demokratischen Schule müssen in erster Linie danach trachten, daß die Selbstverwaltung der Schüler mit all ihren Organen reibungslos im Interesse positiver Zielsetzungen von Schule und Gesellschaft funktioniert. Das Bestehen und Funktionieren der Schülerselbstverwaltung ist zwangsläufig die Verneinung autokratischer Beziehungen zwischen Lehrern und Schülern, die ja dadurch gekennzeichnet sind, daß die Lehrer alles vorschreiben, bis in die Einzelheiten regeln, verordnen und befehlen, und die Schüler das Vorgeschriebene passiv erfüllen oder die Regeln und Anordnungen umgehen. Es handelt sich hier aber auch nicht um die anarchistische Auffassung, die den Lehrer aus dem Erziehungsprozeß ausschaltet und ihn zum passiven Beobachter des "spontanen" Erziehungsprozesses degradiert.

Die Lehrer bilden ja einerseits selbst eine für die Schüler und für die Erziehung in der Schule verantwortliche Gemeinschaft, und ihr demokratisches Handeln gilt als Muster für die Selbstverwaltung der Schüler. Andererseits sind die Lehrer aktive Organisatoren und Initiatoren für die Entfaltung eigener Aktivitäten der Schüler; durch Aufklärung, Argumente, Ratschläge und Diskussionen müssen sie erreichen, daß sich diese Eigenaktivitäten der Schüler in die gewünschte Richtung entwickeln, daß sich die Schülerkollektive positive Ziele für ihr Handeln setzen und imstande sind, für ihre Verwirklichung die entsprechende Lösung zu finden.

Ohne eine so verstandene und wirksame Schülerselbstverwaltung, die den ganzen Komplex der von der Schule organisierten Aktivitäten der Schüler umfaßt, bleibt die demokratische Erziehung nur eine Fiktion.

Man kann nun die Frage stellen, ob man sich vielleicht einer Illusion hingibt, wenn man die erzieherische Funktion der Schule in der pädagogischen Reproduktion der gesamten gesellschaftlichen Praxis sehen will, d.h. in der Organisation von Aktivitäten für die Schüler, die deren Leben beinahe restlos ausfüllen und von existentieller Bedeutung für sie sind. Es wäre zweifellos eine Illusion, zu erwarten, daß die geschlossene Schule, die die Erziehung für ihr eigenes Monopol hält, diese erzieherische Funktion erfüllt. Die Schule kann den umfassenden Erziehungsprozeß nur dann realisieren, wenn sie die Faktoren der wirklichen gesellschaftlichen Praxis berücksichtigt, die Personen und Institutionen, die die verschiedenen gesellschaftlichen Tätigkeiten verrichten, als Mitarbeiter betrachtet, die erzieherischen Aufgaben mit ihnen teilt, jedoch die eigene Verantwortung ungeteilt bewahrt.

Die Schule findet ihre nächsten Mitarbeiter unter den Eltern, die mit der größten Freude bereit sind, erzieherische Verpflichtungen einzugehen, wenn man sie nur darum bittet und dabei unterstützt. Die Organisation der produktiven Arbeit der Schüler, die Sicherung der Voraussetzungen für produktive Arbeit und Wirtschaft ist ohne die Mitwirkung der Fabrik oder der landwirtschaftlichen Produktionsgenossenschaft - die sich in der Nähe der Schule befinden - unvorstellbar. Die Arbeiter, Techniker und Ingenieure lassen sich meistens dazu bewegen, die Leitung naturwissenschaftlich-technischer Zirkel zu übernehmen. Wenn es erforderlich ist, werden dafür sogar in den Betrieben Platz und Mittel gesichert. Die Schüler kommen auch bei ihren öffentlichen Aktivitäten, also bei der für die Gesellschaft, für die im Umfeld der Schule geleistete nützliche Arbeit in eine intensive Berührung mit Jugendorganisationen, politischen, gewerkschaftlichen und staatlichen Organen und Körperschaften. Die immer enger werdende Beziehung zwischen der Schule und den Institutionen für Bildung und Freizeitgestaltung (Theater, Kino, Bibliotheken, Kulturheime, Archive, Museen, Kunstgalerien, Konzertbüros, wissenschaftliche Vereine, Sportvereine usw.) ist sowohl für den modernen Unterricht als auch für die Freizeitgestaltung eine unerläßliche Voraussetzung. Hierin spiegelt sich das vielfältige Beziehungssystem zwischen der für das Leben geöffneten Schule und ihrer Umgebung. Heute bildet dieses Beziehungssystem den Gegenstand lebhafter Forschungen, eben auch darum, weil es einen Schlüssel zur Erziehung der Jugend darstellt. Es erscheinen Publikationen zu folgenden Themen: "Die Beziehung der Schule zum Betrieb", "Lehrstunden in der Bibliothek", "Lesebewegung der Jugend und die Bibliothek", "Die Kulturmission der künstlerischen Zirkel der Schule", usw.[1].

Das Beziehungssystem von Schule und ihrer Umgebung bildet das gemeinsame Sozialisationsfeld für die Kinder und Jugendlichen. Hinzu kommen die Möglichkeiten der Massenkommunikation. Die Auswirkungen der Medien auf die Sozialisation sind gerade in erzieherischer Hinsicht sehr widersprüchlich, divergent, in vielen Fällen negativ und können sogar schädlich sein. Damit sich die positive Wirkung der Erziehung in diesem weiten Bereich verstärken und hinsichtlich der Entwicklung der Persönlichkeit bei den Schülern eine dominante Rolle spielen kann, müssen bei den in diesem System Wirkenden und Verantwortlichen ein pädagogisches Bewußtsein und entsprechendes Verantwortungsgefühl geweckt werden, und sie dazu gebracht werden, ihre an die Jugend gerichteten Aktivitäten aufeinander abzustimmen. Diese Aufgabe muß vor allem von der Schule, den Berufspädagogen und anderen Experten im Bereich Erziehung übernommen werden. Auf diese Weise kann die Schule auch in unserer Zeit ihre Bedeutung bewahren, ja sogar erhöhen, obwohl sie keinen Anspruch auf ein Erziehungsmonopol erhebt.

Die erziehende Schule braucht Pädagogen, die nicht nur Fachlehrer sind, Spezialisten für ihre Lehrfächer, sondern vor allem Erzieher, die in den pädagogischen Ausbildungsstätten eine gute theoretische und praktische Vorbereitung für die neuen Aufgaben der Schule genossen haben - wobei zu berücksichtigen ist, daß diese neuen Aufgaben unter anderem organisatorische Kenntnisse und Fertigkeiten in großem Ausmaß erfordern.

ANMERKUNGEN

1) Es ist unmöglich hier alle Bücher, größeren Studien und Artikel aufzuführen, die in diesem Zusammenhang in den letzten Jahren in Ungarn veröffentlicht wurden. Umfangreiche bibliographische Informationen können den in der Literaturliste zu findenden Werken entnommen werden.

LITERATUR

Bácskai, M.: A tanitási órán kivüli kultúrális nevelés a Horváth Mihály Gimnáziumban (Die kulturelle Erziehung außerhalb des Unterrichts im Horváth Mihály - Gymnasium). In: Pedagógiai Nyári Egyetem (Pädagogische Sommeruniversität) 17. Szeged 1980

Faure, E. u.a.: Wie wir leben lernen - Der Unesco-Bericht über Ziele und Zukunft unserer Erziehungsprogramme. Reinbek: Rowohlt 1973

Grezsa, F.: A Bethlen Gábor Gimnáziumban folyó kisérletek az oktatás korszerüsitésének szolgálatában (Untersuchungen im Bethlen Gábor - Ein Gymnasium im Dienst der Modernisierung des Unterrichts). In: Pedagógiai Nyári Egyetem (Pädagogische Sommeruniversität) 11. Szeged 1974

Kálmán, G.: A politechnikai nevelés korszerü értelmezése (Die zeitgemäße Deutung der polytechnischen Erziehung). Tankönyvkiadó. Budapest 1981

Korunk nevelési feladatai és a nevelési tényezők
együttműködése (Die erzieherischen Aufgaben unserer
Zeit und das Zusammenspiel der Erziehungsfaktoren).
Jelentés (Bericht). In: ötödik Nevelésügyi Kongreszszus
I (Fünfter Pädagogischer Kongreß). Budapest 1971

Sántha, P.: Az iskola és a közművelődési intézmények (Die
Schule und die Institutionen für Kultur). Budapest:
Akadémiai Kiadó 1982

Szalai, L.: Termelés és gazdálkodás a szentlőrinczi
iskolában (Produktion und Ökonomie in der Versuchsschule
in Szentlőrincz). In: Pedagógiai Nyári Egyetem (Pädagogische Sommeruniversität) 17. Szeged 1980

Panos Xochellis

DIE GRIECHISCHE SCHULE DER GEGENWART IN DEN EINSTELLUNGEN
DER BEZUGSGRUPPEN. EINE EMPIRISCHE UNTERSUCHUNG

Mein Beitrag zum Symposium ist in Form und Ausgangspunkt aus zwei Gründen anders als die meisten der anderen Beiträge: a) der vorgelegte schriftliche Text ist kurz und rein informativ-deskriptiv und der Bezug zur Thematik des Symposiums am Beispiel Griechenlands orientiert. b) Das Thema des Symposiums wird von mir weder philosophisch bzw. anthropologisch noch kulturkritisch bzw. schultheoretisch angegangen. Mir kommt es darauf an, zur Fragestellung "Kann die Schule erziehen?" durch eine kurze Darstellung von empirisch ermittelten Einstellungen der in der Schule tätigen bzw. lernenden oder der von ihr betroffenen "Bezugsgruppen" (Lehrer, Schüler und Eltern) beizutragen.

Ich möchte zunächst in kurzen Zügen über die ersten Forschungsergebnisse einer groß angelegten sozialwissenschaftlichen Untersuchung berichten, die sich allerdings zum Teil noch im Stadium der Analyse und Interpretation befindet. Im Anschluß daran werden einige bildungspolitische Konsequenzen aufgezeigt sowie grundsätzliche Überlegungen im Hinblick auf die Thematik des Symposiums angestellt.

Der Rahmen dieses Referats verbietet eine theoretische und methodologische Grundlegung. Dasselbe betrifft die In-Bezug-Stellung zu ähnlichen Untersuchungen aus anderen Ländern.

I

Im Fachbereich Pädagogik der Universität Thessaloniki (Lehrstuhl für Pädagogik II) werden seit 1978 unter meiner Leitung zwei empirische Forschungsprojekte durchgeführt. Das erste hat sich zum Ziel gesetzt, die Einstellungen der

Lehrer zu Beruf und Gesellschaft und - umgekehrt - die Einstellungen der "Bezugsgruppen" (Schüler und Eltern sowie Kollegen und Vorgesetzte des Lehrers) zu Lehrerrolle und Schule zu messen. Ein zweites Forschungsprojekt will (durch Fallstudien, gezielte Unterrichtsbeobachtung sowie durch Einstellungsmessung) das Geschehen in der Schulklasse vor allem in den Bereichen Unterrichtsorganisation und -methodik sowie Schulleistungsbeurteilung untersuchen und verbessern helfen. Die folgenden Ausführungen[1] beziehen sich auf das erste Forschungsprojekt unter dem Titel "Der griechische Lehrer - Rolle und Funktion", das aus drei Teilen besteht. Im ersten Teil geht es um die Einstellungen der Lehrer[2] (Primarschule - Gymnasial- und Lyzeumslehrer) in folgenden Bereichen: Zielsetzung der Schule, Lehrer-Schüler-Verhältnis, Schülerleistung, Unterrichtsorganisation und -methodik, Selbst-, Gesellschafts- und Reformverständnis des Lehrers, Kooperation mit Eltern, Kollegen und Vorgesetzten. Ein Sektor dieses Teils betrifft die Wahlmotive für den Lehrerberuf (Dimitriadu 1982). Der zweite Teil befaßt sich mit der Einstellung der Schüler[3] zu Schule und Lehrer (durch Aufsätze und Fragebögen) und der dritte Teil des Projekts untersucht die Einstellungen der Eltern zur Schule[4].

Erster Teil des Projekts: Lehrereinstellungen

Nach eingehendem Literatur-Studium wurde eine Fragenbogenerhebung durch Diskussionen im Rahmen eines kleinen Forschungsteams, Probeinterviews und "Pretest" vorbereitet und Ende 1978 an einer repräsentativen Stichprobe von 1 732 Lehrern der Allgemeinbildenden Schulen durchgeführt. Die allgemeine Hypothese lautete: die Einstellungen der Lehrer differenzieren sich nach Alter, Geschlecht, Lehrerkategorie und vor allem nach sozio-ökonomischer Herkunft (Xochellis 1979). Die erhobenen Daten wurden im "Max-Planck-Institut für Bildungsforschung" per EDV bearbeitet. Aus der bisherigen Auswertung greife ich einzelne Befunde heraus, die sich zum Teil mit ausländischen Untersuchungen der 60er und 70er Jahre vergleichen lassen (Xochellis 1978).

a) Als wichtigste Aufgabe der Schule wird die Charakterbildung angesehen.

b) Die traditionelle Auffassung von der Autorität des Lehrers sowie das herkömmliche Lehrer-Schüler-Verhältnis (Gehorsam und Abstand) wird eindeutig abgelehnt und die Ansicht vertreten, daß der Lehrer durch seine Persönlichkeit Respekt seitens der Schüler erzeugen und ein freundschaftliches Verhältnis zu ihnen herstellen soll.

c) Die weitaus größte Mehrheit der Lehrer (88,9 %) versteht ihre Rolle hauptsächlich als die eines Erziehers und nicht eines Fachlehrers (das gilt auch für die Gymnasial- und Lyzeumslehrer).

d) Das soziale Prestige des Lehrers wird von einer großen Mehrheit (88,4 %) als mittel bis hoch bezeichnet. Als wichtigster Faktor hierfür wird hauptsächlich die Persönlichkeit des Lehrers angesehen. Generell sind die Lehrer zufrieden mit ihrem Beruf, da sie zur Erziehung der jungen Generation beitragen (päd. Aufgabe), sie fühlen sich jedoch etwas unsicher wegen der Begrenzung ihres Spielraumes für Initiative.

e) Als wichtigster Faktor für die Entwicklung der Schulleistung (63,7 %) wird die soziale Umwelt der Schüler betrachtet.

f) Die Kooperation mit den Kollegen wird als existent bezeichnet (91,4 %); es werden jedoch Schwierigkeiten, wie Zeitmangel oder fehlende Übung der Lehrer zur Kooperation (z.B. Team Teaching), aufgezählt.

g) Die Kooperation mit den Eltern wird als ebenfalls zufriedenstellend (88,9 %) bezeichnet, und als Hauptschwierigkeit bei fehlender Kooperation das Desinteresse der Eltern genannt.

h) Die Schulreform ist nach Auffassung der Lehrer hauptsächlich wegen der Erweiterung des Wissensumfangs in der heutigen Zeit notwendig. Die Beteiligung der Lehrer an den Reformplanungen wird als dringend bezeichnet (75,7 %).

Sektor "Wahlmotive für den Lehrerberuf"

a) Bestätigung des Befunds hinsichtlich der Herkunft der Lehrer, wie er sich aus der Einstellungsuntersuchung ergeben hatte (eine Art Reliabilitätsprüfung).
b) Wichtigste Wahlmotive: Liebe zu den Kindern, Erziehung als wichtige Aufgabe.
c) Als wichtigste Voraussetzungen für eine erfolgreiche Tätigkeit als Lehrer werden die Kenntnis des Unterrichtsgegenstandes, Gerechtigkeit gegenüber Schülern und Liebe zum Kind bezeichnet.
d) Der große Anteil der Frauen (eine internationale Tendenz) erklärt sich wie folgt: Verbindung von Familien- und Berufspflichten und von Mutter- und Lehrerrolle.

Zweiter Teil des Projekts: Die Schülereinstellungen zu Lehrer und Schule

Die Stichprobe bestand aus 2 000 Schülern der Primarschule und der ersten Gymnasialklasse, die einen Aufsatz mit dem Thema "Wie stellen wir uns einen guten Lehrer vor?" schrieben, und aus 2 000 Gymnasial- und Lyzeumsschülern, die einen Fragebogen beantworteten.
Aus der Vielzahl der Ergebnisse (bezogen auf die Sekundarschule) könnte man folgende herausgreifen:
a) Die Mehrheit der Schüler möchte, daß die Lehrer Verständnis für die Schülerprobleme haben und die Schülerpersönlichkeit respektieren (Erzieheraufgabe). Als besondere Eigenschaft des Lehrers wird die Gerechtigkeit betont; dies ergaben auch ausländische Untersuchungen.
b) Die Schüler wollen am Unterrichtsgeschehen durch Diskussion beteiligt sein und wünschen, daß ihre Probleme sowie gesellschaftliche Bezüge Gegenstand dieser Diskussionen werden.

Dritter Teil des Projekts: Die Eltern-Einstellungen zur
Schule

In einer Stichprobe wurden 144 Eltern in Nordgriechenland durch Interviews befragt. Aus den bisher vorliegenden Ergebnissen - die statistische Auswertung der Erhebung ist noch nicht vollständig erfolgt - könnte man kurz folgende Punkte nennen:
a) Die Kooperation zwischen Eltern und Lehrern ist am besten im Bereich der Primarschule, an zweiter Stelle im Lyzeum und erst an dritter Stelle im Gymnasium. Je höher die Schülerleistung um so positiver das Verhältnis der Eltern zur Schule.
b) 97,2 % der Eltern kennen persönlich die Lehrer ihrer Kinder, vertrauen ihnen deren Probleme an (95,1 %) bzw. wollen mit den Lehrern "zum Wohle ihres Kindes" kooperieren.
c) 83,3 % der Eltern glauben, daß die sittliche Erziehung hauptsächlich Aufgabe der Familie sei. Je niedriger die soziale Schicht der Eltern um so größer ist das Gewicht der Schule in diesem Bereich. Die Wissensvermittlung und die Berufsvorbereitung werden mit steigender Schulstufe akzentuiert.
d) Sogar für die Förderung der Schulleistung betrachten die Eltern die Familie als besonders wichtig (Primarschule), während dem diesbezüglichen Einfluß des Lehrers ein verhältnismäßig geringes Gewicht beigemessen wird.

Die Forschungsergebnisse lassen sich in Bezug auf die Thematik des Symposiums wie folgt zusammenfassen:
1. Was die Zielsetzung der Schule betrifft, ist in den Einstellungen generell eine starke Betonung der sittlichen Erziehung bzw. Charakterbildung festzustellen. Dies hängt vermutlich mit traditionellen Denk- und Verhaltensmustern der griechischen Familie zusammen, die über den Sozialisationsprozeß der Lehrer auch auf die Schule übertragen werden. Der tatsächliche Schulbetrieb läuft

jedoch "daneben" in seinen "gewohnten Bahnen" weiter: Wissensvermittlung und -anhäufung mit allen Voraussetzungen und Konsequenzen (überfüllte Curricula, Frontalunterricht, überkommene Arbeitsformen, Prüfungen als Kontrollen des abfragbaren Wissens, Leistungsstreß usw.).
2. Von allen Bezugsgruppen wird die erzieherische Funktion der Schule sehr stark betont.
3. Das Lehrer-Schüler-Verhältnis wird von den Lehrern als kameradschaftlich bezeichnet - eine durchaus moderne Auffassung, die kaum mit dem täglichen "Schulgeschäft" harmonisieren dürfte.
4. Die Schulleistung wird durch exogene Faktoren bedingt angesehen, wobei der Familie ein großer Einfluß beigemessen wird.

II

Aus den vorausgegangenen Ausführungen können in knappen Worten folgende bildungspolitische Konsequenzen bzw. kritische Bemerkungen gezogen werden:
1. Generell läßt sich sagen, daß der Lehrerberuf in Griechenland immer noch eine "Brücke für sozialen Aufstieg" darstellt, ein Aspekt der für andere europäische Länder vor zwei oder drei Jahrzehnten galt (v. Recum 1970; Schefer 1969; Floud/Scott 1961).
2. Es ist seitens des Staates und der Bezugsgruppen notwendig, dem Lehrer einen größeren Spielraum an Freiheit, Initiative und Verantwortung zu gewähren. Das ist für Griechenland um so notwendiger, da die stark zentralistische Struktur des Schulwesens die Möglichkeiten des Lehrers sehr stark begrenzt. Das schließt auch die Beteiligung der Lehrer an der Planung von Schulreformen ein.
3. Die Ausbildung der Lehrer müßte künftig stärker vom pädagogischen Auftrag des Lehrers ausgehen. Sowohl die Forschungsbefunde als auch die bildungspolitische Tendenz in Richtung Einheitsschule erfordern eine einheitliche

Orientierung (vom pädagogisch-psychologischen Aspekt)
der Ausbildung der Lehrer aller Schulstufen.
4. Eine generelle kritische Bemerkung betrifft die Diskrepanz zwischen Einstellungen und Realität bzw. tatsächlichem Verhalten, eine Problematik, die in der einschlägigen Forschungsliteratur bekannt ist (R. u. A.-M. Tausch 1979). In diesem Zusammenhang sind die Erwartungen bzw. Forschungen, die bezüglich der Institution Schule formuliert werden, sehr aufschlußreich.

III

Schließlich möchte ich einige grundsätzliche Überlegungen im Hinblick auf die Thematik des Symposiums anstellen.
1. Die moderne Schule mußte in ihrem Bemühen, einerseits der wissenschaftlich-technischen Entwicklung gerecht zu werden und andererseits den gesellschaftlichen Auftrag der Selektion in den demokratischen Staaten zu erfüllen (Auslese unter dem Aspekt der Ermittlung der verbalkognitiven und meßbaren Leistung) -, immer mehr Unterrichtsanstalt, "Wissensvermittlungsagentur" werden. Das war m.E. auch früher so, allerdings konnte dieser Mangel (insbes. in Griechenland) solange hingenommen werden, wie die Familie und andere pädagogisch wirksame Primärgruppen die pädagogische Funktion übernehmen konnten. Das ist aber heute nicht mehr möglich und wird auch künftig nicht der Fall sein.
2. Die Eltern verlangen von der Schule Wissensvermittlung und Leistungsförderung, belassen jedoch die erzieherischen Aufgaben in dem Kompetenzbereich der Familie. Sie aber kann diese Aufgabe in zunehmendem Maße nicht mehr erfüllen. Es kommt noch etwas hinzu: die moderne Schule versperrt sich geradezu gegenüber dieser erzieherischen Aufgabe im Namen einer vermeintlichen Objektivität - bzw. eines Wertneutralitätsprinzips, das man in der bloßen "Information" gewährleistet sieht.

3. Die Lehrer betrachten sich als Erzieher, sie leisten aber tatsächlich in der Hauptsache oder ausschließlich Wissensvermittlung und wollen ihren Sozialstatus daraus ableiten bzw. darauf stützen.
4. Die Schüler leiden unter Überforderung durch das große Wissenspensum, haben kaum freien Spielraum für etwas anderes und fordern mehr Freizeit, (die sie kaum gestalten lernen), Einbeziehung der gesellschaftlichen Bezüge sowie ihrer eigenen Probleme und Intentionen in den Unterrichtsprozeß und erhoffen sich zu viel von dem Einfluß der Persönlichkeit des Lehrers.
5. Meine Stellungnahme zu der Eingangsfrage "Kann die Schule eigentlich erziehen?" soll diesen Beitrag abschliessen. Ich bin grundsätzlich eher skeptisch eingestellt. Eine solche Bilanz müßte uns aber nicht traurig stimmen, denn es war in der gesamten Geschichte der Schulinstitution nicht viel anders. Was wäre zu tun? Ich vermag keine stringente Lösung anzubieten; einige Möglichkeiten sehe ich in schwer realisierbaren und generalisierbaren aber doch für Anregungen hoffnungsvollen Alternativformen zur Institution Schule, in der Verstärkung von Gruppen außerhalb der Schule und der persönlichen Bezüge (nicht allerdings im Sinne des traditionalen "Pädagogischen Bezuges") sowie in dem Zuwachs der Einflußmöglichkeiten der Lehrerpersönlichkeit. Die Möglichkeit, eine Schule zu schaffen ohne Anpassungs- und Leistungsdruck, ohne feste Curricula, ohne Wissenskontrolle und Berechtigungswesen usw., scheint mir real nicht gegeben, weder heute noch in der nahen Zukunft in Europa bzw. in hochindustrialisierten demokratischen Staaten und differenzierten Gesellschaftsformen. Das wäre auch meine Stellungnahme zu der gutgemeinten und in vielen Punkten richtigen Schulkritik (z.B. Illich 1971; Reimer 1972), sobald es um "Therapievorschläge" geht.

ANMERKUNGEN

1) Zum besseren Verständnis dieser Ausführungen wird hier
die organisatorische Struktur des griechischen Schulwesens kurz dargestellt:
Nach der Bildungsreform von 1976 (vgl. Xochellis
1981) ist das griechische Schulwesen wie folgt strukturiert (vgl. Kelpanides 1980). An die sechsjährige Primärschule (1.-6. Schuljahr) schließt sich das zweistufige Sekundarschulwesen an: einmal das dreijährige Gymnasium (7.-9. Schuljahr), das alle Schüler bis zur Absolvierung der gesetzlich vorgeschriebenen neunjährigen
Schulpflicht aufnimmt und zum anderen das vorerst in
zwei Schultypen differenzierte Lyzeum (10.-12. Schuljahr). Die Leistungen im Lyzeum sowie die Absolvierung
einer auf nationaler Ebene veranstalteten Prüfung entscheiden über den Zugang zu den Hochschulen bzw. Fachhochschulen.

2) Ende dieses Jahres wird ein Buch darüber erscheinen.

3) Zu diesem Thema wird eine Dissertation geschrieben, die
sich bereits in einer fortgeschrittenen Phase befindet.

4) Zur Zeit läuft die Analyse und Interpretation der statistischen Aufbereitung der Daten.

LITERATUR

Dimitriadu, K.: Wie die griechischen Lehrer ihren Beruf
wählen. Eine empirische Untersuchung. Thessaloniki:
Kyriakides 1982 (in griechischer Sprache).

Floud, J.; Scott, W.: Recruitment to Teaching in England and
Wales. In: J.E. Floud; A.H. Halsey; C.A. Anderson (Hrsg.),
Education and Society. Glencoe/Ill. 1961.

Illich, I.: Deschooling Society, New York 1971

Kelpanides, M.: Schulsystem und Volksbildung. In: Griechenland. Göttingen: Vandenhck u. Ruprecht 1980, S. 448 -
471, Südosteuropa - Handbuch, Bd. 3

Recum v., H.: Volksschullehrerberuf und soziale Mobilität.
In: Kölner Zeitschrift für Soziologie und Sozialpsychologie. Sonderheft 4. Köln, Opladen 1958, S. 108 - 119

Reimer, E.: Schafft die Schule ab! Befreiung aus der Lernmaschine. Reinbek: Rowohlt 1972

Schefer, G.: Zum Gesellschaftsbild des Gymnasiallehrers. In: Hielscher, H. (Hrsg.): Die Schule als Ort sozialer Selektion. Heidelberg: Quelle & Meyer 1972, S. 116 - 131

Tausch, R. u. A.-M.: Erziehungspsychologie. 9. Aufl. Göttingen: Hogrefe 1979

Xochellis, P.: Fragen der Schulreform. Gegenwärtige Probleme und künftige Ziele. Athen: Diptyco 1981 (in griechischer Sprache)

Xochellis, P.: Die Aufgabe des Lehrers als soziale Rolle. In: Philologos, Thessaloniki, 1979, S. 200 - 209

Xochellis, P.: Der Lehrer und seine Aufgabe unter dem Aspekt der empirischen Forschung. In: Philologos, Thessaloniki 1978, S. 350 - 364

Ernst Meyer

ERZIEHUNG DURCH INTERAKTIONSFÖRDERUNG IM UNTERRICHT
- KONSEQUENZEN FÜR DIE AUSBILDUNG DES LEHRERS ZUM "ERZIEHER"

1. Mangel an Erziehungswillen in Schule und Gesellschaft?

Appelle wie "Mut zur Erziehung", Prognosen wie "Erziehung hat Zukunft" oder Infragestellungen wie "Erziehung - geht das noch?" sind besonders für Lehrer Anstöße, über das, was sich täglich im Unterricht ereignet, nachzudenken. Lehrer unterscheiden sich aber in ihrer Auffassung bezüglich ihrer zentralen Aufgabe in der Schule und in ihrem Glauben an wirksame Erziehungsstile. Die einen stellen die Vermittlung von Fachwissen in den Mittelpunkt ihres Unterrichts und verstehen sich primär als Spezialist für ihr Lehrfach, die anderen halten erzieherische Tätigkeiten für wesentlicher und verstehen sich vorwiegend als Pädagogen. Als solche versuchen einige, die Schüler durch Kontrollen, Strafen oder unnachgiebige Haltung zum Erbringen von Leistungen zu bewegen, während andere meinen, daß nur dort Leistungen dauerhaft erbracht werden, wo eine innere Bereitschaft besteht, die durch interaktive Lernsituationen erzeugt und gefördert wird.

Der kanadische Pädagoge Ovans weist nach einer Analyse von 36 Werken international anerkannter Pädagogen, Philosophen und Soziologen nach, daß zu wenige Lehrer erzieherische Tätigkeiten für wesentlich halten und in zu geringem Maße interaktive Lernsituationen im Sinne der in den letzten Jahrzehnten sich entwickelnden Gruppenkonzepte arrangieren (Ovans o.J.; Stuck 1982). Er will dem zu beobachtenden Mangel an Erziehungswillen und Erziehungsfähigkeit in der heutigen Gesellschaft und den sich hieraus ergebenden negativen Wirkungen durch die Forderung nach einer "erziehenden Gesellschaft" begegnen. Ovans verneint zwar einen unmittelbaren gesellschaftlich-reformierenden Einfluß der Schule, schließt jedoch nicht die Möglichkeit aus, daß sich erzieherisch-formende Kräfte der Schule auf die spätere Haltung der Menschen und auf ihre Institutionen auswirken können.

2. Zur Frage nach wirksamen Hilfen

Hinter diesen hoffnungsvollen Thesen steckt natürlich das Problem: Wie sehen wirksame Hilfen für ein erzieherisches Handeln aus, mit denen die Schule einen Beitrag zu der geforderten größeren Erziehungsfähigkeit der Gesellschaft leisten kann?

Ovans Hinweis auf die Lehrer, die Erziehung im Unterricht verstehen als einen "Entwicklungsprozeß in der Gruppe, durch den der einzelne nach und nach zu der Erkenntnis gelangt, daß er fähig ist, selbständig und zielbewußt eigene verantwortliche Entscheidungen zu treffen, die auf ein von Vernunft, sittlichem Bewußtsein und geistigen Werten geprägtes Dasein und Zusammenleben zielen" (Ovans o.J., S. 77), legt den Gedanken nahe, genauer zu untersuchen, in welcher Weise Lehrer angesichts erkennbarer Beziehungsarmut und seelischer Nöte unserer Kinder und Jugendlichen (Meyer 1982) einen solchen Entwicklungsprozeß in ihrem Unterricht zustande bringen können.

Die Untersuchung geht von der Beobachtung und Analyse video- und filmaufgezeichneter Unterrichtsprozesse aus und beschränkt sich auf die zentralen Aspekte des obigen Definitionsumrisses.

3. Interaktionsbremsende und interaktionsfördernde Lehrer

Die Beobachtungen und Analysen von 1 050 Video- und Filmdokumentationen über unterrichtliche Vorgänge an allen Schularten, in allen Unterrichtsfächern mit Schülern aller Altersstufen[1] ergaben zunächst, daß - ähnlich wie es Ovans feststellte - nur 60 % der Lehrer versuchen, Unterrichtssituationen zu arrangieren, in denen den Schülern eine hohe

Interaktionschance und gemeinsames Lernen ermöglicht wird (Lehrerkategorie IF = interaktionsfördernd), während 40 % der aufgezeichneten Lehrer Frontal- und Einzelarbeit bevorzugen und somit den Schülern geringe Möglichkeiten zu wechselseitigen Mitteilungen geben (Lehrerkategorie IB = interaktionsbremsend). Mit einer Auswahl beider Lehrerkategorien wurde einzeln und in Gruppen über den abgelaufenen Unterricht gesprochen, vor allem über die beobachteten Maßnahmen, die die Lehrer als "erzieherische" bezeichneten.

3.1 Erzieherische Maßnahmen der IB-Lehrer

Die IB-Lehrer erkannten zum Teil einige Vorteile von interaktiven Lernprozessen an, aber sie befürchteten zu große Störungen, so daß ihrer Meinung nach der einzelne eher in seinem Lernprozeß gehindert als gefördert würde. Sie waren der Meinung, daß es - auch aus ökonomischen Gründen - durchaus gut sei, wenn die Schüler durch bestimmte disziplinarische Maßnahmen (auch Strafen) - anders ginge es ja doch nicht - zur Ordnung, Zucht, Pünktlichkeit, Rücksichtnahme erzogen werden, daß sie vor allem lernen müßten, in einer bestimmten Zeit ein vom Lehrer gesetztes Ziel zu erreichen, auf das zu hören, was ein kompetenter, dafür ausgebildeter Vertreter eines bestimmten Unterrichtsfachs vermittelt, der aufgrund seiner Sachkompetenz sagen kann, was "richtig" oder "falsch", "wertvoll" oder "nicht wertvoll" ist. Im Blick auf ein zu verantwortlichem Handeln führenden Denken, dem eine wesentliche Bedeutung im Erziehungsprozeß zukomme, halten sie es aber für ausreichend, wenn man die Kinder dazu bringe, etwas aus dem Gedächtnis nach übermitteltem Muster wiederzugeben, sich an einen vorgeführten Denkprozeß anzupassen. Die Analyse der Unterrichtsaufzeichnungen macht deutlich, daß das Handeln dieser IB-Lehrer im Blick auf ihre Erziehung zum Denken eingeschränkt bleibt auf Kategorien mit reproduktivem Charakter wie "Fragen nach Auskunft", "Aufforderungen", "Feststellungen", "Wiederholungen".[2]

3.2 Erzieherische Maßnahmen der IF-Lehrer

Die IF-Lehrer sehen durchweg Erziehung als einen Akt der "Erschließung", der sich "ohne Willkür" in der Interaktion ereignet. Sie versuchen, die bereits vorhandene oder im Ansatz erkennbare Fähigkeit zur Interaktion in unterschiedlicher, der jeweiligen Klassensituation angepaßten Weise weiterzuentwickeln. Bei der Analyse ihres Handelns konnten Elemente registriert werden, die Rogers, Buber, Tausch u.a. als Achtung, Verstehen, Echtheit und fördernde nicht-dirigierende Einzeltätigkeiten gekennzeichnet haben (Röhrs/Meyer 1979). Die Unterrichtsdokumente belegen, daß als erzieherisches Grundelement der Interaktionen die Bestätigung oder der Wunsch danach angesehen werden kann. Lehrer bestätigen die Mitteilungen der Schüler, Schüler bestätigen die Mitteilungen von Mitschülern und Lehrern bzw. Lehrer und Schüler, Schüler und Schüler wollen sich wechselseitig bestätigen (Buber 1973, Tausch/Tausch 1977). Es zeigt sich, daß die verhältnismäßig geringen nichtbestätigenden Elemente zum Bruch in der Interaktion führen. Im Blick auf die notwendige Denkerziehung sind IF-Lehrer der Meinung, daß die ständige Interaktionsförderung dazu beitrage, die Schüler neben dem reproduktiven Denken in besonderem Maße zum produktiven und bewertenden Denken zu erziehen. Die Schüler werden in Situationen versetzt, in denen sie bekannte Informationen anwenden können, oft um dabei neue Informationen zu gewinnen. In interaktiven Problemlösesituationen zeigt sich dann auch ein anhaltendes Bemühen um eine Umgestaltung der in einer Problemexposition gegebenen Information. Solche Situationen sind aber meist auch Entscheidungssituationen, in denen sich das Denken mit Werteinschätzung und Wertklärung verbindet. Vorhandene Informationen werden hinsichtlich Richtigkeit, Annehmbarkeit, Güte oder Brauchbarkeit überprüft. Bei der Analyse der Unterrichtsaufzeichnungen im Blick auf die denkerzieherischen Vorgänge kann ein breites Spektrum von Handlungskategorien der jeweils dominanten Personen (Lehrer oder Schüler)

registriert werden. Neben den Kategorien mit reproduktivem
Charakter, die die Unterrichtsprozesse der IB-Lehrer beherrschen, treten Kategorien mit bewertendem Charakter,
wie "Zustimmung und Ablehnung", "Frage nach Meinung", "Meinung", "Korrektur", "Folgerung", und Kategorien mit produktivem Charakter wie "Frage nach Vorschlag", "Vorschlag",
"Erläuterung", "Beweisführung", in den Vordergrund (Meyer
1981).

4. "Frontalunterricht" als Erziehungsfaktor

Auffällig in den Diskussionen ist die von den IF-Lehrern
vertretene These, daß der "Frontalunterricht" auch bei
ihnen eine sehr große Bedeutung und einen besonderen Stellenwert im Blick auf ihre erzieherische Aufgabe habe. Er
sei kein Gegensatz zu einem interaktionsfördernden Unterricht sondern sei ein wichtiges Element, wichtig vor allem
bei der Einführung in Lerntechniken, bei der Vermittlung
schwieriger Stoffe und notwendiger Lösungshilfen. Es müsse
auch vieles im Unterricht von einem Erfahrenen gesagt, gezeigt, vorbildlich dargeboten werden. Frontale Situationen
seien es letztlich, die die erzieherisch wertvollen Interaktionsprozesse in Klein- und Großgruppen zustandebringen
können. Der zeitweise Dominante (Lehrer oder Schüler) fördere mögliche Interaktionen und damit Problemdenken und
-lernen in interaktiven Arbeitsformen. Die IF-Lehrer unterscheiden dabei den "eigenständigen Frontalunterricht", der
im Verhältnis zu den anderen möglichen Unterrichtsformen
nur einen geringen prozentualen Anteil ausmacht, und den in
den Methodenverbund "integrierten Frontalunterricht".

4.1 "Eigenständiger Frontalunterricht"

Die Unterrichtsbeobachtungen und die Berichte der Lehrer
belegen, daß "eigenständige Frontalunterrichtsstunden"
meist entstehen

a. auf Wunsch der Schüler
b. durch Vereinbarung zwischen Lehrer und Schüler
c. auf Initiation des Lehrers.

Im wesentlichen handelt es sich hierbei

a. um "Vorträge" zu aktuellen Fragen, über schwierige Zusammenhänge mit Erläuterungen verschiedenster Art (oft bei Medienverwendung), häufig in der Form von "Erzählungen"
b. um Vorlesungen (insbesondere von Dichtungen)
c. Erklärungen eines Sachverhaltes, eines Vorganges
d. Erläuterungen von Techniken, um in ökonomischer Weise das Lernen lernen zu können
e. Übermittlung persönlicher Erfahrung und Meinung
f. Training eines Tanzes, Chores, Musikstückes u.ä.
g. Kombinationen, z.B. a+d, c+f u.a.

Noch eine wichtige Beobachtung: Der Unterrichtende (Lehrer oder Schüler) pocht nicht auf seine Dominanz. In vielen Fällen werden Rückfragen, Unterbrechungen zur Besinnung, kurze Einzelarbeitsphasen, kleine interaktive Phasen beobachtet.

4.2 "Integrierter Frontalunterricht"

Der in dem Methodenverbund "integrierte Frontalunterricht" ist nach den erfolgten Analysen der entscheidende Weichensteller im Blick auf die Wirksamkeit der in Interdependenz stehenden individuellen und sozialen Lernformen, aus denen sich Aufgaben- und Problemlösung, Lernen, Erziehung, Bildung ereignen sollen. Verfolgt man charakteristische Züge des Aufgaben- und Problemlösungsprozesses, so wird die erforderliche Dominanz eines Lehrers, eines Schülers oder eines Mediums gravierend erkennbar:

a. bei der Entwicklung und Organisation von Aufgaben- und Problemsituationen

b. bei der Formulierung von Aufgaben und Problemen
c. bei der Aufstellung von Hypothesen und deren Verifikation durch die Lernenden
d. bei der Überprüfung und Systematisierung von Lösungen.

Untersucht man die Unterrichtsdokumente und -protokolle im Blick auf die Intensität der sich abspielenden Interaktionsprozesse, so zeigt sich, daß die auslösende frontale Arbeit besonders interaktionsfördernd war, wenn der dominante Initiator die folgenden Ziele beabsichtigte

a. Ideenentwicklung und Prioritätenfindung zu einem Problemfeld durch die Schüler selbst
   (Maßnahme: Brainstorming)
b. Aufstellung von Verhaltensregeln
   (Maßnahme: Beobachtung eines Modells)
c. Situationsanalysen
   (Maßnahme: Perspektivenwechsel)
d. Verminderung von Konflikten
   (Maßnahme: Kooperationsspiele, Rollenspiele)
e. Integration der Lösungen
   (Maßnahme: fish-pool)
f. Erleichterung des Sich-Artikulieren-Könnens
   (Maßnahme: Selbstproduktion von Medien)
g. Begründetes Wählen
   (Maßnahme: Wahldifferenzierung, thematisch differenzierte Kleingruppenarbeit)
h. Kritische Bewertung unterschiedlicher oder konträrer Positionen
   (Maßnahme: Pro- und Kontradiskussion, Rollenspiele)
i. Neugierweckung und -befriedigung bei black-box-Phänomenen
   (Maßnahme: Klein- und Großgruppenarbeit)
j. Bewußtmachen von großen Problemen der Menschheit
   (Maßnahme: Klein- und Großgruppenarbeit)
k. Kommunikationsversuche über eigene Kommunikationsprobleme
   (Maßnahme: Metakommunikation)

1. Analyse und Dokumentation von Realitätssegmenten
   (Maßnahme: Projekt)[3].

5. Interaktionsförderung als Beitrag zur Verbesserung identitätskonstituierender Fähigkeiten und menschlichen Zusammenlebens

Kehren wir noch einmal zu unserer Ausgangsfrage zurück. In welcher Weise können Lehrer angesichts erkennbarer Beziehungsarmut und seelischer Nöte unserer Kinder einen Entwicklungsprozeß zustandebringen, durch den der einzelne nach und nach zu der Erkenntnis gelangt, daß er fähig ist, selbständig und zielbewußt eigene verantwortliche Entscheidungen zu treffen, die auf ein von Vernunft, sittlichem Bewußtsein und geistigen Werten geprägtes Dasein und Zusammenleben zielen? Die beobachtete Wirkung der zuletzt skizzierten erzieherischen "Maßnahmen" hat gezeigt, daß Lehrer in ihrem Unterricht ihrer Verpflichtung nachkommen können, zur Verbesserung der identitätskonstituierenden Fähigkeiten und des menschlichen Zusammenlebens durch Interaktionsförderung einen entscheidenden Beitrag zu leisten. Mit Hilfe solcher und ähnlicher "Maßnahmen" durch die unter anderem Rücksichtnahme, Hilfsbereitschaft, Fairneß "eingeübt", eine humane Haltung entwickelt werden, kann es ihm gelingen, den Heranwachsenden sozial reif zu machen, ihn zum dialogfähigen Mitmenschen zu erziehen. Je enger und unmittelbarer er mit den Schülern kooperiert und die Schüler untereinander kooperieren läßt, d.h. je mehr jeder einzelne - im Sinne von Martin Buber - mit dem "Wir" konfrontiert wird, desto sicherer kann jeder einzelne entdecken, daß er "Ich" ist, aber umso entscheidender wird auch seine Entdeckung sein, daß er "Ich" nur im "Wir" sein kann, und daß er beides zur Übereinstimmung bringen muß. Dieses - wenn man will - sittliche Moment kann wirklich nur da hervortreten, wo es in der Tat erfahren wird - kaum durch moralische Belehrung und äußere Zucht.

Für den einzelnen bedeutet der ermöglichte und geförderte Interaktionsprozeß nicht grenzenlose Freiheit. Er wird vielmehr lernen müssen, unter "Freiheit" immer die selbstgesetzten Grenzen in der sozialmenschlichen Verpflichtung gegenüber dem anderen zu verstehen.

Das Recht des einzelnen auf Selbständigkeit und Selbstbestimmung wird auf jeden Fall durch die Verpflichtung begrenzt bleiben, seine Individualität so zur Geltung zu bringen, daß sie die individuelle Eigenart des anderen nicht beeinträchtigt. Das Wissen um den Wert der selbstbegrenzten Freiheit kann der einzelne im Unterricht in den interaktiven Situationen erwerben, die sich ihm als "Spielraum" mit seinen improvisatorischen Akten bieten, als "Spielraum", in dem sich die individuellen wie gesellschaftlichen Bestrebungen begegnen können. In diesem Handlungsfeld können "Spielregeln" dynamisch gehandhabt, d.h. dynamisch dem jeweiligen Inhalt angepaßt werden. Denken und Handeln in einem "Spielraum" schließt - wie die Beobachtungen und Untersuchungen beweisen - immer ein Risiko ein, da in diesem dynamischen Prozeß zwar über die eingrenzenden "Spielregeln" Übereinkunft bestehen kann, aber erwartete Wirkungen nie exakt vorweg bestimmt werden können, sondern sich möglicherweise erst später oder auch niemals deutlich zeigen. Der einzelne kann sich in diesem Improvisationsfeld bemühen, soviel wie möglich zu erreichen, muß aber dabei berücksichtigen, daß es andere gibt, deren Ziele sich von seinen eigenen unterscheiden und deren Handlungen sich auf alle auswirken. Der einzelne steht in einem "Spiel" einem Problem der Optimierung widerstreitender Interessen gegenüber. Er muß seine Pläne nicht nur seinen Wünschen und Fähigkeiten anpassen, sondern auch den Wünschen und Fähigkeiten anderer.

Damit der Einzelne mit anderen in Beziehung treten kann, muß er sich in seiner Identität präsentieren. Durch sie zeigt er, wer er ist. Sie zeigt auf, in welcher besonderen Weise das Individuum in verschiedenartigen Situationen eine Balance zwischen widersprüchlichen Erwartungen, zwischen den Anforderungen der anderen und eigenen Bedürfnissen gehalten hat. Identität gewinnen und präsentieren ist ein kreativer Akt, der in jeder Situation angesichts neuer Erwartungen und im Hinblick auf die jeweils unterschiedliche Identität von Handlungs- und Gesprächspartnern geleistet werden muß. Er schafft etwas noch nicht Dagewesenes, nämlich die Aufarbeitung der Lebensgeschichte des Individuums für die aktuelle Situation. Das bedeutet zugleich, daß der im "Spielraum" Denkende und Handelnde sich durch den Rückgriff auf frühere Interaktionserfahrungen und andere Anforderungen, die mit in die Formulierung seiner Position einfließen, dieser Situation gegenüber in Distanz setzt. Hier kann es deshalb passieren, daß zwar mehrere Menschen zusammen eine breitere, tiefere Wahrnehmung zur Verfügung haben, daß ihnen alternative Klassifizierungsschemata zugänglich sind, daß sie über mehrere Praxismuster verfügen, daß aber gerade diese Umstände auch bewirken, daß Menschen Gefahr laufen, sich ihren Mitmenschen zu verschließen, daß es zu Störungen und Interaktionsschwierigkeiten kommt. Verstärkt treten solche Störungen im Unterricht auf, wenn Interaktionspartner in ihrer persönlich-menschlichen Entwicklung zu gleichgültigen, ruhelosen, ichschwachen, beziehungsarmen Menschen geworden sind, die kaum in der Lage sind, "Spielregeln" zu beachten bzw. einzuhalten (Wandel 1977). An vielen Beispielen kann belegt werden, daß angesichts von Ängsten, Aggressionen und Süchten die Gruppe nicht in jedem Falle eine konstruktive Lernsituation für den einzelnen darstellen muß, sondern auch die Entwicklung eines wünschenswerten funktionstüchtigen Selbstgefühls bzw. Identitätserlebnisses untergraben kann (Meyer 1982). Der Lehrer muß sich fragen, wie im Umgang mit Gruppen mögliche schmerzhafte Erlebnisse reduziert werden können, damit sich soziale Reifung vollzieht. Die Antwort kann nur lauten: Die interaktionsfördernden Maßnahmen, die weitgehend gruppenpädagogisch orientiert sind, müssen sich zu neuen Dimensionen ausweiten. Gezielte pädagogische Hilfe zur Förderung der individuellen und sozialen Reifung muß durch gruppendynamische und gruppentherapeutische Verfahren ergänzt werden, d.h., es geht nicht nur im Sinne der Gruppenpädagogik darum, individuelle und soziale Reifung des einzelnen in der Gruppe zu erreichen, wobei die Fähigkeit zur Interaktion bei jedem einzelnen entwickelt werden soll, sondern im Sinne der Gruppendynamik auch um Diagnose, Analyse und Reflexion des jeweils aktuellen Hier- und Jetzt-Prozesses mit dem Ziel, die soziale Sensibilität der Interaktionspartner zu erhöhen und im Sinne der Gruppentherapie um Hilfe für den einzelnen, ohne sich einzeln mit ihm zu befassen. Durch Erhellung der momentanen Interaktionskonstellation, in der sich Beziehungsverzerrungen bzw. Interaktionsschwierigkeiten der einzelnen niederschlagen, wird der Übergang zu einer anderen, weniger neurotischen Konstellation ermöglicht.

In einer Zeit, in der es in allen Gesellschaften und Kulturen eine immer größere Zahl von Jugendlichen mit negativen sozialen Orientierungen gibt, scheint eine solche Ausweitung der Gruppenpädagogik mit ihren entsprechenden Konsequenzen für die Ausbildung von Lehrern, Erziehern und Jugendleitern besonders dringend. Eine Gruppenpädagogik mit gruppendynamischen und -therapeutischen Elementen sorgt sich gleichermaßen um die kognitiven wie um die emotionellen Prozesse, sie fordert, daß Wissen nur erworben werden kann, wenn das Identitätserlebnis des einzelnen nicht bedroht ist[4].

6. Wirkungen interaktionsfördernder Konzepte

Interaktionsfördernde Konzepte wie Gruppenpädagogik, -dynamik, -therapie sind sicher keine Allheilmittel. Aber es sind - auf lange Sicht gesehen - positive Wirkungen feststellbar, die in unserem Zusammenhang von Bedeutung sind. Der Lehrer sollte Ergebnisse der Wirkungsforschung kennen, damit er in seinem unterrichtlichen Handeln und in seinen Argumenten für sein Handeln sicherer wird. Im folgenden werden eine Auswahl mehrfach überprüfter Forschungsergebnisse zusammengefaßt.

6.1 Wirkungen des gruppenpädagogischen Konzepts

Eindeutig sind die klassischen Überlegungen von Hofstätter, daß Gruppen gegenüber dem Einzelnen Leistungsvorteile haben (Hofstätter 1957). Bei den Leistungen vom Typ des Hebens und Tragens addieren sich die Einzelkräfte nur äußerst selten linear. Durch die Schwierigkeit der Kraftkoordination geht vielmehr ein Teil der eingesetzten Kraft verloren. Einen zweiten Leistungsvorteil sieht Hofstätter bei der Bewältigung von Aufgaben vom Typ des Suchens und Findens. Hier sieht er den Vorteil im statistischen Gesetz des Fehlerausgleichs. Voraussetzung ist, daß die "Durchschnittsrichtigkeit" größer ist als Null. Dabei muß allerdings beachtet werden, daß sich auch alle Mitglieder einer Gruppe mehr oder weniger in der gleichen Richtung irren können. Den dritten Leistungsbereich betreffen Aufgaben vom Typus des Bestimmens, bei denen die Gruppenmitglieder und die Umwelt klassifiziert und damit in eine bestimmte Ordnung eingegliedert werden. Neuere Untersuchungen zeigen, daß es - vor allem beim Typ des Bestimmens - auch beträchtliche Leistungsnachteile geben kann, z.B. im Abschieben von Verantwortung. Es konnte festgestellt werden, daß Gruppenmitglieder durch Gruppendiskussionen zu Entscheidungen kamen, die im allgemeinen riskanter waren als die Entscheidungen der einzelnen Gruppenmitglieder vor der Diskussion. Dieses "Risky-Shift"-Phänomen wird durch den Prozeß des Abschiebens oder Verteilens von Verantwortung erklärt. Der einzelne braucht die Folgen der riskanten Entscheidung nicht allein zu tragen (Kogan/Wallach 1964).

Im schulischen Bereich fanden eine Reihe von Untersuchungen über die Effizienz des Lernens in Kleingruppen statt. Es wird häufig bezweifelt, daß die in Laboruntersuchungen nachgewiesene höhere Lerneffizienz isoliert arbeitender Kleingruppen auch im großen Klassenverband mit den oft nicht zu übersehenden schwierigen Rahmenbedingungen ebenfalls erzielt werden könnte. Die Ergebnisse frontalunterrichtlicher Arbeitsweisen werden generell höher eingeschätzt. Zahlreiche Vergleichsuntersuchungen in der Schulrealität führten zu folgenden Ergebnissen (Meyer 1983 (a), Meyer 1977):

- Der Unterricht mit Kleingruppenarbeit ist einem Unterricht ohne Kleingruppenarbeit sowohl in der Reproduktion von Wissen als auch in der Beherrschung geistiger Arbeitstechniken weit überlegen. Das erworbene Wissen haftet nachhaltiger.

- Die Überlegenheit zeigt sich ebenfalls hinsichtlich der Ausprägung sozialer Verhaltensweisen der Schüler. Neben einer engen und beständigen Kontaktstruktur ist auch ein kooperatives, kohäsiveres und diszipliniertes Verhalten nachweisbar.

- Weiterhin zeigt sich eine Überlegenheit hinsichtlich persönlichkeitsformender Faktoren. Die Leistungspersönlichkeit, d.h. Aktivität und Produktivität, Arbeitsintelligenz und Verhaltenssteuerung werden ebenso gesteigert wie die Sozialpersönlichkeit, d.h. Kontaktverhalten und Sozialaktivität.

Eine neuere polnische Untersuchung zeigt, daß die Verwendung der thematisch differenzierten und der themengleichen Kleingruppenarbeit eine Überlegenheit gegenüber der nur thematisch differenzierten oder der themengleichen Kleingruppenarbeit aufweist. Weiterhin wurde die These verifiziert, daß der Problemunterricht, in dem die Schüler die Möglichkeit haben, in Gruppen bei der Planung, Vorbereitung, Durchführung und Bewertung des Unterrichts mitzuwirken, einen großen Einfluß ausübt (Okoń 1981).

6.2 Wirkungen des gruppendynamischen Konzepts

Die Beobachtung und Beschreibung von Gruppenprozessen, der Beziehungszusammenhang verschiedener Interaktionen in der

Gruppe und die Entwicklung gruppenimmanenter sozialer Prozesse waren die bevorzugten Gegenstände zahlreicher Studien. Nach einer Forschungsstudie von Fengler konnten positive Kurzzeiteffekte differenziert nachgewiesen werden, u.a. (Fengler 1975):

- Veränderung von Sensitivität:
  Zunahme der Selbstreflexion, Zunahme der Einsicht in das eigene (Rollen)-Verhalten, bessere Antizipation fremder Gefühle.

- Veränderung von Einstellungen:
  positive Einstellung zu Offenheit, Zunahme von Gefühlsorientierung gegenüber intellektueller Orientierung. Zunahme der Bevorzugung affektiver Beziehungen, Zunahme der Initiative in Gruppen, Zunahme der Rollenflexibilität, Zunahme der Akzeptanz von Veränderungen, Abnahme rassischer Vorurteile.

Im Mittelpunkt von Langzeitforschungen (Mühlen 1977) steht die Frage, in welcher Richtung sich das Selbstkonzept, das als "Konfiguration" von Wahrnehmungen des Selbst (im Sinne von Rogers) verstanden wird, durch gruppendynamische Trainings verändert, wobei die Unterscheidung in Realselbst und Idealselbst bedeutsam ist. Gleichzeitig versucht man zu erkunden, inwieweit nach sechs Monaten bestimmte Trainingserfahrungen in verschiedene Lebensbereiche transferiert werden können. Den Ergebnissen dieser Untersuchungen zufolge besitzt das Training eine starke Wirkung in bezug auf eine Veränderung des Selbstkonzepts, d.h. auf eine zunehmende Sensibilisierung im Bereich der Wahrnehmung und der Möglichkeit offenen Gefühlsausdrucks - auch noch sechs Monate nach dem Training. Jedoch verlieren die Effekte zum Teil ihre ursprüngliche Wirkungskraft. Eindeutig steht jedoch fest, daß der Einfluß des Trainings auf die Möglichkeit des Transferierens bestimmter Trainingserfahrungen in verschiedenen Lebensbereichen außerordentlich positiv eingeschätzt wird.

6.3 Wirkungen des gruppentherapeutischen Konzepts

Während die Gruppendynamik hauptsächlich funktionale Konflikte und Verhaltensprobleme zu lösen versucht, will die Gruppentherapie insbesondere Personen mit biographischen Konflikten, manifesten Erlebnisproblemen und persönlichem Leidensdruck wie u.a. Angst und Neurose helfen. Auswirkungen personenzentrierter therapeutischer Gruppengespräche konnten Bruhn u.a. (1978) bei Personen mit starken seelischen Beeinträchtigungen (u.a. erhöhte Testwerte in Nervosität, Depressivität, Gehemmtheit) nachweisen. 80 % der Klienten erlebten deutliche Änderungen in ihrer Gefühlswelt, 60 % deutliche anschließende Änderungen in ihrem Verhalten. 60 % erlebten deutlich positive Gefühle und Einstellungen der eigenen Person gegenüber. Alle Klienten änderten sich im Vergleich zu einer Wartegruppe deutlich in folgenden Testmerkmalen: Nervosität, Depressivität, Gehemmtheit, persönliches Selbstkonzept, Selbstzufriedenheit. 60 % waren zufrieden mit der Gruppentherapie.

7. Konsequenzen für die Ausbildung des Lehrers zum "Erzieher"

Es ging darum, Hilfen für eine wirksame Erziehung im Unterricht aufzuzeigen. Im Sinne interaktionsfördernder Maßnahmen können diese Hilfen - wenn sie Lebenshilfen sein sollen - darin bestehen, die Kluft zwischen Schule und Schüler zu verringern, sachliche und zwischenmenschliche Beziehungen herzustellen, durch die identitätskonstituierende Fähigkeiten verbessert werden, so daß ein persönliches "Wachstum" von Schülern und Lehrern und ein Ausgleich von schulisch und außerschulisch bedingten Defiziten der Persönlichkeitsorganisation und Erlebnisfähigkeit möglich werden (Wandel 1977). Bei IB-Lehrern hat allerdings Unterricht mit dieser Zielrichtung seinen "praktischen Sinn" verloren. Es gilt - wie es die IF-Lehrer bereits in Ansätzen versuchen - die Einheit von Unterricht und Erziehung als Förderung der

Interaktionsfähigkeit und damit als Therapie von Beziehungsunfähigkeit im Blick auf eine Verbesserung menschlichen Zusammenlebens in aller Breite herzustellen.

Die hier angestellten Überlegungen zu zeitnahen Fragen von Unterricht und Erziehung hatten unter anderem auch die Funktion, auf vordringlich erscheinende Aufgaben der Lehrerausbildung hinzuweisen. Die relative Ohnmacht der "Erziehungs"wissenschaften in den derzeitigen Ausbildungsgängen sollte erkennbar werden. Warum gelingt es nicht, bereits in der Ausbildung den registrierten Defiziten weitgehend zu begegnen und dem Studierenden den Erwerb der Qualifikationen eines IF-Lehrers zu ermöglichen?

Bedeutet das weitgehende Versagen, daß die beteiligten Wissenschaften nicht ausreichend pädagogisch bzw. gruppenpädagogisch orientiert sind? Haben sie kein Reservoir mit originär pädagogischer Substanz (Frey 1978, S. 28)? Um zu verwirklichen, was wir als zentrale Aufgabe beim Unterrichten deutlich erkennen, muß auf jeden Fall Wesentliches in der Ausbildung dazukommen. Es wird entscheidend darauf ankommen, daß den Studierenden, die Lehrer und Erzieher werden sollen, der Erwerb eines funktionalistischen Wissens ermöglicht wird mit dem Ziel, sich in den Interaktionsprozeß des künftigen Berufsfeldes einordnen und selbst Interaktionen verstärkt fördern zu können.

Es geht hier um

- die Fähigkeit zur Definition des Unterrichts als Abfolge von interaktiven Lernsituationen
- die Beherrschung von Techniken der Wahrnehmung, des Verstehens und der Reflexion
- die Fähigkeit zur Beurteilung von unterrichtlichen Konzepten und Lernsystemen.

Den Studierenden muß vor allem ermöglicht werden, interaktive Situationen selbst zu erfahren und zu reflektieren. Es geht dabei um

- die Fähigkeit zur Diagnose interaktiver Prozesse
- die Fähigkeit zu metakommunikativem Verhalten und zu einem reflexiven Unterrichten
- die Fähigkeit zur Initiierung sinnvoller "Spielräume", von Prozessen der Selbstdarstellung und Identifikation.

Ausbilder für Lehrer und Erzieher müssen ihre wissenschaftlichen Disziplinen durch gelebte Interaktion und ausgewiesene Interaktionsbereitschaft pädagogisieren. Die interaktionsfördernden Maßnahmen, wie sie im Abschnitt "Frontalunterricht als Erziehungsfaktor" beschrieben werden, können dabei außerordentlich hilfreich sein. Interaktion bedeutet aber auch "sich mit nichtfachlichen Lebensgebieten beschäftigen", "das eigene Fach in die Auseinandersetzung mit Nicht-Fachkollegen bringen", "das Seminar im Miteinander entwickeln", "das eigene Lehrgebiet in größere Zusammenhänge und soziale Prozesse einbinden" (Frey 1978, S. 30).

Kurz: In den Ausbildungsgängen muß an Stelle des Nur-Aufnehmens von Lehrinhalten Interaktion treten, die als Gegenstand nur durch ihre gleichzeitige Praxis erfahren und verstanden werden kann. Empfehlenswert ist es in diesem Zusammenhang, neben der Reduzierung von überflüssigen Inhalten und Materialien, die sich nicht unmittelbar auf den Unterricht beziehen, ein zusätzliches praxisorientiertes therapeutisches Studium aufzubauen mit den Schwerpunkten:

Interaktion, Beobachtung, Diagnose, Leitung, Gruppierung, Beratung (Stones 1982). Damit könnte der Entwicklung einer praxisnahen, berufsbezogenen "Psychopädagogik" angesichts der besonderen Nöte unserer Schulkinder von heute Rechnung getragen werden.

Als wirksame Hilfen zur Interaktionsförderung in der Lehrerausbildung haben sich hochschulinterne audio-visuelle Mediensysteme erwiesen. Die vorhandenen Ansätze sollten unter allen Umständen weiterentwickelt werden. Die Medien, insbesondere Video und Film, sind nicht nur Informationsträger, sondern sie stehen auch als Träger von Vermittlungsprozessen im Mittelpunkt der Interaktion der Studierenden und werden sogar teilweise zu prozeßsteuernden Instanzen, die den Lernprozeß zu initiieren und zu erhalten in der Lage sind (Meyer 1966, 1972, 1973). Ein solches, auch integrativ wirkendes AV-System funktioniert besonders effektiv, wenn es gelingt, die Medien allen Beteiligten in die Hand zu geben, damit sie nicht nur deren Funktion kennenlernen, sondern sie auch für die Artikulation ihrer Probleme, z.B. Selbstkontrolle der eigenen Fähigkeit zu unterrichten und zu erziehen, Beobachtung und Analyse von unterrichtlichen Interaktionsprozessen u.a., benützen können.

Inhalt, Qualität und Quantität der bereitzustellenden und zu produzierenden Mitteilungselemente müssen durch Studierende und Lehrende selbst bestimmt werden können. Nach den bisherigen Erfahrungen ist es wichtig, daß der Studierende in dem Augenblick, in dem er eine bestimmte Situation seines Lernprozesses erreicht hat, die Informationen abrufen kann, die er benötigt, und die Möglichkeit erhält, sich in der Gruppe mit den Informationen auseinanderzusetzen, so daß es immer wieder - im Sinne des gruppendynamischen und -therapeutischen Konzepts - zu einem Feedback kommen kann.

Die Konsequenzen für die Ausbildung des Lehrers zum "Erzieher", die hier - in Kurzform - aufgrund der vorangegangenen gesellschaftlichen und schulischen Orientierung gezogen werden, sind unter keinen Umständen vereinbar mit dem "straffen Lernen von vielen Einzelheiten in der Lehrerausbildung, mit einem Examinierungssystem, das die Studierenden kaum zum Nach- und Alternativendenken kommen läßt; nicht vereinbar mit einer Vielzahl kleiner Einzelfächer, mit Unterricht durch lauter Fachspezialisten" (Frey 1978, S. 33). Konstruktiv fordern die skizzierten pädagogischen und therapeutischen Akzente regelmäßige interdisziplinäre Arbeit, zeitweise Kooperation von mehreren Lehrern und Studenten, frühzeitige Wahrnehmung von interaktiven Situationen in und außerhalb der Schule und Hochschule, aktive Betätigung in ihnen, Arbeit in Gruppen (mit Instrumenten der

Selbst- und Fremdwahrnehmung) als Notwendigkeit für wirksames fachliches und persönliches Lernen (Tausch 1982).

ANMERKUNGEN

1) Aufzeichnungen und Auswertungen erfolgten im Audiovisuellen Zentrum der Pädagogischen Hochschule Heidelberg (Leitung: Verf.)

2) Siehe das Kategoriensystem zur Erfassung von Denkvorgängen in Gruppenprozessen bei Meyer, E.: Trainingshilfen zum Gruppenunterricht. Oberursel: Finken 1981

3) Die Maßnahmen und ihre Wirkung sind z.T. genau beschrieben in Meyer, E.: Gruppenunterricht - Grundlegung und Beispiel. 8. Auflage. Oberursel: Ernst Wunderlich 1983; Meyer, E.: Frontalunterricht. Königstein: Scriptor 1983

4) Siehe die Beispiele in Meyer, E.: Trainingshilfen zum Gruppenunterricht. Oberursel: Finken 1981

LITERATUR

Bruhn, M.; Schwab, R.; Tausch, R.: Die Auswirkungen personenzentrierter Gesprächsgruppen bei seelisch beeinträchtigten Patienten. Hamburg 1978 (zit. bei Tausch, R.; Tausch, A.-M.: Gesprächspsychotherapie. 7. Aufl. Göttingen: Verlag für Psychologie, Dr. Hogrefe 1979)

Buber, M.: Das dialogische Prinzip. 3. Aufl. Heidelberg: Lambert Schneer 1973

Fengler, J.: Verhaltensänderung in Gruppenprozessen. Heidelberg: Quelle & Meyer 1975

Frey, K.: Wissenschaftliche Disziplin in der Lehrerbildung. In: Aregger, K. u.a. (Hrsg.): Lehrerbildung und Unterricht. Bern: Haupt 1978

Hofstätter, P.R.: Gruppendynamik. Reinbek: Rowohlt 1957

Kogan, N.; Wallach, M.A.: Risk taking: A study in cognition and personality. New York: Holt & Rinehart 1964 (zit. bei Timaeus, E.;Lück, H.E.: Sozialpsychologie der Erziehung. Neuwied: Luchterhand 1976)

Meyer, E. (Hrsg.): Fernsehen in der Lehrerbildung. München: Manz 1966

Meyer, E.: Fernsehen im hochschuldidaktischen Kontext. In: von Knoll, J.M. u.a. (Hrsg.): Heidelberg: Quelle & Meyer 1972

Meyer, E.: Gruppenaktivität durch Medien. Heidelberg: Quelle & Meyer 1973

Meyer, E.: Forschungsergebnisse im Bereich der Gruppenpädagogik und Gruppendynamik. In: E. Meyer (Hrsg.): Handbuch Gruppenpädagogik - Gruppendynamik. Heidelberg: Quelle & Meyer 1977, S. 94 - 109

Meyer, E.: Trainingshilfen zum Gruppenunterricht. Oberursel: Finken 1981

Meyer, E. (Hrsg.): Kinder und Jugendliche in seelischer Not. Möglichkeiten der pädagogischen und therapeutischen Intervention durch Lehrer, Eltern und Erzieher. Braunschweig: Pedersen 1982

Meyer, E.: Frontalunterricht. Königstein: Scriptor 1983 (a)

Meyer, E.: Gruppenunterricht - Grundlegung und Beispiel. 8. Aufl. Oberursel: Ernst Wunderlich 1983 (b)

Mühlen, R.: Langzeitwirkung gruppendynamischer Trainings. In: Gruppenpsychotherapie und Gruppendynamik. 12 (1977) 1/2. S. 84 - 99

Okoń, W.: Polnische Forschungen zur Gruppenarbeit. In: Kh. Wöhler (Hrsg.): Gruppenunterricht - Idee, Wirklichkeit, Perspektive. Hannover: Schroedel 1981, S. 194 - 205

Ovans, Ch.D.: Behind the looking Glass: Toward the Education Society. Vancouver (Canada): The british Columbia Teachers' Federation (BCTF), 105-2235 Burrard Street, o.J.

Röhrs, H.;Meyer, E.: Die pädagogischen Ideen Martin Bubers. Wiesbaden: Akademische Verlagsgesellschaft 1979

Stones, E.: Die Vernachlässigung der Pädagogik und die Notwendigkeit der Entwicklung einer Psychopädagogik angesichts der besonderen Nöte unserer Kinder heute. In: E. Meyer (Hrsg.): Kinder und Jugendliche in seelischer Not. Braunschweig: Pedersen 1982, S. 171 - 177

Stuck, W.: Die Forderung nach einer erziehenden Gesellschaft. In: Die Realschule. 90 (1982) 7/8, S. 403 - 417

Tausch, R.; Tausch, A.:Erziehungspsychologie - Begegnung von Person zu Person. 8. Aufl. Göttingen: Verlag für Psychologie, Dr. Hogrefe 1977

Tausch, R.: Persönliches Lernen des Lehrers/Erziehers. Notwendigkeit für das fachliche und persönliche Lernen der Jugendlichen. In: E. Meyer (Hrsg.): Kinder und Jugendliche in seelischer Not. Braunschweig: Pedersen 1982, S. 325 - 352

Wandel, F.: Erziehung im Unterricht. Stuttgart: Kohlhammer 1977

Verhältnis zwischen Erziehung und Schule unter
   politischem und soziologischem Aspekt

Oskar Anweiler

ZWISCHEN "VERSCHULUNG" UND "ENTSCHULUNG" -
ASPEKTE ZUM PROBLEM DER "ERZIEHENDEN SCHULE"

"Denn was ist die Schule, und was soll sie sein? Ihre Aufgabe ist es, ganz allgemein gefaßt: planmäßig geleitete und in bestimmter Form gesellschaftlich organisierte Entwicklung der Anlagen und des Könnens, der Gesinnung und der Fertigkeiten, die zu einer sittlich verantwortungsbewußten, tätigen Lebensführung im Ganzen der Kulturarbeit befähigen. Die Schule steht also vor dem Leben, und das Leben ist das Ziel, auf das sie sinngemäß gerichtet ist. Es gibt eine zweite Form der Schule, die ergänzend neben das Leben tritt und das Fachkönnen wie die Fachkenntnisse zu sichern strebt, die in besonderen Arbeitsgebieten unserer verwickelten und hochgegliederten Kultur gebraucht werden. Dieser wie jener Sinn der Schule aber wird verkehrt, wenn die Schule über das Leben zu herrschen beginnt, wenn ohne Not immer mehr Inhalte und Jahre des Lebens der Verschulung verfallen, und wenn im Volke schließlich mehr Leute da sind, die zu leben lehren, als unmittelbar zu leben und zu schaffen begehren... Befinden wir uns in Deutschland auf diesem gefährlichen Wege und ist es wirklich ein gefährlicher Weg? Ich glaube, beide Fragen für die Gegenwart bejahen zu müssen."

          Eduard Spranger 1928.

           (Die Verschulung Deutschlands.
           Ges. Schriften III, S. 91)

"The deschooling of society implies a recognition of the two-faced nature of learning. An insistence on skill drill alone could be a disaster; equal emphasis must be placed on other kinds of learning. But if schools are the wrong places for learning a skill, they are even worse places for getting an education. School does both tasks badly..."

          Ivan Illich 1970.

           (Deschooling Society. Penguin
           Books, 1971, p. 24)

Mit Absicht habe ich an den Anfang unserer Überlegungen zum Problem einer "erziehenden Schule" die Äußerungen des liberal-konservativen Kulturphilosophen Eduard Spranger und des - ebenfalls wertkonservativen - Kulturrevolutionärs Ivan

Illich gestellt. Ersterer bekannte sich 1958, dreißig Jahre nach Erscheinen seines Aufsatzes "Die Verschulung Deutschlands" in der Zeitschrift "Die Erziehung", als Urheber des damals in Umlauf gekommenen Wortes "Verschulung". "Für eine üble Sache schien mir das Wort gar nicht übel, und es machte sofort seinen Weg bis nach Amerika hin. Jetzt ist es wieder verschwunden; die getadelte Sache ist geblieben " (Spranger, III, 1970, S. 434).

Auf den Export des Verschulungswortes nach Amerika folgte vierzig Jahre später der Import des Gedankens der "Entschulung" aus Amerika, eine Antwort auf die nunmehr als globale Gefahr angesehene "verschulte Gesellschaft". Die Entschulungsdiskussion der siebziger Jahre ist zwar wieder abgeklungen, die Frage nach der Erziehungsrolle der Schule jedoch kann die in dieser Diskussion aufgeworfenen Probleme nicht beiseiteschieben, trotz oder gerade wegen der radikalen Rhetorik der meisten "Entschuler", die den rationalen Kern ihrer Argumentation oft verdeckt. Wenn beides - "Verschulung" und "Entschulung" - in einem dialektischen Zusammenhang gesehen werden, so besteht Aussicht, zu einer brauchbaren, d.h. handlungswirksamen Theorie der "erziehenden Schule" zu gelangen. Die folgende Skizze versteht sich als ein Beitrag hierzu.

"Verschulung" - ein notwendiges Produkt gesellschaftlicher Arbeitsteilung und öffentlicher Erziehung?

Sprangers Kritik an einer "Verschulung" beruht auf den Ergebnissen einer seit der zweiten Hälfte des 18. Jahrhunderts auf dem europäischen Kontinent vollzogenen Ausdehnung des öffentlichen Unterrichts durch den Staat, mit den - schon 1909 von Friedrich Paulsen konstatierten - Folgen einer "Demokratisierung der Bildung" und "Sozialisierung der Bildungsfürsorge" (Paulsen 1909, S. 183). Das öffentliche Schulwesen hatte im 19. Jahrhundert in den Monarchien - z.B. Preußen, Österreich-Ungarn, Rußland - wie im republikanischen Frankreich in seinem abgestuften Aufbau mit

den unterschiedlichen Berechtigungen zwar einerseits einen
standes- bzw. klassengebundenen Charakter bewahrt, andererseits jedoch unbestritten eine soziale Mobilitätsfunktion
wahrgenommen. Der soziale "Aufstieg durch Bildung", dessen
liberale Variante "Aufstieg der Begabten und Tüchtigen" und
dessen sozialistische Variante "Wissen ist Macht" lautete,
erfolgte im wesentlichen mittels der Bildungsinstitutionen.
In Deutschland war die Überleitung der Fortbildungsschule
in eine Berufsschule als Pflichtschule, die gesetzlich erst
1937 abgeschlossen wurde, der vorläufige Endpunkt beim Ausbau eines umfassenden öffentlichen Schulwesens. In den
zwanziger Jahren stand bereits die Frage einer Verlängerung
der allgemeinen Schulpflicht auf neun oder zehn Jahre zur
Diskussion; im übrigen stark unter dem Eindruck der Arbeitslosigkeit, die einen späteren Eintritt der Jugendlichen in das Erwerbsleben nahelegte. (Das neunte Schuljahr,
1929). Die Verlängerung der allgemeinen Schulpflicht bis
zum 15./16. Lebensjahr ist dann bekanntlich ein genereller
Grundzug der europäischen Schulentwicklung in den fünfziger
und sechziger Jahren geworden, parallel mit dem wachsenden
Anteil der Jugendlichen an den Schulen der oberen Sekundar-
stufe.

Wir haben bisher "Verschulung" als einen Prozeß zunehmender
Verallgemeinerung und Verlängerung des Schulbesuchs charakterisiert, also gleichsam die quantitative Seite im Auge
gehabt. Der polemische Grundzug, der dem Wort indessen innewohnt, zielt aber auf eine andere, die qualitative Seite.
"Verschulung" bedeutet auch Übernahme von Aufgaben in der
Gesellschaft durch die Schule, die früher von anderen Kräften geleistet wurden. "Das Wichtigste und Merkwürdigste in
dieser Hinsicht ist, daß die allgemeine Verschulung die er-
ziehlichen Kräfte des Volkes herabsetzt, nicht sie stärkt.
Für die Familie ist dies längst bekannt. Was ist bequemer
für sie, als zu sagen: die Schule habe sich ja bereit erklärt, die Erziehung zu übernehmen " (Spranger, III, S. 93).

Die Feststellung eines Verlustes der erzieherischen Aufgaben und Funktion der Familie - ein empirisch international noch keineswegs hinreichend abgesicherter Sachverhalt - zieht sich seit Jahrzehnten durch die soziologische und pädagogische Literatur der meisten Länder, mit bemerkenswerten Ausnahmen oder Besonderheiten, wie im Falle Polen (Oster 1982). Dieser "Erziehungsverlust" der Familie (herkömmlichen Typs) gilt dann auch als Begründung für die Ausdehnung der Betreuung von Kindern und Heranwachsenden durch die Schule, z.B. in Formen ganztägiger Erziehung in Schulsystemen, die bisher nur Halbtagsschulen als Normalfall kannten. In diesem Zusammenhang wird dann plötzlich "Verschulung", d.h. Erweiterung schulischer Verantwortung in bisher schulunabhängige Räume, durchaus positiv gewertet: es heißt dann nicht "Verschulung", sondern "Ganztagserziehung".

Offensichtlich besteht hier ein Widerspruch. Einerseits soll Schule Erziehungsdefizite kompensieren, indem sie ihren Aktionsradius ausdehnt, andererseits besteht Sorge vor einer das ganze Leben des Kindes und Jugendlichen absorbierenden Schule. So richtet sich die Kritik der "Entschuler" u.a. gegen die Beugung der vielfältigen Lebensbezüge unter das Joch einheitlicher Schulorganisation und den Zwang normierter Lernprozesse. Das Curriculum als methodische Abfolge von Lernschritten hin zu definierten Lernzielen erscheint aus dieser Sicht als Negation "freien Bildungsstrebens", das sich vor allem aus Umgang und Erfahrung speist, wie schon Herbart wußte.

Die eben erwähnte Position wendet sich gegen einen dritten Aspekt der "Verschulung": Das Reglement des Unterrichtsstoffes, die Zwangsjacke der Fächer und die methodische Zubereitung des Wissens. "Jede Schule steht immer vor der Gefahr irgendeiner 'Scholastik'. Schöpferkraft, freie Erfindungsgabe, ja zuletzt die einfache Umstellungsfähigkeit gehen verloren, wo zu lange nach (noch so freien) Lehrplänen gearbeitet wird " (Spranger, III, S. 96). "Schule macht dumm" - heißt es dann auf Schulwänden gekritzelt.

- "Verschulung" als Ausweitung staatlich kontrollierten Unterrichts und Entstehung eines "Bildungssystems" in der Gesellschaft
- "Verschulung" als Übernahme weiterer erzieherischer und sozialpflegerischer Aufgaben durch die Schule
- "Verschulung" als Normierung von Lernprozessen

alle drei Formen der "Verschulung" münden schließlich in das Modell einer "Lern- und Erziehungsgesellschaft" (learning society). Dieses Konzept wurde nicht zufällig in den sechziger Jahren propagiert, als alle drei genannten "Verschulungen" in den Industrieländern der nördlichen Hemisphäre einen Grad erreicht hatten, der eine Legitimierung brauchte, und der scheinbar ungebremsten Dynamik ein Ziel gegeben werden mußte. Es zeigte sich dabei folgendes: Obwohl das Konzept des "lebenslangen Lernens" (lifelong education) nicht von den Institutionen her entworfen worden war, sondern sogar eine gewisse "Entinstitutionalisierung" bezweckte, drängte es schließlich doch zu einem "System". Die "recurrent education" war schließlich das deutlichste Produkt einer in der Tendenz umfassenden "Verschulung", obwohl seine Erfinder das Gegenteil, nämlich eine teilweise Befreiung vom herkömmlichen Lernsystem, anstrebten.

Es bleibt nach unseren bisherigen Überlegungen die Frage offen, ob die "Verschulung" in ihren verschiedenen Aspekten die notwendige Konsequenz einer sich immer weiter ausbreitenden öffentlichen Erziehung darstellt, die ihrerseits zu einem erheblichen Teil auf die arbeitsteilige Gesellschaft mit ihren verschiedenen Funktionsgruppen, darunter die professionellen Lehrer und Erzieher, zurückzuführen ist.

"Entschulung" - der Weg zurück zur ganzheitlichen Lebens-, Lern- und Arbeitsgemeinschaft?

Will man die zahlreichen Vorwürfe gegen die modernen Schulsysteme und "Lernfabriken", die von den radikalen Schulkritikern drastisch formuliert worden sind, auf ein gemeinsames Ziel hin bündeln, so könnte man dies als Rücknahme der Lern- und Erziehungsprozesse in das ungeteilte Ganze der Lebens- und Arbeitswelt bezeichnen. Die Sehnsucht nach überschaubaren "organischen" Lebensgemeinschaften, nach sinnerfüllter Arbeit, nach einem nicht-entfremdeten Leben bildet den Hintergrund der Entschulungsidee. Aus Protest gegen die westliche Zivilisation, die sich anschickt, auch den letzten Erdenwinkel zu durchdringen, werden dabei auch die "naturwüchsigen" Formen der Erziehung, um die sich bisher nur die Anthropologen kümmerten, als überlegen, zumindest nicht als rückständig angesehen. Als rückwärtsgewandte Utopie sind diese Vorstellungen aber z.B. von der marxistischen Pädagogik in der Sowjetunion angegriffen worden, obwohl die "Entschuler" im Grunde die kommunistische Endzeiterwartung auf ihre Weise teilen (Mitter, 1975).

Denn "Entschulung" meint nicht Minderung, sondern Steigerung von Lernen und Erziehung - letztere als Selbsterziehung und vor allem als Produkt der Sozialisation unter Gleichen. Wir haben es hier mit einer ähnlichen paradoxen Erscheinung zu tun wie in den Ideen der Reformpädagogik über eine "Lebensgemeinschaftsschule". Die Überwindung der erstarrten Formen eines vom "Leben" getrennten Lernens sollte eine Schule als "Lebensstätte der Jugend", eine "Schule der Erfahrung" oder ein "Volks- und Jugendhaus" hervorbringen, wie die Leitworte der reformpädagogischen Schulerneuerung lauteten. Paradox erscheint dies deshalb, weil die Veränderung oder Aufhebung der Institution Schule, bis zum "Absterben der Schule" in der Gesellschaft überhaupt, mit einer Intensivierung der pädagogischen Prozesse einhergehen soll: die "Pädagogisierung" möglichst aller Lebensbereiche wird somit zum Gegenbild der "Verschulung".

Natürlich stellt sich spätestens an dieser Stelle die Frage, ob die radikalen Reformschulen, die "Gegenschulen" oder "Alternativschulen", die als Inseln in einer toleranten Gesellschaft existieren können, auch das Muster einer "entschulten Schule", um diese paradoxe Formulierung zu gebrauchen, für die gesamte Gesellschaft abgeben können. Der pädagogisch-anthropologische Optimismus vieler "Alternativen", der zu der Welle der "Free Schools" - Gründungen (unter diesem oder anderen Namen) geführt hat, scheiterte in den meisten Fällen nach einigen Jahren. An der feindlichen Umwelt? An den finanziellen Schwierigkeiten? An der Überforderung der Lehrer? Ohne diese Tatsachen unterschätzen zu wollen, bleibt die Frage offen, ob die gesellschaftlichen Bedingungen und die pädagogischen Voraussetzungen, die dem Entschulungskonzept insgesamt und den hiervon inspirierten Versuchen zugrundeliegen, zutreffend und tragfähig sind.

Illichs Institutionenkritik ist Kritik am "Spätkapitalismus" und am "bürokratischen Sozialismus" zugleich. Wendet man dies speziell auf die Schule an, so wird die Schule als eine vom politisch-gesellschaftlichen System unabhängige Variable begriffen. In der Tat weisen die organisatorischen, strukturellen und teilweise curricularen Merkmale der Schulen relativ unabhängig von dem jeweiligen politischen System viele Ähnlichkeiten und Übereinstimmungen auf.

Die "Verschulung", um an unsere früheren Überlegungen anzuknüpfen, wäre demnach "systemunabhängig". Das von manchen "Entschulern" hoffnungsvoll beobachtete Experiment einer Synthese von Lernen und Arbeit in der sog. Kulturrevolution in China wurde abgebrochen, als es sich als untauglich erwies, die ökonomische Rückständigkeit des Landes zu überwinden. Die "vier Modernisierungen" schließen den Wiederaufbau und die Weiterentwicklung eines gestuften und leistungsdifferenzierten Schul- und Hochschulsystems ein.

Das Idealbild der chinesischen Kommune als Lebens-, Arbeits- und Lerngemeinschaft, das manche Besucher aus dem Westen faszinierte, hielt ohnehin der Wirklichkeit nicht stand. Aber was für agrarische Verhältnisse mit dem Kitt überlieferter sozialer Beziehungen noch gelten mochte, wird vollends fragwürdig, wenn man solche Modelle auf arbeitsteilige industrielle Gesellschaften zu übertragen sucht. Die Kibbuzim in Israel, die man hier als Gegenbeispiel anführen könnte, sind ebenfalls die Ausnahme in einer anders strukturierten Gesellschaft. Die Intensität kollektiver Wechselbeziehungen mit ihrer starken Sozialisationswirkung läßt nach, sobald die "Ganzheit" der Lebenswelt zerbricht und sich der einzelne einer Mehrzahl z.T. widersprechender Rollenerwartungen ausgesetzt sieht.

Die dabei mögliche und von manchen so empfundene "Entfremdung" findet dann ihren Ausdruck in der Suche nach "Alternativkulturen", wie der jetzt gängige Ausdruck lautet. Die erstaunliche Renaissance des Kulturbegriffs ist dabei weniger ein Zeichen für die Suche nach entbehrten Werten der europäischen kulturellen Überlieferung als vielmehr ein Zeichen für Orientierungsschwierigkeiten und Ausdruck unklarer Wünsche nach der Geborgenheit in normativen Wertsystemen, die zumindest Gruppengeltung besitzen und in ihren Inhalten auch wechseln können.

Die zuletzt vorgebrachten Bemerkungen scheinen vom Thema weit abzuführen. Indessen besteht hier durchaus ein Zusammenhang zwischen der Gegnerschaft zur "Verschulung" als einer besonders subtilen Form bürokratischer Herrschaft über die Gesellschaft und dem Wunschbild einer harmonischen, ganzheitlichen und intensiven kollektiven Lebensgestaltung in überschaubaren Gemeinschaften, in denen sich Erziehung "organisch" abspielt oder "pädagogische Interaktion" einfach geschieht. Die Herausforderung der "Entschuler" an die Gesellschaft als Ganze, die diese bisher erfolgreich abgewehrt hat, verwandelt sich in die Abkehr von dieser Gesellschaft, der man den Rücken kehrt, um "alternativ" zu leben - allerdings nicht ohne einen Rückweg offen zu lassen, wenn sich die Hoffnungen nicht erfüllen sollten.

Die "erziehende Schule" - Mittelpunkt des gesellschaftlichen Erziehungsprozesses oder Teil des Erziehungsfeldes?

Wenn "Entschulung" im gesamtgesellschaftlichen Maßstab nur vorstellbar ist, wenn die Gesellschaft als Ganze sich auf autonome kleine Gemeinschaften hin (oder zurück) entwickelte und wenn diese Annahme unrealistisch ist, dann bleibt die Frage, ob die "Wiedergewinnung des Erzieherischen in der Schule", wie ebenfalls eine gängige Parole lautet, zwischen den beiden Polen der "Verschulung" und der "Entschulung" aufgesucht werden muß, zwischen dem Faktum des geschichtlich so und nicht anders gewordenen Schulsystems und der Idee einer Schule, welche die gegen eine "Verschulung" vorgebrachten kritischen Einwände aufgreift und prüft. Einer der Einwände bezieht sich ja auf die Reduktion der Schule zur bloßen Lern- und Drillanstalt, zur "bürokratischen Instanz zwecks Verteilung von Sozialchancen" - wie schon Schelskys Kritik vor 25 Jahren lautete - und auf den Verlust "humaner Beziehungen", die durch eine "Humanisierung der Schule", um ein letztes Schlagwort zu nennen, wiederhergestellt werden sollen.

Wir wissen im übrigen aus der Geschichte der Pädagogik, daß nahezu alle diese Vorwürfe gegen die Schule mit nahezu gleichen Worten - nicht erst seit der Reformpädagogik - ihre Entwicklung begleitet haben. Es wird zu fragen sein, ob dies nicht in der Existenz der Schule als solcher und ihrer Funktion in der heutigen Gesellschaft zumindest mitbegründet ist.

Wenn davon ausgegangen werden kann, daß Schulen "Orte der gesellschaftlich kontrollierten und veranstalteten Sozialisation" sind, aber andererseits "durch gesellschaftliche Normierungen von Erziehungsprozessen in Bildungsinstitutionen nicht alle Erziehungsprozesse erfaßt und nicht alle Erfahrungs- und Lernmöglichkeiten der Schüler kontrolliert werden" (Fend 1980, S. 4), so ergibt sich die in unserer Zwischenüberschrift formulierte Frage: soll die Schule Mittelpunkt des gesellschaftlichen Erziehungsprozesses sein oder soll sie sich damit begnügen, Teil des Erziehungsfeldes zu sein? Die Frage setzt allerdings voraus, daß in Schulen erzogen wird, wobei wir hier dem älteren Sprachgebrauch folgend unter "erziehen" auch die "funktionale Erziehung" meinen, die als Teil der Sozialisation bezeichnet werden kann.

Die These, daß die Schule das Zentrum der Erziehung der Jugend sei oder sein müsse, gehört zu dem Kernbestand der pädagogischen Theorie in Staaten wie der UdSSR und der DDR. Die Schule, heißt es z.B. in einer hierfür repräsentativen Äußerung aus der DDR, "dient konsequent der Reproduktion der sozialistischen Gesellschaft; sie übernimmt den größten Anteil an der Bildung und Erziehung der Schüler; sie betreibt am rationellsten, organisiertesten und effektivsten die Formung der Heranwachsenden" (Senf 1971, S. 432). Dieses Modell wird erweitert zu einem Bild der konzentrischen Kreise, die um die Schule gelagert sind, wie dies z.B. auf der Jubiläumssitzung der Akademie der pädagogischen Wissenschaften der UdSSR anläßlich des 60. Jahrestages der Oktoberrevolution vom Minister Prokof'ev erläutert worden ist: "Die Schule gewinnt unter den Bedingungen der entwickelten sozialistischen Gesellschaft eine neue Qualität. Die heutige Schule ist nicht einfache Unterrichtsanstalt, wo Wissen vermittelt und erworben wird, sondern eine wichtige Zelle der Gesellschaft, wo unter Führung der Parteiorganisationen die Strategie und Taktik der Kinder- und Jugenderziehung ausgearbeitet und verwirklicht wird; sie ist eine Einrichtung, welche zur Erreichung ihres Hauptzieles die Kräfte der gesellschaftlichen Kinderorganisation, der Familie, der außerschulischen Einrichtungen, der Patenbetriebe konzentriert " (Sovetskaja pedagogika 1978, Nr. 1, S. 11). In

dieses Modell gehört auch der Topos von der "führenden Rolle des Lehrers im Unterrichtsprozeß", die in dem Gemeinschaftswerk der beiden pädagogischen Akademien in Moskau und Berlin "Pädagogik" (1978) noch einmal unterstrichen worden ist.
Allerdings hat dieses Standardmodell der erziehenden Schule, das bekanntlich seit Anfang der dreißiger Jahre die sowjetische Pädagogik beherrscht, seit einigen Jahren Modifizierungen und Korrekturen erfahren, die sich aus der wachsenden Kluft zwischen diesem normativen Modell einer "erziehenden Schule" und der gesellschaftlichen Realität ergeben. Unter dem Stichwort des "komplexen Herangehens an die Erziehungsproblematik" ist dieses Thema inzwischen hundertfach proklamiert und abgehandelt worden. Dazu gehören u.a. die geforderte "Pädagogik des Mikroayons" mit einer dazugehörigen pädagogischen Theorie des konkreten sozialen Milieus oder das ukrainische Experiment eines Netzes von Schulen, die sich auf das fortentwickelte Konzept der Kollektiverziehung von A.S. Makarenko berufen. Diese Überlegungen und Versuche können aber nicht darüber hinwegtäuschen, daß - wie A.A. Bodalev 1978 schrieb - es bisher "an einem wissenschaftlich begründeten und genügend konkreten Plan zur Realisierung eines breiten Herangehens zur Lösung der schwierigen Aufgabe - eine ganzheitliche Erziehungstheorie zu schaffen" - absolut mangele (Bodalev 1978, S. 20).
Es ist nicht leicht zu entscheiden, wie weit sich das von mehreren polnischen Pädagogen in den siebziger Jahren vertretene Konzept einer "offenen Schule" (szkoła otwarta) und die zahlreichen empirischen Untersuchungen und theoretischen Reflexionen über das "Erziehungsmilieu" (środowisko wychowawcze) noch in das bisher vorherrschende Modell der Schule als Mittelpunkt des Erziehungsprozesses einordnen lassen oder ob nicht hier schon der Schritt zu einer Konzeption vollzogen ist, in der die Schule nur ein Teil des Erziehungsfeldes darstellt und ihre Rolle im Ganzen des pädagogischen Prozesses von daher bestimmt werden muß

(Wompel 1978). Offensichtlich hat die gesellschaftliche Erneuerungsbewegung in Polen den latent vorhandenen "begrenzten Pluralismus" auch im Erziehungsbereich an die Oberfläche gebracht, bis hin zu den entschiedenen Forderungen nach einer sich selbst verwaltenden Schule auf der Grundlage partizipatorischer Vorstellungen, wie sie vor Jahren auch in westlichen Ländern entwickelt worden sind. Für eine Erziehungskonzeption, deren offizielle Version in den siebziger Jahren mit Stichworten wie "einheitliche Erziehungsfront" (jednolity front wychowawczy) oder "integrierte Erziehung" (wychowanie integralne) gekennzeichnet war, müssen solche Ideen eine Herausforderung darstellen, zumal ihnen unleugbar auch eine politische Brisanz innewohnt.

Unser knapper Überblick hat die Problematik deutlich werden lassen, mit der sich das Modell einer Schule konfrontiert sieht, von der verlangt wird, daß sie zum "Zentrum des Erziehungsprozesses" werden soll. Diesem Modell liegt ausgesprochen oder unausgesprochen die Vorstellung eines linearen gesteuerten Unterrichts- und Erziehungsvorganges zugrunde, dessen Unangemessenheit für die Didaktik von den meisten Theoretikern erkannt worden ist, wenn auch in der schulischen Praxis wahrscheinlich nach wie vor überwiegend danach verfahren wird. Für die Theorie der Erziehung müssen die Folgerungen noch konsequenter durchdacht werden, u.a. aus dem Grunde, den der Familien- und Erziehungssoziologe A.G. Charčev genannt hat: "Treten Widersprüche zwischen den Tendenzen des sozialen Lebens und der Erziehungsarbeit auf, entsteht eine Situation, in der die pädagogischen Bemühungen zuweilen völlig wertlos werden können. In einem solchen Fall zeitigt die Erziehung nur eine minimale oder gar die umgekehrte Wirkung " (Chartschew 1977, S. 922).

Die erste Konsequenz läge darin, die Schule nicht zu überfordern. Wir haben gesehen, wie zwischen "Verschulung" und Abnahme erzieherischen Potentials in der Familie ein Zusammenhang zu bestehen scheint und wie als Reaktion darauf, die Formen ganztägiger Erziehung zu einer weiteren "Institutionalisierung" von Erziehung führen. Daraus ergibt sich wiederum - als Reaktion auf die damit verknüpften "Normierungen von Handlungsabläufen" (Fend) - die Forderung einer "entschulten Erziehung" - eine Spirale ohne Ende. Die Schule ist überfordert, wenn sie alle akut gewordenen Bedürfnisse und Probleme in der Gesellschaft - von der Umwelterziehung bis zur Erziehung für ein Leben in der Familie, von der "Friedenserziehung" bis zum Einüben "alternativer" Lebensformen - in ihr Programm aufnehmen und dabei auch "didaktisch aufbereiten" soll. Es kommt entweder zu einer weiteren Vermehrung von Unterrichtsstoffen, deren erzieherische Wirkung minimal ist oder die sogar zur Unlust und damit zum Gegenteil des Beabsichtigten führt, oder es führt zum rational nicht durchdachten, bloß emotionalen Engagement für manipulierbare Zwecke.

"Der Schule ist aufgegeben, das Verhalten durch eine differenzierte Vorstellungswelt zu fundieren " (Wilhelm 1967, S.79). Eine solche Aussage heißt nicht, an die schematisierten Prinzipien des "erziehenden Unterrichts" einiger Herbartianer, die Herbart mißverstanden haben, anzuknüpfen. Es bedeutet aber die Anerkennung der Tatsache, daß die einzige Legitimation von Schule gegenüber ihren Kritikern, die ihr "Entfremdung vom Leben" vorwerfen und sie für entbehrlich halten, weil im Leben besser und freudiger gelernt werde, darin besteht, das zu leisten, was für die Existenz des einzelnen in der Gesellschaft auch notwendig ist und außerhalb der Schule nicht oder nur unvollkommen geleistet wird: der planmäßige Aufbau eines "Gedankenkreises" (Herbart), das systematische Erlernen von "Problemlösungsverfahren", je nachdem, um welche Probleme es sich dabei handelt, und schließlich auch die Einführung in die geschichtliche Kontinuität des eigenen Volkes und der Menschheit. Das alles sind Aufgaben, die - jede für sich - vom Lehrer und vom Schüler viel verlangen und mit mehr oder weniger Erfolg geleistet werden.

Aus dem Vorrang des Unterrichts in der Schule, dem Primat
des Lernens, ergibt sich als weitere Konsequenz, daß die
Forderung an die Schule, ihre Erziehungsfunktion wahrzuneh-
men und womöglich zu verstärken, nicht als Gegensatz dazu
begriffen werden kann. Die erzieherischen, d.h. verhaltens-
formenden, Einflüsse gehen von Menschen und von Dingen aus
- so gesehen ist die Schule selbst ein "Erfahrungsraum".
Aber sie ist es für den Heranwachsenden nicht ausschließlich und meistens auch nicht in erster Linie. Die beklagte
"Krise der Schule" und die oft von Einzelbeispielen auf das
Ganze schließende Behauptung von der "Entfremdung" der Jugendlichen von der Schule geht von der Annahme aus, daß
Schule den ganzen oder weitaus größten Raum für zehn oder
dreizehn Jahre im Leben des Menschen ausfülle. Sie müsse
daher zu einem Erziehungsraum ausgestaltet werden, das
"Schulleben", ein weiteres Karrierewort neuerer pädagogischer Publikationen, "soll Einheit von Erziehung und Unterricht herstellen, d.h. Schule von ihrer Schülerentfremdung
in der Unterrichtsstunde befreien und die Einheit der kindlichen Lebenswelten herstellen, d.h. sie soll den Charakter
einer elternlosen Schule korrigieren " (Keck 1979, S. 93).

Wenn dagegen Heranwachsende davon sprechen, daß sie in die
Schule als zu ihrem "Arbeitsplatz" gehen, dann sollte man
dies nicht als schrecklichen Ausdruck gesellschaftlicher
Entfremdung denunzieren, sondern überlegen, ob darin nicht
eine realistische Einstellung zur Schule als derjenigen
Einrichtung zum Ausdruck kommt, in der man "arbeitet", d.h.
lernt, während zu Hause, im Freundeskreis oder in der Ju-
gendgruppe auf jeweils andere Weise gelebt - und auch gelernt wird, aber nicht "wie in der Schule". Und was die
Einheit der kindlichen Lebenswelten betrifft, von denen die
Rede war, so kann die Schule die notwendige und zu lernende
Erfahrung von der Existenz verschiedener Lebenswelten nicht
durch eine "Einheit des Schullebens" ersetzen. Landerziehungsheime und Internatsschulen, die eine solche Einheit
propagieren und teilweise auch verwirklichen, können nicht
das Muster der öffentlichen Normalschule abgeben.

Eine Theorie der "erziehenden Schule" müßte - und dies sei unsere abschließende Überlegung - von der Vorstellung Abschied nehmen, daß die Schule ihre pädagogische Aufgabe nur dann erfüllen könne, wenn sie sich zum Mittelpunkt des keineswegs einheitlichen, sondern vielfältigen Erziehungsprozesses entwickelte. Wie die Erfahrung zeigt, ist Schule nur eine von mehreren "Sozialisationsinstanzen", wie das unschöne Fachwort lautet. Der "Verschulungsprozeß", den die modernen Bildungssysteme, zuerst in Europa, dann nahezu überall auf der Welt, durchlaufen haben, braucht nicht zu einer "verschulten Gesellschaft" zu führen, wenn die Vielfalt der in einer Gesellschaft wirksamen Erziehungskräfte in ihren verschiedenen Ausprägungen und Formen weder durch einen politischen Willen "einheitlich ausgerichtet" noch durch organisatorische Vorkehrungen zusammengefaßt werden. Je weniger die Schule dem Trugbild einer "ganzheitlichen Erziehung" nachtrauert oder einem solchen nacheifert, umso besser wird sie mit ihren begrenzten Möglichkeiten das ihre zur Erziehung beitragen.

LITERATUR

Bodalev, A.A.: O problemach vospitanija i ich kompleksnoj razrabotke. In: Sovetskaja pedagogika, 42 (1978) 7, S. 12 - 20

Chartschew, A.G.: Erziehung als dialektischer Prozeß. In: Deutsche Zeitschrift für Philosophie, 25 (1977) 8, S. 919 - 925

Das neunte Schuljahr. Gutachten über eine Erweiterung der Schulpflicht. Jena: Fischer 1929

Fend, H.: Theorie der Schule. München: Urban und Schwarzenberg 1980

Keck, R.W. u.a. (Hrsg.): Schulleben konkret. Bad Heilbrunn: Klinkhardt 1979

Mitter, W.: Aspekte des Verhältnisses von Entschulungstheorie und marxistischer Pädagogik. In: Pädagogische Rundschau, 29 (1975) 12, S. 1005 - 1019

Oster, S.: Familie und junge Generation in Polen. In: Anweiler, O. (Hrsg.): Bildung und Erziehung in Osteuropa im 20. Jahrhundert. Berlin: Berlin-Verlag 1982 = Osteuropaforschung, Bd. 5, S. 187 - 209

Paulsen, F.: Das deutsche Bildungswesen in seiner geschichtlichen Entwicklung. Leipzig: Teubner 1909

Prokof'ev, M.A.: Sovetskaja sistema prosveŠčenija k 60 letiju Velikoj Oktjabr'skoj socialističeskoj revoljucii. In: Sovetskaja pedagogika 42 (1978), 1, S. 10 - 21

Senf, H.: Die sozialistische Schule - Zentrum der sozialistischen Erziehung der Jugend. In: Pädagogik, 26 (1971) 5, S. 431 - 443

Spranger, E.: Gesammelte Schriften, Bd. III. Heidelberg: Quelle u. Meyer 1970

Wilhelm, T.: Theorie der Schule. Stuttgart: Metzler 1967

Wompel, I.R.: Schule und gesellschaftliche Umwelt - Das Konzept der offenen Schule in Polen. In: Anweiler, O. (Hrsg.): Erziehungs- und Sozialisationsprobleme in der Sowjetunion, der DDR und Polen. Hannover: Schroedel 1978, S. 212 - 228

Mikołaj Kozakiewicz

"MONISTISCHE" SCHULE IN DER "PLURALISTISCHEN" GESELLSCHAFT?

Gemäß dem Vorschlag der Veranstalter möchte ich in diesem Beitrag die Schulerziehung unter dem Aspekt der sozialen und ethnischen Verschiedenheit behandeln. Der Titel meines Beitrags mag zu denken geben und ist vielleicht etwas irreführend. Doch er ist ganz bewußt gewählt.

"Monismus" und "Pluralismus" sind Begriffe, die vor allem in der Erkenntnistheorie, ferner in der Klassifikation von verschiedenen Ontologietheorien und in der Soziologie jedoch dort nur in beschränktem Umfang auftreten. Vereinfacht dargestellt, handelt es sich jedesmal darum, ob irgendeine Theorie einen bestimmten Faktor (Grundsatz), auf den sich alle anderen Faktoren zurückführen und unterordnen lassen, als Hauptursache oder Hauptquelle der Erkenntnis anerkennt (das ist der monistische Standpunkt). Das Gegenteil davon ist, daß man viele unabhängige und gegenseitig nicht aufeinander zurückzuführende Elemente, Faktoren oder Grundsätze (Erkenntnisquellen) nebeneinander bestehen läßt, von denen keinem eine übergeordnete oder führende Rolle zufällt.

Man darf bezweifeln, daß diese unmittelbar der Philosophie (der Ontologie- und Erkenntnistheorie) entlehnten Begriffe in der Schule und Gesellschaft sinnvoll angewendet werden können. Wenn Bertrand Russel (1926) und Popper (1963) recht haben, daß jede kohärente und anspruchsvolle Philosophie praktische, in ihrem Umfang weit über die philosophisch-wissenschaftliche Domäne hinausreichende Konsequenzen haben könne und solle, Konsequenzen, die alle Lebensbereiche und sogar einen neuen Lebensstil oder eine neue Form des gesellschaftlichen Zusammenlebens beeinflussen, dann ist diese Anwendung der Begriffe völlig berechtigt. Denn von einem bestimmten Gesichtspunkt aus ist jede

Pädagogik nichts anderes als ein Versuch, eine Philosophie in der (Schul-)Praxis anzuwenden. Die einzelnen Schulen (Erziehungssysteme) unterscheiden sich voneinander nicht dadurch, daß manche eine gewisse Philosophie, Ethik, Ideologie verfolgen und andere nicht, sondern dadurch, daß die einen es bewußt, öffentlich und konsequent, die anderen dagegen unbewußt, geheim und inkonsequent tun. Dasselbe betrifft übrigens in einem noch größeren Maße auch die Erziehung in der Familie. Sowohl der "Monismus" als auch der "Pluralismus" unterliegen einer Abstufung und Steigerung in der erzieherischen Praxis; die Extremform des Monismus ist der intolerante oder monopolistische Dogmatismus, bezogen auf den Pluralismus sind das Anarchie und absoluter Relativismus von Werten, Zielen und Normen, die jede Erziehung praktisch unmöglich machen und schließlich zu Forderungen führen, die Schule als solche zu beseitigen. In der Praxis am Ende des 20. Jahrhunderts gibt es keine Systeme der Schulerziehung, die sich tatsächlich auf diese extremen Formen der Erziehungsphilosophie stützen würden; dagegen haben wir es auf dem Erziehungsgebiet mit dem relativen und intentionalen "Monismus" sowie mit dem ebenso relativen und eher intentionalen "Pluralismus" zu tun. Trotzdem bleibt der Unterschied deutlich bestehen.

Den Versuchen, den monopolistisch-dogmatischen Monismus in der Erziehung anzuwenden, wirken umfangreiche Informationen durch nicht kontrollierbare Massenmedien, die uneinheitliche Sozialisierung des Kindes in der Familie und schließlich die Auswirkung nichtformeller (Alters-, konfessioneller, gesellschaftlicher usw.) Gruppen aktiv entgegen.

Gegen die Versuche, den absolut relativistischen Pluralismus in der Erziehung anzuwenden, wirkt die Tatsache, daß dadurch die Schule als Institution beseitigt würde (wogegen jede Institution sich wehrt), wie auch eine Reihe von praktischen Notwendigkeiten, z.B. die Selektion und Auswahl von Bildungsprogrammen, die in Hinsicht auf ihren Lehrbereich vergleichbar sein und der weiteren Bildung oder Berufsarbeit genügen müssen. In der Erziehung selbst besteht das praktische Bedürfnis nach bestimmten festen und vereinbarten Grundwerten, wodurch sogar in jenen Schulen (wie zum Beispiel den polnischen), in denen der theoretische Grundsatz der Relativität und Geschichtlichkeit der ethischen Normen gilt, Kinder und Jugendliche in Anlehnung an Normen moralisch erzogen werden, die so formuliert sind, als ob sie objektiv und absolut wären.

Die volle Verwirklichung des absolutistischen Pluralismus im Bildungs- und Erziehungssystem ist praktisch deswegen unmöglich, weil jede öffentliche Schule notgedrungen eine Massenschule ist, was zur organisatorischen und inhaltlichen Standardisierung führen muß; über die Richtung und Ziele dieser Standardisierung entscheidet letzten Endes der "Eigentümer der Schule", d.h. jene gesellschaftlichen Kräfte, die im gegebenen Staat über die Macht verfügen.

Gerade diese Kräfte und, geben wir es zu, auch die meisten Erzieher halten die Vielfalt von miteinander rivalisierenden Ideen, Anschauungen und Werten in der Erziehung für einen "Zustand, wo nichts mehr wirklich sicher, alles möglich ist und zugleich auch alles behauptet wird, wo es keine Basis und keine Richtlinien mehr gibt, nichts, nichts, was sicher wäre - mit einem Wort, das Chaos, der Zusammenbruch", wie das Hugo Dingler schon vor 60 Jahren bezeichnete (Dingler 1926, S. 10).

Die Standardisierung der Schule sowie ihrer Bildungs- und/oder Erziehungsprogramme fand in den letzten Jahrhunderten in den meisten europäischen Ländern ihren Ausdruck in folgenden Maßnahmen, die ich hier zusammengestellt habe:

I. Standardisierung der Bildung

- Einheitliches Schulsystem (Struktur, Typen, Dauer, Aufnahmebedingungen, Berechtigung der Absolventen u. dgl. m.);
- Einheitliche Unterrichtsprogramme (Inhaltsbereich, Thematik, Niveau, Bildungszwecke, vorgeschriebene Lehrgegenstände usw.);

- Einheitliche Anforderungen an die Schüler einer Schule bestimmten Typs (für alle obligates Wissens- und Fähigkeitsminimum).

Es ist paradox, daß eben die Sorge um die Demokratisierung des Bildungswesens eine der Hauptursachen dieser Standardisierung der Schule war; die Sorge darum, daß alle Menschen, unabhängig von ihrem Wohnsitz (Stadt oder Land) und gesellschaftlicher Abstammung, gleichermaßen von einem ähnlich zugänglichen und hinsichtlich der Wissensquantität und -qualität gleichwertigen Schulsystem Gebrauch machen können und Chancengleichheit bei der kulturellen Entwicklung haben.

In Polen führten seit 1919 alle fortschrittlichen Lehrerkreise den Kampf um eine einheitliche Schule im Namen der Demokratie und Gerechtigkeit. In jenem Jahr fand der sogenannte Lehrer-Sejm statt, wo S. Sempołowska, Z. Nowicki und S. Kalinowski eine besondere Rolle spielten. Doch wurde diese Idee erst nach dem zweiten Weltkrieg, schon in Anlehnung an den sozialistischen Grundsatz der "sozialen Gleichheit", in vollem Umfang verwirklicht. Analoge Begründungen für die Vereinheitlichung und Standardisierung des Schulwesens kamen aber 1918 auch in den Vereinigten Staaten von Amerika auf, worüber Spring 1972 schreibt: "Unification was that part of the ideal of democracy that brought people together and gave them common ideas, common ideals, and common modes of thouhgt, feeling, and action that made cooperation, social cohesion, and social solidarity" (Spring 1972, S. 186).

Es ist ein anderes Problem, daß eine solche Chancengleichheit trotz der Standardisierung und Vereinheitlichung nicht erreicht worden ist; deshalb soll auch an dieser Stelle von ihrer Erörterung abgesehen werden. Es ist dennoch eine Tatsache, daß jene dreifache Einheitlichkeit der europäischen Schulsysteme Dissonanzen und Zwiespalte hervorgerufen hat, die man bei entsprechender Auslegung der Begriffe "Monismus" und "Pluralismus" als einen Konflikt zwischen dem "strukturell-organisatorischen und inhaltlichen Monismus der Schule" und dem "Pluralismus" der Möglichkeiten, Aspirationen, Talente und gesellschaftlichen Bedürfnisse (insbesondere der Jugend) bezeichnen kann.

So steht die "Einheitlichkeit des Schulsystems" zuweilen im Widerspruch zu den Lebens- und Arbeitsbedingungen, die auf dem Lande anders sind als in der Stadt oder in großstädtischen "Ghettos" und "Slums"; das einheitliche System ist darüber hinaus wenig elastisch und paßt sich nur schwierig an die veränderlichen Bedingungen des Arbeitsmarktes an.

Die "programmatische Einheitlichkeit" verschiedener Schultypen steht im Widerspruch zur Vielfalt der Interessen und Erkenntnispassionen sowie zu den einzigartigen Kompositionen, wie sie die geistigen Strukturen der Schüler darstellen, wenn diese gezwungen werden, sich viele für sie uninteressante Dinge anzueignen, ohne andererseits die Möglichkeit zu haben, das kennenzulernen, was sie tatsächlich begeistert und interessiert.

Die "Einheitlichkeit der Anforderungen" stellt alle Schüler vor die gleichen Schwierigkeitsbarrieren, ohne Rücksicht auf unterschiedliche Begabungen und Talente sowie auf Kulturunterschiede zwischen den gesellschaftlichen Schichten, aus denen die Schüler stammen. Die gesellschaftliche Bedingtheit des Drop-outs, das Problem des Stresses und der Angst in der Schule, sowie das Versagen hochbegabter (vielleicht zuweilen geradezu genialer) Individuen von ungewöhnlich entwickeltem, geistigem Profil - sind nur einige gesellschaftliche Verluste, die durch die Beachtung dieses Grundsatzes hervorgerufen werden können. (vgl. Annex I)

II. Die Standardisierung der Schulerziehung

Die Standardisierung der Schulerziehung ist nur (oder hauptsächlich) eine Ableitung aus der Standardisierung des Bildungsinhalts (Quantität und Art des von der Schule vermittelten Wissens) oder auch die bewußt und offen bekannte

Notwendigkeit, die Erziehung auf Grundsätze einer bestimmten Ideologie und Philosophie zu stützen. Im ersten Fall sind die Erziehungsideologie und -philosophie in den Kriterien der gewählten Bildungsinhalte und ihrer Interpretation (besonders in der Aussonderung mancher Inhalte und Informationen) enthalten; im zweiten Fall werden sie explizit in den Erziehungszielen und -methoden wie auch in den erwarteten Ergebnissen formuliert. Gegen diese Standardisierung der institutionalisierten Erziehung protestierten 1968 - 1975 die Jugendlichen in den Vereinigten Staaten von Amerika und in Westeuropa; deutlich wurde diese Kritik auch in der polnischen Pädagogik und kulturellen Publizistik der Jahre 1980 - 1981 (z.B. Janowski 1981, Janion 1981, Kwieciński 1980, Kozakiewicz 1982) sowie in den Denkschriften und Studien der Gewerkschaften und verschiedener, in diesen Jahren entstandener Expertenteams usw.

Roger Garaudy faßt die Ergebnisse verschiedener Forschungen und Analysen zu den Vorwürfen zusammen, die die Jugend Europas und der Vereinigten Staaten von Amerika zu Beginn der siebziger Jahre erhob, und zählt die folgenden Hauptsünden dieser Erziehung auf (Garaudy 1974, S. 23 - 29):

a) das der Jugend oktroyierte Wissen verschleiere die Realität, statt sie aufzudecken, und alle sogenannten "Geisteswissenschaften" hätten das gleiche Objekt wie die Naturwissenschaften: die Manipulation der Phänomene, die in diesem Fall eben Menschen seien. Gefordert werde Selbstbestimmung statt Manipulation.

b) in Folge dieser Manipulation werde die Persönlichkeit zerstört statt entwickelt, denn Ziel des institutionalisierten Erziehungs- und Bildungswesens sei es, das Kind zu integrieren, um es auf eine Funktion in der Produktion oder im Staat vorzubereiten;

"Eine der Hauptforderungen der Jugend", schrieb Garaudy weiter verallgemeinernd, "richtet sich gegen eine Pädagogik, die die jungen Menschen in die Logik des Systems zu

integrieren sucht, und sie verlangen eine Untersuchung, die
mit ihnen und selbst von ihnen, nicht aber für sie durchgeführt wird" (S. 25);

c) der Zweck dieser Kritik hat ausdrücklich pluralistischen Charakter, denn nach Garaudys Ansicht geht es der Jugend darum, daß die Schulbildung und -erziehung jene Wahrheit nicht verhehlt, daß "unser heutiges System nicht das einzig mögliche, daß unsere Welt nicht eine geschlossene, notwendige ist, die keine Auswege kennt, sondern daß in unserer Situation alle diese Erscheinungsformen begrenzt sind und außerdem verändert werden können" (S. 25);

d) die Infragestellung der Schule leitet sich hier aus der Infragestellung der Wissensinhalte: Wenn dieses Wissen notwendig ist für die Aufrechterhaltung des "Status quo", welche gesellschaftliche Funktion erfüllt dann die Institution, die dieses Wissen vermittelt? Das Ziel ist immer das gleiche: die Integration der Jugend in die Gesellschaft, in ein System, dessen Sinn, dessen Wertmaßstäbe und Zielsetzungen die Jugend anficht (vgl. Annex II).

So utopisch diese Forderungen auch klingen mögen, daß der Staat aufhörte, um seinen "Status quo" zu sorgen, und auf eigene Kosten wie auch mit eigener Mühe die Erziehungsinstitutionen gründete und unterhielte, deren Hauptziel es wäre, die Grundsätze, Institutionen und Interessen jener Gruppen zu untergraben, die im gegebenen Staat die Macht ausüben, ohne die der Entwicklung des Staates dienenden Menschenreserven zu vermehren, so muß man zugeben, daß die vollendete Standardisierung der Erziehung häufig im Widerspruch zum Pluralismus der Anschauungen, Meinungen, Werte und Ziele steht, die in der Gesellschaft, in der die Schule wirkt, funktionieren. Besonders in (ökonomischen, aber auch gesellschaftlich-moralischen) Krisen werden die grundlegenden Merkmale und Werte des Staates heftig erschüttert, und die Befugnisse des Staates, um seinen Fortbestand und die Aufrechterhaltung des "Status quo" auch durch das öffentliche Erziehungssystem zu sorgen, grundsätzlich in Zweifel gezogen.

Ein besonders heikles Gebiet bildet die Standardisierung der Erziehung im Bereich der bewußten Einbeziehung oder ebenso bewußten Ausklammerung religiöser Inhalte, Werte und Ideen. In manchen Ländern, wie zum Beispiel Jugoslawien, Belgien oder Großbritannien, wo es viele oder einige Konfessionen gibt, die manchmal zusätzlich mit Nationalitätengruppen von gegensätzlichen Interessen verbunden sind, erhebt die Standardisierung in dieser Hinsicht solche Fragen, wie: "welche Religion?" oder "wessen Religion?" und "warum" sollte sie der moralisch-philosophischen Basis der institutionalen Erziehung oder den Unterrichtsprogrammen "an-" beziehungsweise daraus "ausgeschlossen" werden? In anderen Ländern, wie zum Beispiel Polen, wo die überwiegende Mehrheit der Gesellschaft mit der römisch-katholischen Konfession verbunden ist (vgl. Annex III), erhebt sich ein Widerstand dagegen, die Religionsinhalte aus der institutionalisierten Erziehung auszuschließen und das ganze Unterrichtsprogramm auf die materialistische Doktrin zu stützen, die der Religion objektiv widerspricht.

Die politischen oder ideologischen Kriterien dafür, daß bestimmte Inhalte in den Lehrprogrammen von Geschichte, politischer Geographie, bürgerlicher Erziehung oder Literatur unberücksichtigt bleiben, bergen nicht weniger Konflikte in sich. Wenn zum Beispiel ein Schüler des Vorkriegs-Gymnasiums/Lyzeums in Polen (1933) bei der Behandlung des Altertums kein Wort über Aufstände römischer Sklaven erfuhr und ihm sogar der Name Spartakus unbekannt war, wenn es in denselben Programmen sehr wenig Information über den allmählichen Verlust der westlichen Gebiete Polens durch die deutsche Politik des "Drangs nach Osten" gab, dagegen sehr ausführlich die Eroberungen polnischer Könige im Osten, die Kriege gegen Ruthenien usw. behandelt wurden, so war das kein Zufall, sondern eine Widerspiegelung der damaligen Orientierung des polnischen Staates, der dort seine geschichtliche Bestimmung sah. Wenn im polnischen Vorkriegs-Gymnasium die Geschichte des 19. Jahrhunderts und die Gegenwart besprochen wurden, so war da weder etwas über Marx oder Engels noch über die Entstehung der internationalen Arbeiterbewegung enthalten. Infolgedessen betrachtete der Schüler die Lektion "Bolschewistischer Umsturz in Rußland" nur als Schilderung eines einmaligen, unbegreiflichen und katastrophischen Ereignisses, ohne zu verstehen, daß es ein Glied in der langen historischen Kette der Geschehnisse war. Da wirkte im Grunde genommen derselbe Mechanismus, der nach dem Kriege in der Schule dazu führte, daß entgegengesetzte Einseitigkeiten auftraten und andere, "lästige" oder für bestimmte Zwecke "ungeeignete" erzieherische Inhalte übergangen wurden.

Man darf mit voller Verantwortung sagen, daß die Geschichte auf Grund verschiedener philosophischer, ideologischer oder politischer Voraussetzungen in allen Ländern präpariert wird, obschon nur wenige von ihnen dies offen zugeben.

Jedoch vollzieht sich die so verstandene Standardisierung der erzieherischen Unterrichtsinhalte durch die Aussonderung der mit der ideologischen oder philosophischen Voraussetzung der Staatsschule nicht übereinstimmenden Inhalte nicht nur unter dem Blickwinkel großer philosophischer oder ideologischer Probleme (die immer strittig sind), sondern auch unter dem Blickwinkel ganz aktueller und für den gegebenen historischen Augenblick kennzeichnender Bedürfnisse jener Gruppen, die an der Macht sind. So lesen wir zum Beispiel in dem zitierten polnischen Geschichtsprogramm für das Gymnasium (1933) folgendes: "Um die Rolle des Individuums beim Aufbau und der Entwicklung des polnischen Staatswesens zu betonen, sind in den einzelnen Programmpunkten Gestalten von starker Individualität hervorzuheben, die durch bewußte Tätigkeit eine hervorragende Rolle gespielt haben" (2. Klasse); "aus erzieherischen Gründen muß die deutliche Rolle starker Individuen bei der Aufrechterhaltung und Wiedergewinnung der Unabhängigkeit sowie beim Aufbau der polnischen Streitkräfte betont werden" (3. Klasse). Die eigentliche Bedeutung dieser erzieherischen Anweisungen im Geschichtsunterricht kann

erst dann voll erfaßt werden, wenn man sich bewußt wird,
daß 1933, als dieses Programm ausgearbeitet wurde, das
"Führersystem" von Józef Piłsudski in Polen herrschte und
die parlamentarischen Körperschaften gelähmt und der Möglichkeit beraubt waren, über die fundamentalen Angelegenheiten des Staates zu entscheiden.

Eben diese Einseitigkeit, Selektivität und der tendenziöse Charakter der Schulerziehung bewog I. Illich (1971),
den Sinn der weiteren Erhaltung der Schule als Institution,
die sich seiner Meinung nach nicht zu wandeln vermochte, zu
bezweifeln. Daher rührt auch sein bekanntes Postulat über
"deschooling society".

Die Standardisierung der Schulerziehung, die immer einen
gewissen "Monismus" anstrebt, führt einerseits zum Konflikt
mit dem Pluralismus der bestehenden Theorien über ein bestimmtes Thema, andererseits zum Konflikt mit der Vielfalt
individueller Anschauungen, Überzeugungen und Werte, die
die einzelnen Menschen vertreten. Es scheint allerdings
nicht, daß die Schule von ihrer Natur her diese Antinomie
zu irgendeiner Zeit ganz überwinden kann; sie ist jedoch
imstande, diese zu mildern und auf ein Minimum zu reduzieren. Die Möglichkeiten der Schule in diesem Bereich hängen
von den Reformen der Funktionsweise des Staates selbst ab.
Von den mir bekannten deutschen Autoren äußerten Griese
(1972), Senf (1971), Mollenhauer (1972), Kremendahl (1977)
ähnliche Ansichten, in denen der Grundsatz zur Selbstverwaltung der Gesellschaft sowie der wirklichen Mitbestimmung
bei Erlangung eines Konsenses der Vertreter verschiedener,
auch gegensätzlicher, Anschauungen und Interessengruppen im
Namen des Gemeinwohls eine Grundvoraussetzung für die
Schwächung (wenn nicht sogar für die Beseitigung) des Monismus im Schulsystem der Bildung und Erziehung ist. Als
Hauptmaßnahmen um die Folgen der monistischen Standardisierung des Schulwesens zu mildern, schlugen sie vor: den Diskurs als grundlegende Methode des Erziehungshandelns
(Mollenhauer 1972) einzuführen, weitere Spielräume, die dem
Machteinfluß entzogen werden, zur Verfügung zu stellen und

in der Schulbildung größere Freiräume bezüglich Zeit und Lehrplan für den freien Austausch von Gedanken, Anschauungen usw. zu schaffen (z.B. Griese 1972).

Unabhängig von diesen Erwägungen ist es interessant darauf hinzuweisen, daß in den letzten Jahren in Polen im Rahmen einer großen Debatte über die Reform der Republik, genauer im Rahmen der Diskussion über die Vervollkommnung des Bildungs- und Erziehungssystems in den staatlichen Schulen ähnliche Maßnahmen vorgeschlagen wurden, um die negativen Folgen des programmatisch-strukturellen Monismus des Schulwesens auf ein Minimum zu bringen[1]. Diese Maßnahmen sind, zusammengefaßt, folgende:

- im Bereich der Bildungsprogramme: bewußt einen zeitlichen, nicht vorprogrammierten Freiraum (zumindest 20 %) zu reservieren, in dem sich die Jugendlichen und der Lehrer mit Themen und Problemen beschäftigen können, die sie wirklich interessieren;
- im ideell-weltanschaulichen, beziehungsweise ideologisch-politischen Bereich den von der Schule bevorzugten Gesichtspunkt immer vor dem Hintergrund anderer, alternativer philosophischer, ethischer, ökonomischer u.a. Theorien darzustellen, wobei den Schülern die freie Wahl des eigenen Standpunktes überlassen und ihnen das Recht gewährt werden muß, auch dann eigene Meinungen in der Schule äußern zu können, wenn sie den Erwartungen des "Eigentümers der Schule" widersprechen;
- im Bereich der Bildungsreformen sowie der Verwaltung: gesellschaftliche Körperschaften zur Begutachtung und Kontrolle der Handlungen und Vorhaben der Schulleitung, z.B. in Gestalt eines beim Minister wirkenden, doch von ihm unabhängigen sogenannten "Gesellschaftlichen Erziehungsrats" wie auch "Gesellschaftlicher Räte" auf entsprechend niedrigerer Stufe (zum Beispiel der Wojewodschaften) zu schaffen und zu aktivieren;
- diejenigen Diskussionsformen im Rahmen von Erziehungslektionen verstärkt zu intensivieren, die den Schüler nicht eine bestimmte Anschauung lehren, sondern ihm ermöglichen,

durch die kritische Analyse verschiedener Meinungen über Fragen, zu denen es keine "einzige" Antwort gibt, eine eigene Anschauung herauszubilden;

- es als eines der Hauptziele zu betrachten, daß das kritische Denken der Schüler entwickelt und der Grundsatz gefestigt wird, Andersdenkende mit mehr Aufmerksamkeit als ähnlich denkende Menschen, und anders lebende Minderheitsgruppen (Hippies, Andersgläubige, Religionssekten, Zigeuner usw.) mit mehr Toleranz zu behandeln; damit kann die Schule einen wichtigen Beitrag zur Vorbereitung der Menschen auf ein Leben in der pluralistischen Gesellschaft leisten;

- die Möglichkeit zu schaffen und Bestrebungen zu fördern, neben dem System einheitlicher Schulen auch eine große Zahl von experimentellen ("Autoren"-)Schulen zu gründen, die von unkonventionellen pädagogischen und methodischen Voraussetzungen ausgehen könnten, sowie verschiedene kulturelle Verbände, Klubs und Organisationen zu bilden, die die im Programm der öffentlichen Schule nicht berücksichtigten Bedürfnisse - es handelt sich hier um philosophische, religiöse, aber auch kulturelle, wissenschaftliche u.a. Bedürfnisse - befriedigen könnten, da den erwähnten Institutionen andere philosophisch-moralische oder weltanschauliche Vorstellungen zugrunde liegen als der öffentlichen Schule. Die Finanzierung dieser Institutionen muß vom Staatshaushalt unabhängig sein, bzw. es darf nur ein Teil der Tätigkeiten dieser ihrem Wesen nach eher privaten Stellen gezielt staatlich unterstützt werden (zum Beispiel die Bekämpfung der Drogensucht und des Alkoholismus);

- alle wichtigen geplanten Änderungen im Schulwesen (Programme, Struktur, Ziele und Methoden der Erziehung) tatsächlich mit Vertretern verschiedener Orientierungen und Anschauungen zu beraten, sowie die von den Schulbehörden unabhängigen Erziehungstheoretiker zur Teilnahme an allen tiefgreifenden Änderungen und Reformen besonders zu verpflichten; auch hiermit kann ein bedeutender Beitrag geleistet werden, um die negativen Folgen der Diskrepanz zwischen dem vereinheitlichten "Monismus" der Schule und der differenzierten, pluralistischen Gesellschaft, in der die Schule wirkt und der sie zu dienen hat, möglichst gering zu halten.

Es ist mir klar, daß die in diesem Vortrag enthaltenen Vorschläge den fanatischen Anhängern des Pluralismus unzulänglich, dagegen den verbissenen Vertretern des Monismus abenteuerlich radikal erscheinen werden. Doch das ist das Geschick aller realistisch gemäßigten Vorschläge, die versuchen, von der "goldenen Mitte" auszugehen. Nicht nur im Bereich der Erziehung, sondern auch auf allen anderen Gebieten des gesellschaftlichen Lebens bewahrheiten sich extreme Standpunkte gut, solange es darum geht, das Wesen der Unterschiede theoretisch zu bestimmen und die Diskrepanz hervorzuheben; sie versagen jedoch, wenn sie die Grundlage für ein positives, praktisches Programm bilden sollen. Denn jede Tätigkeit richtet sich nach den Kriterien der Realität und Wirksamkeit, wobei aber immer wieder gewählt werden muß, nicht zwischen Wohl und Übel oder Gewinn und Verlust, sondern zwischen größerem oder kleinerem Übel bzw. größerem oder kleinerem Verlust, und schließlich zwischen den Gütern, die geopfert werden müssen, um die anderen zu bewahren. Das praktische Handeln erfordert Zusammenarbeit, die einen "Consensus" verlangt, was in der pluralistischen Gesellschaft die Fähigkeit bedeutet, Kompromisse zu schliessen und sich halbwegs entgegenzukommen. Sollte die Schule das erreichen, hätte sie einen großen Fortschritt bei der Erziehung und Vorbereitung der jungen Generationen auf das Leben in unserer komplizierten und sich noch weiter komplizierenden Welt gemacht.

Der Ethnozentrismus als besondere Form des Monismus in der Bildung und Erziehung

Zum Schluß dieser, notgedrungen skizzenhaften Bearbeitung möchte ich eine besondere Form des Monismus der heutigen Schule berühren, die auf ihrem Ethnozentrismus beruht.

Der Terminus ist vielleicht nicht der beste, wir wollen ihn
jedoch provisorisch benutzen und uns zugleich klar machen,
daß wir damit eine in allen europäischen Schulen auftretende Gewohnheit meinen, die Aufmerksamkeit vor allem auf die
Geschichte, die Probleme und Werte des eigenen Volkes (der
eigenen Nationalität) - und nur oder vor allem auf die europäische Kultur und Geschichte im Rahmen der ausschließlich als Hintergrund für die nationale Geschichte und Kultur behandelten weiteren historischen und kulturellen Wirklichkeit - zu konzentrieren.

Wenn die oben besprochenen Formen des "Monismus" der modernen Schule infolge ihrer vielfältigen Standardisierung
im Widerspruch zum Pluralismus der Gesellschaft im gegebenen Staat gestanden haben, so steht der ethnozentrische Monismus im Widerspruch zum Pluralismus der Welt, in der wir
leben. Das Schulwesen aller Länder, sogar der kleinsten,
betrachtet das eigene Volk und den eigenen Staat als das
wichtigste auf Erden, unabhängig vom tatsächlichen Gewicht
des Landes und ehemaliger wie auch heutiger Bedeutung seiner politischen, wirtschaftlichen, kulturellen oder wissenschaftlichen Rolle im Weltmaßstab. Vermutlich ist das unvermeidlich, da es ein Hauptziel jeglicher Sozialisierung,
also um so mehr der erzieherischen, ist, den jungen Menschen auf ein Leben nicht in irgendeiner, sondern eben in
dieser Gesellschaft vorzubereiten und ihn die Errungenschaften nicht eines beliebigen, sondern eben dieses Volkes
zu vererben und weiter bereichern zu lassen.

Man darf jedoch nicht die Augen vor der Tatsache verschließen, daß der extreme "Monismus" in dieser Domäne ein
deformiertes Bild der Wirklichkeit entstehen läßt, den
Nährboden für verschiedene Abweichungen und größenwahnsinnige Mythen schafft wie auch die Geringschätzung und Verachtung gegen andere Völker und Kulturen erzeugt, die man
entweder überhaupt nicht kennt oder nur einseitig und verfälscht kennenlernt, da die knappen Informationen über diese Länder gewöhnlicherweise dazu dienen, die eigene zivilisatorische, kulturelle und ökonomische Überlegenheit zu

betonen. "The dangers of exaggerated nationalism need not
be elaborated. Briefly speaking, they reside in the fact
that at a time of untold possibilities of mutual
acquaintance and collaboration there may also develop
untold possibilities of mutual separation, alienation, and
final destruction", schrieb R. Ulich 1961 und die Richtigkeit dieser Warnung hat seit jener Zeit eher an Aktualität
gewonnen als verloren.

Gibt es einen Weg, diesem so verstandenen ethnozentrischen Monismus in der Schulerziehung vorzubeugen? Es
scheint, daß das zumindest in gewissem Maße bejaht werden
kann. Eine dem Zweck entsprechende Methode ist sogar schon
praktisch erprobt worden (zwischen Polen und der Bundesrepublik Deutschland) und bestand darin, daß die gegenseitigen Lehrprogramme über das andere Land und Volk konsultiert
und bewertet wurden. Das ist besonders wichtig im Falle von
Ländern, die oftmals in der Geschichte in dramatische Konfliktsituationen geraten waren oder noch verstrickt sind,
welche den Boden für verschiedene Ressentiments, Abneigung
und Feindseligkeit geschaffen haben.

Eine etwas andere Dimension hat der deutliche, gleichfalls in allen anderen europäischen Schulsystemen auftretende Eurozentrismus der Bildungs- und Erziehungsprogramme.
Die Welt wird immer mehr zu einer Einheit, die entweder als
Ganzes überlebt oder als Ganzes zugrunde geht. Einen immer
größeren Einfluß üben die Länder Afrikas, Asiens und Lateinamerikas auf die Weltpolitik und Weltwirtschaft wie
auch auf das Gleichgewicht in der Welt (oder häufiger auf
Destabilisierung) aus. Experten sagen voraus, daß dieser
Einfluß mit der Zeit größer und keineswegs geringer wird.
Was die Rasse, Nationalität, Kultur und Religion betrifft,
ist die Welt pluralistisch. Der Eurozentrismus der Bildung
und Erziehung dagegen bewirkt, daß die Menschen überhaupt
nicht vorbereitet sind, die Folgen einer Verlagerung der
Schwerpunkte der Weltpolitik und Weltwirtschaft zu verstehen, obwohl sich von Jahr zu Jahr die Anzeichen mehren, daß
die Ereignisse in Asien oder dem Nahen Osten, auf den

fernen Falklandinseln oder in Simbabwe, Kambodscha und
Angola, das politische Klima der ganzen Welt ernsthaft beeinflussen und oft den Weltfrieden in Gefahr bringen. Dieser Eurozentrismus der Bildung und Erziehung erschwert
nicht nur das richtige Verständnis der Welt, sondern auch
die positive Lösung früher unbekannter Probleme in den einzelnen Ländern, wie z.B. die Adaptation mehrerer Millionen
"Gastarbeiter" aus anderen Kulturen in Europa. Türken und
Filipinos, Inder und Marokkaner, Algerier und Molukken befanden sich plötzlich in ganz unterschiedlichen Verhältnissen und wurden zumeist "Fremdkörper" in den gesellschaftlichen Organismen der entwickelten Staaten, die zwar ihre Arbeitskraft brauchen, sie jedoch als Menschen nicht verstehen und nicht annehmen. Das führt dazu, daß Millionen Menschen sich in Ghettos abkapseln, die von einer Mauer des
Unverständnisses, der Abneigung, Verachtung und zuweilen
auch Feindseligkeit umgeben sind.

Das verschaffte diesen Gesellschaften den Charakter des
rassischen und kulturellen "Pluralismus" in bisher unbekannten Dimensionen, was vielleicht ein Vorgeschmack für
die Probleme darstellt, die diese Völker in 20 oder 50 Jahren zu bewältigen haben werden. Doch auch in Ländern, die
dieses große Problem praktisch nicht kennen und die wie Polen in nationaler Hinsicht homogen sind, bestehen hartnäckige rassische und nationale Stereotypen und Vorurteile,
die vollständig den Lebensnotwendigkeiten in einer Welt
widersprechen, die immer abhängiger wird von gegenseitiger
Verständigung, Zusammenarbeit und - ungeachtet der bestehenden Unterschiede und ihnen zum Trotz - vielfältigen Interaktionen der Staaten, Völker und Menschen. Es ist zu befürchten, daß außer wenigen experimentellen Schulen (zum
Beispiel den UNESCO-Schulen und Internationalen Universitäten) sowie außer dem begrenzt effektiven Brauch, Studenten
anderer Kontinente Stipendien in Europa zu gewähren, nichts
oder fast nichts getan wird, um diesen ethno- und eurozentrischen Monismus der modernen Schule abzuschwächen und
auszugleichen (vgl. Annex IV).

Sollte jemand die hier ausgedrückten Sorgen und Befürchtungen für übertrieben halten, so möchte ich ihn an die alte Maxime von Immanuel Kant erinnern: "Ein Prinzip der Erziehungskunst ist: Kinder sollen nicht dem gegenwärtigen, sondern dem zukünftig möglichen besseren Zustand erzogen werden". Das bleibt weiterhin eine Wahrheit, auch wenn wir heute keine Gewißheit haben, ob diese Zukunft wirklich besser wird.

ANMERKUNGEN

1) Im Rahmen dieser Debatte wurden extreme und gemäßigte Forderungen erhoben. Nachstehend sind nur die gemäßigten Postulate angeführt.

Annex I

Die soziale Verschiedenheit und Standardisierung der Schulen

Hier nur ein Paar der Beispiele aus eigener (oder meiner Gruppe) Forschung:

"Though the principle of uniformity of the school system exists, the result, as a rule, is a lower level of education in rural schools. In a large sample of 7 000 pupils in Poland, Z. Kwieciński found that in tests of Polish language 30.7 per cent of the pupils achieved 'low and very low' results in urban areas and 56.3 per cent in the countryside. It was the opposite in the group obtaining 'good, very good and excellent' results, of which there were 15 per cent in towns and only 4.9 per cent in villages. Similar results were achieved in biological, mathematical and other tests. A markedly lower level of school knowledge on the part of rural school pupils was also found by Soviet sociologists. Thus, Filippov quotes the 1973 surveys in the Orel region, where 85 per cent of urban pupils and 72 per cent of rural pupils successfully passed tests on the Russian language. In the field of mathematics corresponding results were 76 and 52 per cent. In 1975, in the Mari Autonomous Republic, biology tests were successfully passed by 83 per cent of fifth-grade pupils in towns and by 50 per cent in the countryside. In the tenth grades, however, corresponding percentages were 47 per cent in urban schools and only 15 per cent in rural schools."

"Statistical and empirical data from socialist countries seem to prove that complete equality for rural and for urban youth, as well as for youth coming from various social milieux has been achieved only up through compulsory eight-year education. Thus, for example, in the USSR, through the first eight years of education a very high level of integration has been achieved, and the social composition of the pupils corresponds to that of the whole of society. As for grades 9 and 10, children of white-collar workers and specialists are markedly over-represented, and children of working-class parents under-represented. The greatest differentiation occurs, of course, at the level of universities and other higher schools. Thus, for example, in the German Democratic Republic, in 1967, children of peasants (members of agricultural production co-operatives) were represented among students at the level of 7.4 per cent, while the agricultural population amounted in the same year to 15.1 per cent.
A still greater gap occurs in Poland where there were three times fewer students of peasant origin in the first year of studies in 1978 than their percentage of the working population. Hungarian research shows that 83 per cent of the children of the managerial intelligentsia go beyond

primary school, as against 79 per cent of children of
office workers, only 37 per cent of children of skilled
workers, and scarcely 18 per cent of children of farm
workers. Furthermore, in Hungary, four times more children
of white-collar workers than of manual workers go to
secondary schools (gymnasia) leading to higher education.
As in other countries, in Hungary, in higher education the
majority of students come from the managerial intelligentsia and white-collar families. Whereas among first-year
students, children of farm hands amounted to 10.3 per cent
in 1971, agricultural and forestry workers formed nearly 30
per cent of the work force. One can even say that, whereas
every third child of managerial intelligentsia families
goes on to higher education, only every thirty-third child
of agricultural workers does so."

Quelle: M. Kozakiewicz "Equality in education in Eastern
European countries", PROSPECTS, UNESCO, vol. X.
No. 2 (1980, S. 179)

Annex II

Die Einstellung der Schüler zur Schule

In einer auf empirischen Daten gegründeten Studie haben Joanna Kośmider und Dorota Mielcarek (1979) diejenigen Ergebnisse zusammengestellt, die sich aus verschiedenen Untersuchungen ergaben, die in den siebziger Jahren in Polen durchgeführt worden sind. Hier sollen nur die Zahlen zitiert werden, die sich auf die negative und kritische Einstellung der Schüler zur Schule beziehen. Die Verbreitung einer solchen Einstellung war wie folgt:
unter Oberschülern in der Stadt - 71,9 %,
auf dem Dorf - 40,0 %,
unter Ober- und Fachschülern - 63,6 %,
unter Schülern der VI und VII Klasse der Pflichtschulen - 41,4 %.

Die eigene Forschung der beiden Autorinnen (im Auftrag des Ministeriums) ergab ein weitaus optimistischeres Bild, obwohl auch hier nur 64 % der Schüler die Lehrer in einem positiven Sinne als Erzieher bezeichneten. 65 % von ihnen akzeptierten die Lernprogramme und 72 % haben das Niveau der Schule positiv bewertet. Auch diese "apologetisch" orientierte und kommentierte Untersuchung zeigte, daß ein Viertel bis ein Drittel der Schüler die Art der Ausbildung, wie die Schule sie ihnen bietet, ablehnt. (Kośmider/Mielcarek 1979)

Annex III

Weltanschaulicher Pluralismus der Gesellschaft
(Im Lichte empirischer Forschungen)

POLEN - 1961 - (S. Nowak, A. Pawełczyńska) eine Stichprobe unter Warschauer Studenten: 66,2 % Gottgläubige und Praktizierende, 33,8 % Atheisten, Agnostiker u. Indifferente
1964 - (J. Trybusiewicz) unter Oberschülern: 63 % Gottgläubige und Praktizierende, 37 % Ungläubige und "solche, die sich in einer Glaubenskrise befinden"
1971 - (Priest. Prof. Wł. Piwowarski) unter der Gesamtbevölkerung von 7000 in 4 Dörfern: Ungläubige und Indifferente - 4,7 %
unter Jugendlichen derselben Dörfer: Ungläubige und Indifferenten - 10,6 %
1974 - (M. Kozakiewicz) Stichprobe von 2 072 Lehrer: Atheisten, Ungläubige und Nichtpraktizierende - 12,9 %
Indifferente - 8,7 %, Ungläubige, aber praktizierende - 6,6 %
1974 - (E. Ciupak) Atheisten, Laizisten und Nonkonformisten: Unter Lehrern - 28,1 %, unter Angestellten und Beamten - 16,6 %, unter Schülern - 8,6 % (Stichprobe von 1 150 Personen)
1975 - (A. Piekarski), eine repräsentative Stichprobe der Arbeiter eines Warschauer Betriebes: Atheisten und Nichtpraktizierende, Ungläubige aber praktizierende - 12,6 %
1979 - (Z. Kawecki) Stichprobe von 7 000 Abiturienten aus Oberschulen - "Tiefgläubige" und "Gläubige und Praktizierende" - 56,5 %

BELGIEN-1977 - (A. Geeraert) unter Studenten, die zu 97,9 % als Katholiken erzogen waren, fanden sich
Praktizierende 60,7 %
Nichtpraktizierende 25,7 %
Agnostiker 10,5 %
Atheisten 1,5 %

Holland - (Haas) unter Studenten im Alter 16 - 20 Jahren waren Katholiken - 28 %, Protestanten - 22 %, andere Konfessionen - 4 %. Konfessionslose: unter Männern - 46 %
unter Frauen - 31 %

Sowjet-Union
1970 - (Łopatkin) Religiosität der Einwohner des Kreises Penza, dem Alter nach:
im Alter 71-80 J. - 74,2 %
im Alter 61-70 J. - 56,9 %
im Alter 51-60 J. - 45,5 %
im Alter 41-50 J. - 20,3 %
im Alter 31-40 J. - 13,6 %
im Alter 21-30 J. - 8,1 %
unter 21 J. - 3,1 %

Annex IV

Ethnische Vorurteile - ein Beispiel

In meiner Untersuchung über "Modernität polnischer Lehrer" (Kozakiewicz 1974) versuchte ich auch nationale und "rassische" Vorurteile der Lehrer zu untersuchen. Hier sind die maßgeblichen Schlußfolgerungen aus dieser Untersuchung:
- Nur 8,3 % der 2 072 Befragten haben sich als vollkommen frei von irgendwelchen Vorurteilen gegenüber anderen Nationen und/oder "Rassen" erwiesen.
- die Vorurteile erschienen in zwei Formen: Pauschal anerkannte "Tugenden" und deswegen Sympathie (seltener) oder pauschal vorgeworfene Übel und Fehler und deswegen Antipathie (öfter).
- die Vorurteile waren sehr gestreut, das heißt, daß die negativen und positiven Stereotypen in keinem Fall 50 % erreicht haben (keine Nation wurde von 50 % der Befragten als sympathisch oder antipathisch bewertet).
- Ein klares Vorurteil (negativ oder positiv stereotypisiert) hat sich ergeben hinsichtlich der

Deutschen	- 48 %
Russen	- 37 %
Franzosen	- 29 %
Ungarn	- 23 %
Tschechen	- 23 %
Briten	- 20 %
Chinesen	- 14 %
Amerikaner	- 14 %
Neger	- 11 %
Juden	- 10 %

Die Vorurteile gegenüber Chinesen und Negern waren besonders erstaunlich, denn es gibt dafür keine historischen oder ethnischen Gründe (Kozakiewicz 1974, S. 236).

Die Analyse verschiedener Variablen hat zu interessanten Schlußfolgerungen geführt:

- die Stereotypen über Deutsche sind vom Alter der Befragten unabhängig
- die positiven Stereotypen über Russen nahmen mit dem Alter zu
- die positiven Stereotypen über westliche Nationen (besonders Amerikaner) waren öfter bei Jüngeren als Älteren zu finden.
- die negativen Stereotypen über Juden waren am häufigsten in der Altersgruppe von 27 - 50jährigen, und merkbar seltener unter Jüngeren und Älteren.
- die Vorurteile gegenüber anderen Nationen waren viel häufiger bei Großstadt-Lehrern als bei Landschullehrern zu finden.
- die Lehrer mit Universitätsausbildung waren deutlich "freier" von solchen Vorurteilen als die Lehrer von den Pädagogischen Hochschulen oder anderer Lehrerausbildungsanstalten.

LITERATUR

Borisova, L.: Selskaja škola (Die Landschule). Moskva: Znanie 1978

Ciupak, E.: Społeczne uwarunkowania kultury światopoglądowej (Die sozialen Bedingungen für die weltanschauliche Kultur). Warszawa: Książka i Wiedza 1974

Dingler, H.: Der Zusammenbruch der Wissenschaft und das Primat der Philosophie. München: Reinhardt 1926, 2. verb. Aufl. 1931

Filippov, F.: Vseobščee srednee obrazovanie v SSSR (Die allgemeine Ausbildung in der Sowjetunion. Moskva: Znanie 1976

Garaudy, R.: Die Alternative. Hamburg: Rowohlt 1974

Griese, H. (Hrsg.): Sozialisation im Erwachsenenalter. Weinheim: Beltz 1979

Illich, I.: Deschooling Society. New York 1971

Janion, M.: Uwagi o szkolnej humanistyce (Bemerkungen über Humanistik in der Schule). PAW Institut für Literaturforschung, Manuskript. Warszawa 1981

Janowski, A.: Uwagi na temat rekonstrukcji systemu wychowawczego szkoły (Bemerkungen zur Wiederherstellung des Erziehungssystems der Schule). Institut für Pädagogische Forschung, Manuskript. Warszawa 1981

Kawecki, Z.: Swiatopogląd robotników (Weltanschauung der Arbeiter). Warszawa: Książka i Wiedza 1978

Kawecki, Z.: Przekonania światopoglądowe młodzieży (Weltanschauungen Jugendlicher). In: Wychowanie obywatelskie, 1979 Nr. 4 S. 36-45

Kozakiewicz, M.: Nowoczesność naucycieli polskich (Die Modernität der polnischen Lehrer). PAW Institut für Literaturforschung. Warszawa: 1974

Kozakiewicz, M.: Czym jest ideja pluralizmu w zastosowaniu do oświaty i wychowania w Polsce Ludowej ? (Die Anwendungsmöglichkeiten des Begriffs "Pluralismus" in Schule und Erziehung in der Volksrepublik Polen). PAW Institut für Literaturforschung, Manuskript. Warszawa: 1982

Kośmider, J.; Mielcarek, D.: Postawy uczniów wobec szkoły (Die Einstellung der Schüler zur Schule). In: Badania Oświatowe, 1979 Nr. 4 S. 72-82

Kremendahl, H.: Pluralismustheorie in Deutschland. Leverkusen: Heggen 1977 (Diss. FU Berlin 1976)

Kwiecinski, Z.: Srodowisko a wyniki pracy szkol (Die soziale Umwelt und die Effektivität der Schule). Warszawa: PWN 1975

Kwiecinski, Z.: Konieczność - Niepokoje - Nadzieje (Notwendigkeit - Unruhe - Hoffnung). Warszawa: Ludowa Spoloh. Wyd. 1982

Mollenhauer, K.: Theorien zum Erziehungsprozeß. München: Juventa 1972

Nowak, S.; Pawelczyńska, A.: Zum gesellschaftlichen Bewußtsein polnischer Studenten in der Phase der Stabilisierung. In: Friedeburg v.L. (Hrsg.): Jugend in der modernen Gesellschaft. Köln-Berlin: Kiepenheuer & Witsch 1965

Piekarski, A.: Postawy światopoglądowe wielkoprzemyslowych robotników (Die weltanschaulichen Einstellungen postindustrieller Arbeiter). Institut f. Marx. Len. Forschung, Manuskript. Warszawa 1973

Piwowarski, W.: Religijność wiejska w warunkach urbanizacji (Ländliche Religiosität und Urbanisierung). Warszawa: PWN 1971

Popper, K.: Conjectures and Refutations. London: Routledge & Kegan Paul 1969

Program nauki w gimnazjach państwowych (Lernprogramm staatlicher Gymnasien). Lwów: Książnica Atlas 1933

Russel, B.: Our Knowledge of the External World as a field for scientific method in philosophy. London: Allen & Lewin 1952

Senf, B.; Timmermann, D.: Denken in gesamtwirtschaftlichen Zusammenhängen. Bonn, Bad Godesberg: Dürr 1971

Spring, J.: Education and the Corporate State. In: Socialist Revolution 1972 Nr. 8 S. 186

Trybusiewicz, J.: Rola religijności w światopoglądzie młodzieży - próbe interpretacji (Die Rolle der Religiosität in der Weltanschauung der Jugendlichen - ein Interpretationsversuch). In: Studia Socjologiczne 1964, Nr. 4 S. 18

Ulich, R.: The Education of Nations. Cambridge-Massachusetts: 1961